업무가치

어떻게
높일 것인가......

[일가치감을 중심으로]

업무가치

어떻게
높일 것인가......

[일가치감을 중심으로]

오동근

Perceived Value of Work

일가치란 사람들이 자신의 일에 부여하고 있는 의미, 일을 통해 실현하고자 하는 목표상태를 의미한다고 할 수 있다. 따라서, 연구자들은 일가치가 무엇인지를 밝히기 위해, 사람들이 자신의 일이 어떤 측면에서 중요하며, 일을 통해 달성하고자 하는 것이 무엇인지를 밝힘으로써 일가치의 구조를 이해하고자 하였다.

한국학술정보㈜

저자 서문

기업의 경쟁력은 사람에게 있다. 아무리 좋은 비전과 전략을 가지고 있다 할지라도, 조직 내 구성원들이 그 비전에 공감하지 않고 전략의 실행에 자발적으로 참여하지 않는다면, 기업은 경쟁력을 상실하게 되고 결국 도태하게 될 것이다. 구성원들 한 사람 한 사람이 자신의 분야에서 자발적으로 최선의 노력을 다할 수 있을 때 기업은 지속적 경쟁우위를 점할 수 있게 될 것이며, 영속적 기업으로서의 비전을 달성할 수 있게 될 것이다. 이를 위해서는 구성원들이 자신의 업무에 몰입하고, 자발적으로 열심히 일할 수 있도록 하여야 할 것이며, 그것은 구성원들 스스로가 자신의 업무가 가치 있고, 자신이 조직 내에서 중요한 존재라고 느낄 때 가능한 것이다.

그러나 기업 간 경쟁은 점점 더 치열해져 가고 있고 기업의 불투명한 미래 속에서 그 구성원들의 미래도 불투명해져 가고 있다. 기업의 명예퇴직 대상이 30대 후반까지 내려와 있는 현실 속에서, 직장은 구성원들이 자신의 비전을 꿈꾸고 조직과 함께 성장하기를 기대하는 자아실현의 장이 아닌 업무수행 노력과 그에 대한 보상이 교환되는 교환관계의 장이 되어가고 있다. 경쟁에서 살아남기 위한 기업의 효율적 인력운용에 따라 구성원들의 업무부담은 늘어가고 있고, 일의 의미와 가치에 대해 느껴볼 틈도 없이 바쁘게 하루하루를 살아가고 있다. 이러한 오늘날의 기업환경으로 인해서 기업은 구성원들로 하여금 자신의 일에서 보람과 자부심, 재미와 즐거움을 느끼기 힘든 곳으로 변해 가고 있다.

조직과 개인은 일을 통해 연결되어 있으며, 조직생활에 있어서 조직구성원에게 가장 중요한 것은 자신이 담당하고 있는 업무이다. 따라서 조직 내에서 자신이 가치 있는 존재라고 느낄 수 있는 것은, 자신이 하고 있는 일이 가치 있는 일이라고 생각될 때 가능하게 된다(김명언, 1995). 자신이 하는 일과 조직 내에서의 자신이 가치 있다고 지각될 때, 사람들은 자신의 일에 대해 보다 더 만족하고 몰입하게 것이며, 또한 보다 더 열심히 노력하려는 동기를 갖게 될 것이다. 일에 대한 가치인식과 자신에 대한 가치인식의 문제가 개인과 조직의 효과성 측면에서도 매우 중요함에도 불구하고, 아직까지 체계적인 연구가 이루어지지 않아 왔다.

이 책은 필자가 현장에서 교육과 컨설팅을 하면서 얻었던 경험들과 기존의 연구들을 토대로, 어떻게 하면 직장인들이 자신의 일에서 보다 가치와 의미를 느낄 수 있을 것인가에 대해 다루고 있다. 현장에서 다양한 직종의 다양한 직급에 있는 많은 사람들과 만나 이야기하면서, 많은 기업들이 직면하고 있는 조직침체와 업무태도 저하의 주요한 원인이 자신의 업무에 대한 가치인식의 부족 때문임을 발견할 수 있었다. 경영자들은 사원들의 충성심과 애사심이 예전만 못하다는 것에 불만과 우려를 가지고 있지만, 90년대 말 외환위기 이후 평생직장이라는 개념이 사라진 지금 사원들에게 예전과 같은 맹목적인 충성심을 기대하는 것은 무리이다. 이제 구성원들로 하여금 자신의 업무에 최선을 다하고 기대 이상의 성과창출을 위해 노력하도록 하는 것은 조직에 대한 충성심이 아니라, 구성원 각자가 자신의 업무에서 가치를 느낄 때 가능한 것이다.

이 책에서는 업무가치(task value)라는 용어 대신 일가치감(Perceived Value of Work: PVW)이라는 용어를 사용하고 있다. 업무가치라는 개념이 조직의 성과 측면에서 그 업무가 갖는 중요도나 기여도 등과 같이 업무의 재무적 가치 또는 객관적 가치의 의미로 해석될 소지가 있기 때문이다. 이 책에서 다루고자 하는 업무가치는 구성원 개개인이 자신의 일을 수행하면서 느끼는 주관적 가치들에 대한 것이다. 따라서 '느끼는 가치(perceived value)'라는 의미를 강조하기 위해 '일가치감'이라는 용어를 고안한 것이다.

　기업의 입장에서 보자면, 관리적 측면에서 개별 업무들이 갖는 재무적 가치가 업무담당자의 급여산정, 수행평가, 선발 / 승진결정, 조직구조 설계 등에 활용되는 중요한 요소이게 된다. 그러나 그러한 객관적 업무가치만으로는 구성원들이 업무에서 느끼는 의미와 가치, 자발적이고 열정적인 업무수행 노력을 설명하지 못한다. 어떤 조직도 재무적으로 중요한 업무가 있고덜 중요한 업무가 있지만, 업무의 객관적 가치가 구성원들이 느끼는 의미와보람, 노력의 순서는 아니기 때문이다. 오히려 객관적 업무가치에 대한 지나친 강조가 개개인의 업무수행 노력을 좌절시키고, 구성원 간 화합을 저해하며, 재미없고 무미건조한 일터를 만들 수 있다. 조직의 입장에서는 모든구성원들이 자신의 업무에 최선을 다해 주기를 기대하지만, 개개인의 책임감에만 의존할 수는 없다. 모두가 중요하고 핵심적인 업무만 수행하는 것이 불가능하다면 우리의 관심은 객관적 업무가치가 아닌 주관인 업무가치, 즉개개인이 자신의 업무수행을 통해 느끼는 가치에 초점을 두어야 할 것이다.

　이 책은 학교나 연구소에서 조직과 사람을 연구하는 학생들과 연구자들에게는 업무가치라는 새로운 연구 영역을 제시한다는 점에서 의미를 갖는다. 조직행동 분야의 많은 연구자들이 조직의 효과성을 나타내는 새로운 준거를찾고자 노력해 왔으나, 제시되지 못해 왔다. 이 책에서는 조직 구성원들의직무효과성을 높이기 위해 고려해야 할 중요한 요소로서 '일가치감'이라는새로운 개념을 제시하고, 구성원들이 업무에 대해 가치를 느낀다는 것이 어떠한 심리적 상태를 의미하며, 업무에 대한 가치인식을 높이는 것은 어떠한요인들인지를 현장의 사례와 이론적 배경을 토대로 구체적으로 제시하였다. 더욱이, 이 책에서 제시된 "일가치감"에 대한 일련의 연구 과정은, 독자적으로 새로운 개념을 정립하고자 하는 연구자들에게 어떻게 개념을 개발하고그 타당성을 입증하는 방법론으로서 도움이 될 것이다.

　또한 이 책은 기업의 인사, 교육, 조직문화 등을 담당하는 실무자들에게는 조직의 변화를 위한 새로운 돌파구를 제시한다는 점에서 의미를 갖는다.

최근 많은 기업들이 조직문화 변화의 일환으로 조직 활성화를 위한 노력들을 경주하고 있으나 많은 활동들이 회사 주도로 진행되고 있으며, 사원들에 대해서는 마인드 교육이 주류를 이루고 있다. 그러나 이러한 top-down방식의 활동은 구성원들로 하여금 회사가 얼마나 변하는지 지켜보겠다는 수동적인 자세를 갖도록 할 수 있으며, 업무와 연결되지 않는 마인드 교육은 일회성으로 끝나기 쉽다. 조직의 변화는 회사주도의 활동과 구성원들의 자율적 변화 활동이 함께 전개되어야 하며, 구성원들의 변화 활동이 실행되고 지속될 수 있기 위해서는 업무에서의 변화노력들이 팀 단위로 전개되어야 한다. 이 책에서 제시되는 업무가치증진(Task Value Creation: TVC) 활동은 "일가치감"이라는 이론적 토대 위에 개발된 팀 단위의 자율적 변화 프로그램으로서, 업무에서의 실질적 변화를 통해 구성원들의 업무가치 인식을 증진하고 나아가 조직문화를 보다 활성화하는 데 기여할 수 있을 것이다. 이 책에서는 TVC 활동의 구체적인 진행 프로세스를 제시하였을 뿐 아니라, 기업에 실제 적용하였을 때의 효과에 대해서도 입증하고 있다.

기업의 리더들에게는 이 책이 구성원들의 업무동기와 근로의욕을 고취시키고 일에서 재미와 보람을 느끼기 위해 리더로서 어떻게 해야 하는가에 대한 방법들을 제시한다는 점에서 의미가 있다 하겠다. 기업장면에서 리더의 가장 중요한 역할은 성과를 창출하는 것이며, 그러한 성과창출을 위해 리더는 구성원들로 하여금 자신의 능력을 최대한 발휘하도록 동기부여해야 한다. 그러나 리더가 구성원들을 동기부여한다는 것은 옳지 않으며, 또 가능하다 할지라도 타율에 의해 유발된 동기는 한계가 있게 된다. 리더는 단지 구성원들 스스로가 자신을 동기부여할 수 있도록 도울 뿐이며, 이러한 자발적 동기부여는 구성원 각자가 자신이 하는 일이 가치 있다고 느낄 때 가능하게 된다. 리더들은 이 책에서 제시하고 있는 업무가치 인식의 개념과 중요성, 그리고 그 구성요소들을 통해 리더로서 구성원들의 업무가치 인식을 통해 어떻게 해야 하는지에 대한 해답을 얻을 수 있을 것이다.

목 차

제1장　이론적 배경

Ⅰ. 일(work)이란 무엇인가?

일이 인간의 삶에 있어서 중요하다는 것은 너무나도 명백한 사실이다. 많은 연구들은 공통적으로 일이 갖는 경제적, 심리-사회적, 시간적 측면에서의 중요성과, 삶의 다른 중요한 영역들과의 관련성 측면에서의 중요성에 대해 이야기한다(Terkel, 1972; Dubin, Hedley, & Taveggia, 1976; MOW International Research Team, 1987). 이 절에서는 일(work)에 대한 본 연구에서의 정의를 밝히고, 일이 사람들에게서 갖는 의미를 그 역할과 기능의 측면에서 살펴본 뒤, 일의 역할과 기능에 대해 가지고 있는 사람들의 일에 대한 가치에 대해 살펴보고자 한다.

1. 일의 정의

일의 역할과 기능에 대해 살펴보기에 앞서 먼저 본 연구에서 다루는 일의 의미를 개념 정의할 필요가 있다. 다만 여기서 일의 정의에 대해 이야기하는 것은 일에 대한 기존의 정의들을 통합하는 결론을 내리고

자 함이 아니라, 본 연구에서 말하는 '일(work)'이란 무엇인지를 명확히 하기 위함이다.

많은 사람들이 '일'이라는 용어를 사용하고 있지만, 사람마다 그 의미를 매우 다르게 주관적으로 사용하고 있기 때문에 개념적으로 정의하기란 쉽지가 않다. Harding과 Hikspoors(1995)는 일에 대한 정의가 일의 기능들 중 어디에 초점을 두는가에 따라 달라진다고 주장한다. 예를 들어, 일의 사회적 기능을 강조하는 학자들은 '다른 사람들을 위해 가치있는 무엇인가를 산출하는 모든 활동들'(Work in America, 1973) 또는 "사회적으로 수용된 욕구만족 수단을 제공하는 활동들"(Jacobs, 1976)이라고 정의한다. 이 외에도 일이 강압적 상황에서 행해진다는 것, 물리적 및 심리적 노력을 요구한다는 것, 특정 장소에서 특정 시간에 행해진다는 것, 다른 누군가를 위해 한다는 것 등 일이 갖는 여러 특징들 중 어디에 초점을 두는가에 따라 연구자들마다 다양한 정의를 내리고 있다(Drenth, 1991).

유럽 각국의 연구자들이 공동으로 실시한 MOW(Meaning of Working)연구(MOW International Research Team, 1987)에 의하면, 사람들이 어떠한 경우에 자신이 일을 하고 있다고 생각하는지를 조사한 결과, 1위가 '돈을 받는 대가로서 무언가를 할 때'인 것으로 나타났다. 즉, 가장 많은 사람들이 돈을 받는 대가로서 하는 행동을 '일'로 생각한다는 것이다. 본 논문의 목적은 임금근로자들을 대상으로 자신의 일이 가치 있다고 느끼도록 만드는 요인들에는 어떤 것들이 있는지를 밝히고, 자신의 일이 가치 있다고 느끼는 정도에 따라서 개인의 조직효과성이 어떻게 달라지는지를 밝히기 위한 것이다. 따라서 일에 대한 다양한 정의가 가능하지만, 본 논문에서는 협의적 의미에서의 '산업조직 맥락에서 임금에 대한 대가로서 행해지는 모든 활동들'로 일을 정의하고자 한다. 그러나 경제적 측면을 중심으로 일을 정의한다고 해서, 본 연구가 일의 기능이나 역할의 경제적 측면만을 강조하는 것은 아니다. 다만, 일의 범위를 임금의 대가로서 행해지는 활동들로 규정함으로써 연구대상의 범위를 한정짓기 위함 이며, 또한 자원봉사나 가사노동 등의 활동과 직장에서의 업무활동을 구 분함으로써 일 자체의 성격을 교환관계로 제한하여 그 결과의 해석을 용 이하게 하기 위함이다.

또한, 지금까지의 산업 및 조직심리학에서의 연구들과 이론들이 주로 '직무(job)' 또는 '과업(task)'이라는 용어를 사용하여 왔음에도 불구하 고, 본 논문에서는 '일(work)'이라는 용어를 사용하였다. 그것은 본 논 문에서의 연구대상이 동일한 과업을 수행하는 직위(position)들의 묶음 으로서의 직무가 아닌 단위 업무들에 대한 것이며, 또한 직무 목표딜성 을 위해 수행되는 최소단위의 과업들뿐 아니라 조직의 운영이나 유지 등을 위해 수행되는 모든 유형의 비과업적 업무들을 포함하는 것이기 때문이다. 사람들이 자신의 직장생활에서 가치를 느끼지 못하고 또 불 만족하게 되는 것은 자신의 본래 과업이나 직무 때문인 경우도 있지만, 그 외의 다양한 비과업적(non-task)인 업무들 때문인 경우들도 많기 때 문이다. 이러한 비과업적 업무들의 예로는 노무관리 업무, 비용처리 및 대관공서 업무, 대내외적인 행사나 모임에 동원되는 것, 상사의 궁금증 해소를 위한 보고서 작성 등을 들 수 있을 것이다. 또 다른 이유는, 직 장에서 수행하는 다양한 업무들에 대해, 그것이 과업적인지 비과업적인 지에 대한 판단이 개인의 주관적 판단에 의해 달라질 수 있기 때문이 다. 결국, 개인이 수행하는 업무들을 세부적으로 나누어서 질문하지 않 는 한, 응답자들은 자신이 수행하는 모든 업무들을 떠올리며 질문에 답 을 할 것이므로, 본 연구에서의 일에 대한 정의를 과업적 업무로 한정 하지 않고자 한다.

마지막으로, 본 연구에서는 직장에서 수행하는 모든 일들을 나타내는 데 업무라는 용어를 사용하였으며, 따라서 직장 내에서의 일들을 나타 내는 데 일과 업무라는 용어를 상호교환적으로 이용하였음을 밝혀둔다.

2. 일의 역할과 기능

Steers와 Porter(1991)는 일의 역할과 기능을 네 가지로 구분한다. 첫 번째는 교환(exchange)의 의미로서, 사람들은 일을 통해 자신이 제공하는 서비스에 대한 대가로서 몇 가지 형태의 보상을 받는다. 둘째는 사회적 접촉(social contact)으로서, 일은 다른 사람들과 상호작용을 제공한다. 셋째는 지위(status)로서, 일은 그 성질과 수준에 따라 사회 속에서 지위와 위치를 부여한다. 넷째는 개인적 의미(personal meaning)로서, 일은 정체성, 자존감, 자기실현, 자기이행의 잠재적 출처를 제공한다(Dluglos & Weirmair, 1981).

Jahoda(1982)는 일의 기능을 "명시적(manifest)" 기능과 "잠재적(latent)" 기능으로 구분하였다. 명시적 기능은 일에 대한 금전적 보상에 관한 것으로서, 이 기능의 중요성은 금전적 결핍이 개인의 일상생활과 가족의 심리적 안녕에 미치는 영향을 반영하고 있는 것이다. 이와는 달리 잠재적 기능은 1) 일을 통해 갖게 되는 규칙적인 시간 부여, 2) 가족생활보다는 정서적으로 부담이 적은 영역으로 사회적 활동을 확장하는 것, 3) 집단의 목적과 그것을 달성하기 위한 노력에의 참여감, 4) 일을 함으로써 얻게 되는 지위 및 정체성, 그리고 5) 규칙적인 활동을 통해 얻게 되는 심리적 안녕 등이다. 즉, Jahoda(1982)는 근대 산업사회에서의 일을 단순히 경제적 수단으로서가 아닌, 과거 산업화 이전의 사회에서는 일 이외의 활동에서 제공되었던 사회적 및 심리적 기능들까지를 담당하는 것으로 간주하였다.

Yankelovich(1974)는 일의 기능을 다음의 네 가지로 보았다. 첫째가 생계유지와 가족의 부양이다. 자본주의 사회에서 일은 경제적 활동을 가능하게 하는 중요한 수단이 된다. 둘째는 독립이다. 하나의 인격체로서의 독립이 가능하기 위해서 경제적 독립은 필수적이며, 따라서 일은 개인이 사회의 구성원으로서 독립적 생활이 가능하도록 하는 중요한 수단이 된다. 셋째는 성취이며, 넷째는 자존감이다. 일을 통해 무언가를 산출하고 그러한 과정에서 개인은 성취감을 느끼게 되며, 스스로에 대한 존재의 의미를 느끼게 된다. 또한, 일을 한다는 것은 타인들로부터 인정받을 수 있고 사회적으로 봉사할 수 있는 기회를 갖게 되는 것이며, 이러한 과정에서 개인은 자신에 대한 자존감을 형성하게 된다.

Warr(1987)는 좋은 직업 또는 일(work)의 특징을, 건강에 이로운 비타민과 비교한 비타민 모델을 제시하였다. Warr가 제시한 '좋은' 일의 특징들은 다음과 같다. 1) 통제의 기회: 개인이 치한 환경에서의 활동과 사건들을 통제할 수 있는 기회로서, 하나는 개인이 자신의 행동을 결정하고 선택할 수 있는 기회이고, 다른 하나는 행동의 결과를 예측할 수 있는 가능성이다. 2) 기술사용의 기회: 일을 통해 기술의 사용과 개발을 촉진할 수 있어야 한다. 너무 일상적이고 단순한 행동만을 요구하는 일과 개인의 잠재력을 충분히 발휘할 수 없는 일은 개인의 행복감을 저해한다. 3) 외부에서 부여된 목적: 일을 통해 개인에게 목적이나 도전감을 제공할 수 있어야 한다. 목적 달성을 위한 노력과 그 과정에서의 도전감은 개인에게 성취감을 느낄 수 있는 기회를 제공한다. 4) 일의 다양성: 개인이 신선함을 느낄 수 있고 창의적인 활동이 가능하도록 보다 다양한 활동을 제공할 수 있어야 한다. 5) 환경의 명료성: 개인의 활동결과에 대한 피드백과 역할 명료성이 제공되어야 한다. 즉, 개인에게 스스로에 대한 통제감을 제공하기 위해서는 개인에게 명확한 규범적 기대와 기준이 제공되어야 한다. 6) 돈의 가용성: 일을 통해 얻게 되는 금전적 보상은 개인이 스스로의 삶에 대한 통제력을 제공한다. 7) 신체적 안전: 일을 통한 경제적 소득은 개인뿐 아니라 그 가족에게도 신체적으로 안전한 생활환경(의식주)을 제공해 준다. 8) 대인간 접촉의 기회: 일을 통한 접촉기회는 개인으로 하여금 친교에 대한 욕구를 충족시키며, 정서적이고 도구적인 사회적 지원을 제공해 준다. 9) 가치

있는 사회적 지위: 일을 통해 사회에 기여할 수 있어야 하며, 사회에서
타인들로부터 존경을 받을 수 있어야 한다.

이상에서 살펴본 바와 같이, 일은 사람에게 금전적 소득의 출처로서
경제적 활동을 가능케 할 뿐 아니라, 개인의 심리적 및 사회적 욕구들
을 충족시키는 중요한 기능을 한다. 그러한 욕구들 중 어떤 욕구에 더
많은 비중을 두는가는 개인의 일에 대한 가치에 따라 다를 수 있게 되
므로, 사람들이 일의 역할과 기능에 대해 가지고 있는 가치, 즉 일가치
에 대해 살펴보고자 한다.

3. 일가치(work values)

1) 가 치

일가치에 대한 논의를 위해 먼저 '가치(value)' 그 자체에 대해 간략
히 검토하고자 한다. 많은 문헌들이 가치라는 용어를 사용하고는 있지
만, 가치를 구성하는 것이 무엇인지에 대해서는 많은 연구가 이루어지지
않아 왔으며(Clare & Sanford, 1979), 그 주장들 또한 합의가 부족한 상
황이다(Borg, 1990; Clare & Sanford, 1979; Kilmann, 1981; Kluckhohn,
1951; Payne, 1980; Rokeach, 1968, 1973; Wiener, 1988). 더욱이 많은
연구자들이 가치를 신념(Rokeach, 1968, 1973), 욕구(Super, 1973), 목표
(Schwartz & Bilsky, 1987), 목표선택의 준거(Locke, 1976), 태도(Eagly
& Chaiken, 1992; Fishbein & Ajzen, 1975), 선호경향(Katzell, 1964;
Rokeach, 1973), 흥미(Allport, 1961; Perry, 1954) 등과 연결시키고자 해
왔다. 그러나 가치는 욕구의 인지적 표상이자 변형이며, 특질은 아니지
만 지속적이고, 흥미로 표출되기도 하지만 보다 광범하고 근본적인 특징
을 갖는다(Dawis, 1991). 또한, 태도와 달리 특정의 대상이나 상황과 연

결되어 있지 않으며(Dose, 1997), 흥미가 좋고 싫음에 대한 감정상태를 나타내는 반면에 가치는 중요성에 대한 신념을 나타낸다(Dawis, 1991).

가치가 다른 구성개념들과 구분될 수는 있지만, 깊은 관련이 있는 것은 사실이다. 그러나 분명한 것은 가치가 목표를 선택하거나 행동을 인도하는 표준 또는 준거(차재호, 1987; 한덕웅, 2004; Becker & McKlintock, 1967; Kilmann, 1981; Kluckhohn, 1951; Rokeach, 1968, 1973; Schwartz & Bilsky, 1987)이며, 비교적 지속적이고 안정적이라는 것이다(England, 1967; Kluckhohn, 1951; Meglino, Ravlin & Adkins, 1989; Rokeach, 1968, 1973). Schwartz와 Bilsky(1987)는 가치를 '특정의 상황이 아닌 광범한 상황들에 적용되는 행동, 목표, 바라는 상태 등을 뜻하며, 여러 가지 행동방식들 중에서 어떠한 행동을 할 것인지 판단하고 선택하는 데 적용되는 규범적 표준'이라고 정의했으며, Rokeach(1973)는 가치를 "~해야 한다(~해서는 안 된다)"는 구체적인 행동방식(도구적 가치)과 궁극적인 존재목적(궁극적 가치)에 대한 지속적인 신념으로 정의하였다. 이러한 정의를 통해 알 수 있는 것은 가치가 태도와 동기를 통해 행동에 영향을 미친다는 사실이다(Dose, 1997). 그러한 의미에서, French와 Kahn(1962)은 가치가 목적, 행동, 할 일 등에 대한 유인가를 유발함으로서 목표 지향적 행동을 동기화시킨다고 기술하였다. 즉, 사람들은 자신이 가치를 부여하는 것에 대해 보다 많은 유인가를 갖게 되고, 이를 충족하기 위해 노력하게 되며, 그것이 충족되었을 때에 보다 많은 의미를 부여하게 된다고 할 수 있는 것이다. 가치가 갖는 이렇듯 중요한 속성은 조직에서의 개인의 행동에 많은 시사점을 가지며, 그러한 이유에서 많은 연구자들은 일에 대한 가치에 대해 관심을 갖고 연구해 왔다.

2) 일가치의 정의와 구조

가치가 개인이 바라는 궁극적인 목표상태를 나타내듯이, 일가치(work

values) 또한 사람들이 일을 통해서 추구하는 목표들의 상대적 중요성을 의미한다. Sagie, Elizur와 Koslowsky(1996)는 일가치를 '작업 맥락에서 얻고자 하는 특정의 결과에 대해 개인이 부여하는 중요성'으로 정의하였으며, Nord, Brief, Atieh, 그리고 Doherty(1988)는 일가치를 '사람들이 일을 통해 실현하기 원하고, 또 실현할 수 있어야 한다고 생각하는 궁극적인 상태'로 정의하였고, Wollack, Goodale, Wijting, 그리고 Smith(1971)는 일가치를 '사람들이 자신의 일 역할에 대해 부여하고 있는 의미에 대한 전반적 태도'로 정의하였다. 이러한 정의를 통해서 알 수 있듯이, 일가치란 사람들이 자신의 일에 부여하고 있는 의미, 일을 통해 실현하고자 하는 목표상태를 의미한다고 할 수 있다. 따라서 연구자들은 일가치가 무엇인지를 밝히기 위해, 사람들이 자신의 일이 어떤 측면에서 중요하며, 일을 통해 달성하고자 하는 것이 무엇인지를 밝힘으로써, 일가치의 구조를 이해하고자 하였다.

Seaburg, Rounds, Dawis, 그리고 Loquist(1976)는 지금까지 제시된 가장 대표적인 일가치 관련 척도들을 내용분류하였다. 그 결과 표 2-1에 제시된 바와 같이 MIQ(Minnesota Importance Queationnaire)가 가장 포괄적임을 알 수 있었다. 따라서 이들 연구자들은 MIQ에 대한 요인분석을 실시함으로써, 일가치의 구조를 밝히고자 하였다. Seaburg 등(1976)은 4가지 유형의 연령집단별로 남성과 여성을 구분한 뒤 이들 8가지 유형의 집단에 MIQ를 실시하고, 그 결과를 요인분석하여 표 2-2에 제시한 것과 같은 성취, 편안함, 지위, 이타성, 안전, 자율성 등의 6개 요인을 추출하였다. 이러한 요인구조의 타당성은 이후에 실시된 Pryor(1982)와 Elizur(1984) 등의 연구에서도 동일한 요인구조가 추출됨으로써 입증되었다. Dawis(1991)는 이러한 6개의 요인들이 3개 차원(개인, 사회, 환경)으로 구분되며, 각각의 차원은 양극을 이루고 있다고 보았다. 즉, 개인차원은 성취 대 편안함이 양극을 이루고, 사회차원은 이타성 대 지위가 양극을 이루며, 환경차원은 안정성 대 자율성이 양극을 이룬다는 것이

다. 즉, 일가치의 구조는 개인, 사회, 환경이라는 3가지 수준의 일 강화
(work reinforcer) 차원과, 각 차원 내에서 서로 반대되는 지향점으로 이
루어져 있다고 제안하였다.

표 2-1 대표적인 일가치 측정척도들

Minnesota Importance Questionnaire(MIQ)	Work Value Inventory (WVI)	Occupational Values Scale	Job Values and Desires Questionnaire	Occupational Values Inventory
• 능력발휘 • 성취감 • 활동감	 • 성취감	• 전문능력의 사용		• 준비성과 능력
• 승진				• 승진
• 권위		• 리더십 발휘	• 리더십 파워	
• 회사의 정책과 관행 • 임금	• 경영정책 • 경제적 수입	• 높은 수입	• 소득	• 봉급
• 동료	• 동료	• 타인과의 일		
• 창의성	• 창의성	• 창의적, 독창적	• 자기 – 표출	
• 독립성 • 도덕적 가치 • 인정	• 삶의 방식		• 명예	• 개인목표
• 책임감 • 안정성 • 사회적 봉사	• 독립성 • 안정감 • 이타성	• 상사에게 구속받지 않음 • 안정적 미래 • 타인을 도움	• 독립성 • 사회적 봉사	• 안정성
• 사회적 지위	• 위신	• 사회적 지위, 위신	• 사회적 지위, 존경	• 위신
• 상사와의 관계 • 상사의 기술지원	• 상사와의 관계			
• 다양성	• 다양성			
• 작업환경	• 환경 • 지적 자극 • 심미성	• 모험 제공	• 흥미로운 경험	• 흥미와 만족

자료출처: Dawis(1991) 인용

표 2-2 MIQ의 일가치 요인

요 인	내 용	MIQ 척도
성취(Achievement)	성공과 성취를 장려하는 환경의 중요성	능력활용, 성취
편안함(Comfort)	스트레스를 주지 않고 편안함을 제공하는 환경의 중요성	활동성, 독립성, 다양성, 임금, 안정성, 작업환경
지위(Status)	인정과 위신을 제공하는 환경의 중요성	승진, 인정, 권위, 사회적 지위
이타성(Altruism)	타인들에 대한 봉사와 화합을 증진시키는 환경의 중요성	동료, 사회적 봉사, 도덕적 가치
안전(Safety)	예측가능하고 안정적인 환경의 중요성	회사 정책과 관행, 상사와의 관계, 상사의 기술지원
자율성(Autonomy)	주도성을 자극하는 환경의 중요성	창의성, 책임감, 자율성

자료출처: Dawis(1991) 인용

우리나라에서의 일가치에 대한 연구들을 살펴보면, 이지우(1994)는 Wollack 등(1971)의 SWV(The Survey of Work Values)를 이용하여 우리나라 직장인들의 일가치를 탐색적으로 연구하였다. 연구 결과 1) 일을 통한 자부심과 긍지를 느낄 수 있는 기회, 2) 조직에 관심을 갖고 여러 가지 활동에 적극적으로 참여하며 원만한 인간관계를 형성하고 유지하려는 자세, 3) 적극적이며 활동적으로 일할 수 있는 기회 등이 중요하게 평가되는 것으로 나타났다.

최근에 장형석(2000)은 110명의 응답자들로부터 일의 의미에 대한 423개의 자료를 수집하여 11개의 내용범주들로 분류하였다. 이들 11개 범주로 분류된 반응들의 수를 기준으로 각각의 범주들을 차례대로 살펴보면, 1) 보람: 전반적 보람, 삶의 의미 등, 2) 개인적 성장: 자기개발, 자기실현, 새로운 지식이나 기술의 습득 등, 3) 일의 중요성: 일의 중요성, 역할의 중요성, 책임과 권한 등, 4) 경제적 이득: 생계수단, 돈벌이, 생활의 안정, 풍요로운 생활 등, 5) 매력: 일의 흥미와 재미, 즐거움, 일의 다양성, 일의 전문성, 창의성, 도전감 등, 6) 미래에 대한 희망적 전망: 미래의 희망, 미래의 보다 나은 삶, 비전 등, 7) 인간관계:

전반적인 인간관계, 동료와의 관계 등, 8) 사회적 구성원임의 인식: 일을 통한 사회적 존재의 인식, 사회로부터 소외되지 않음 등, 9) 일 자체: 일 자체, 일 자체의 의미, 일이 있음 등, 10) 일을 통한 외적 이득: 사회활동을 하는 데 이로움, 사회적 지위, 타인으로부터의 인정 등, 11) 기타 범주 등이었다. 이를 다시 문항으로 작성하여 설문조사한 뒤 요인분석을 통해 5개의 일의 의미 범주를 추출하였다. 이를 살펴보면, 1) 자존감(유능한 사람으로의 변화, 성취 후의 뿌듯함), 2) 경제적 이득(경제생활을 가능케 함, 생계수단이 됨), 3) 일의 매력(일이 재미있어 잡념이 없음, 일이 흥미 있어 몰두함), 4) 사회적 소속(노는 사람이 아님을 인식, 사회로부터 소외되지 않음), 5) 일의 보람(우리나라의 발전에 기여, 우리 사회의 발전에 기여) 등이었다.[1]

일가치의 구조에 대한 연구들 중 가장 널리 알려져 있는 것은 1) 내재적(재미, 업무의 다양성 등 일 자체가 갖는 보상적 측면)과 2) 외재적(임금, 작업조건, 직무 안정성 등 외적 보상을 얻기 위한 수단적 측면)인 일가치에 대한 구분이다(Herzberg, 1966; Wollack, Goodale, Wijting, & Smith, 1971). 많은 연구자들이 개인의 일가치를 내재적인 측면을 중시하는 사람들과 외재적인 측면을 중시하는 사람들로 구분하고 있으며, 이에 대한 연구들이 많이 진행되어 왔다(Amabile, Hill, & Hennessey, 1994; Caldwell, O'Reilly, & Morris, 1983; Glynn, 1998). (내재적 및 외재적 일가치에 대해서는 본 연구의 4장 개인의 가치에 대한 이론적 배경에서 자세히 언급하고자 한다.)

---

1) 장형석(2000)은 자신의 '일의 의미 척도'에서 기존의 일가치 연구들이 중요도를 질문한 것과 달리, "나는 내가 하는 일이~하다는 측면에 내 일의 의미를 둔다."라고 질문함으로써, 자신의 연구가 한국의 직장인들이 일에 부여하는 의미로서의 '일의 의미'에 대한 연구라고 해석하고 있다. 그러나 개인으로 하여금 자신의 일이 갖는 의미를 평가하도록 함으로써, 사람들이 자신의 일에 '부여하고 있는 가치'를 측정하고 있는 것이며, 이러한 의미에서 기존의 '일의 의미'에 대한 4가지 연구들 중 '일가치'에 대한 연구에 해당한다고 할 수 있다.

3) 일가치의 영향

일가치의 영향은 주로 직무만족, 조직몰입, 직무수행 등의 변수들에 대해서 이루어져 왔다. 먼저, 직무만족과의 관계에 대해서 살펴보면, Aldag와 Brief(1975), Betz(1969), Blood(1969), Butler(1983), Elizur와 Tziner(1977), Kazanas(1978), Lichter(1980), Rounds(1981), Rounds, Dawis, 그리고 Lofquist(1987), Salazar(1981), Wood (1981) 등의 많은 연구에서 일가치와 직무만족 간에 유의미한 상관이 있음이 밝혀져 왔으나, 그 정도는 크지 않은 것으로 나타났다.

일가치와 조직몰입에 대해서도 많은 연구가 이루어져 왔다. 동아시아 샘플을 이용한 Putti, Aryee, 그리고 Liang(1989)은 내재적 일가치가 도구적(외재적) 가치보다 조직몰입과 더 큰 관련이 있음을 밝혔다. 미국 샘플에서 Kidron(1978)은 일가치가 계산적 몰입보다는 도덕적 몰입과 더 높은 상관이 있음을 밝혔다. Koslowsky와 Elizur(1990)는 이스라엘 사람들에게서 조직몰입이 독립성, 직업흥미, 능력활용 등과 같은 인지적 일가치 항목들과 더 관계가 높음을 발견하였다. 그럼에도 불구하고, 임금과 같은 도구적 항목은 몰입과 정적으로 상관이 있음을 보여주었다. 이와 유사하게, 이스라엘 성인들을 대상으로 한 Elizur(1996)의 연구에서도 인지적 일가치와 조직몰입 간의 관계가 정서적 및 도구적 일가치에 비해 높은 것으로 나타났으나, 상관의 정도는 0.1에서 0.2 사이로 높지 않았다.

Mathieu와 Zajac(1990)은 개인의 특성과 조직몰입 간의 상관이 높지 않은 것은, 상황적 변수(직무 특성, 직무 역할, 리더-부하 관계 등)가 조직몰입에 미치는 영향에 있어서 개인의 특성이 조절변수로서의 역할을 하기 때문이라고 주장하였으며, Meyer, Irving, 그리고 Allen(1998)은 세 가지 유형의 조직몰입(정서적, 계속적, 규범적)에 대해 일가치와 조직에서의 초기 경험이 상호작용 효과를 미친다는 연구결과를 제시하였다.

일가치가 수행에 미치는 영향에 대해서도 많은 연구가 이루어져 왔다. Rokeach(1973)는 일가치가 갖는 동기적 측면들을 강조해 왔으며(Herzberg, Mausner, & Snyderman, 1959; Feather, 1982; Super, 1962), Allport, Vernon, 그리고 Lindsey(1951)는 일가치가 동기에 영향을 미치는 요인으로 고려되어야 한다고 주장하였다. 이러한 주장들은, 개인이 높은 수준의 수행을 달성하는 것과 관련된 가치(예, 고임금, 직무 안정성, 성취 등)를 중요시하게 되면, 수행 향상을 위해 더 많은 노력을 기울이게 되고, 그로 인해 수행이 증가할 것이라는 가정에 근거한 것이다(Becker & McKlintock, 1967; Jiambalvo, 1979; Peirson, Simnett, & Pratt, 1989).

Shapira와 Griffith(1990)는 관리자와 엔지니어의 일가치가 그들의 수행평정과 높은 정적 관계가 있으며, 반대로 직무태만 수준과 부적 관계가 있음을 밝혔다. 생산직과 사무직의 경우에는 일가치가 수행평정 및 직무태만과 중간 정도의 상관을 보였으며, 일가치와 결근율과는 아무런 관계가 없는 것으로 나타났다. Peirson, Simnett, 그리고 Pratt(1989)는 Hofstede (1980)의 4가지 문화차원(권력거리, 불확실성 회피, 개인주의, 남성성)을 이용하여 4가지 유형의 일가치(경력지향, 확실성 추구, 이타주의, 갈등회피) 요인을 추출한 뒤, 이러한 일가치가 수행평정과 노력평정에 미치는 영향을 살펴보았다. 연구 결과 경력 지향성의 경우에만 그러한 일가치가 높은 사람들이 낮은 사람들에 비해 자신들이 더 많은 수행 노력을 발휘하고 있으며, 또한 자신들의 수행 수준이 다른 사람들에 비해 상대적으로 더 높고 회사의 목표달성에도 더 많은 도움을 주고 있다고 지각하는 것으로 나타났다.

이 외에도, 여러 연구자들이 일가치가 수행평정과 유의한 상관이 있음을 보고해 왔지만, 상관은 높지 않은 것으로 지적되어 왔다(England & Lee, 1974; Kazanas, 1978; Munson & Posner, 1980; Watson & Williams, 1977). 수행과 가장 자주 개념적으로 연결되는 일가치는 '성취'이다. 연구자들은 성취에 대한 가치가 수행평정치와 유의미한 상관을 보인다고 보고하고 있지만, 상관의 크기는 낮은 수준인 것으로 보인다(Cole & Miler, 1967). 그러나 성취관련 가치에 대한 연구들 중 대부분은 성취동기에 대한 연구들이라 할 수 있다. 동기가 가치와 같은 것인지에 대해서는 명확하지 않지만, 성취동기가 높은 사람이 성취 가치를 가지고 있다고 말하기는 어려울 것이다(Dawis, 1991). 직무만족이나 조직몰입에 비해 일가치가 수행에 미치는 영향에 대해서는 많은 연구가 이루어지지 않아 왔다. 일가치가 조직 효과성에 기여한다는 것은 인정하지만, 일가치가 수행에 미치는 영향은 미약한 것으로 보인다(Sagie, Elizur, & Koslowsky; 1996).

일가치의 합치성에 대한 연구들을 살펴보면, Judge와 Bretz(1992)는 개인이 자신의 가치 지향성과 유사한 가치를 갖는 직업을 선택할 가능성이 높다고 보고하였다. 예를 들어, 야망이 크고 정력적인 사람들은 빠른 속도로 변화하는 첨단기술 회사에서의 직무를 선택할 수 있다. 채용과정에 대한 연구에서, Adkins, Russel, Werbel(1994)은 많은 회사들이 모집인과 응시자의 개인적 일가치 간 일치성을 선발도구로 활용하고 있음을 보고하였으며, 일가치 합치성(fit)과 채용결정 사이에 정적 상관이 있음을 밝혔다. 일가치 합치성은 개인의 직업선택뿐 아니라 취업후의 적응에도 영향을 미치는 것으로 밝혀져 왔다. 한 개인이 회사에 들어오게 되면, 사원과 관리자 사이의 가치 일치성이 중요한 의미를 갖는다. 예를 들어, Meglino, Ravlin, 그리고 Adkins(1989)는 근로자들의 가치가 관리자들의 가치와 일치할 때 조직에 대해 더 만족하고 몰입한다고 보고하였다. 장기 계약 근로자들의 경우 가치 일치성이 조직몰입에 미치는 영향이 훨씬 더 큰 것으로 나타났다.

마지막으로, 일가치에 대한 비교문화적 연구들도 상당수 진행되어 왔다. Elizur, Borg, Hunt, 그리고 Beck(1991)은 다국면 구조가 여러 문화에서 추출한 샘플들 간에 차이가 없는 반면에, 일가치 항목들의 중요성

순위에서 약간의 차이가 있음을 밝혔다. 예를 들어, 직무 흥미가 미국,
네덜란드, 독일 등의 서구 응답자들에게는 가장 중요한 것으로 나타났
지만, 중국, 헝가리 등의 응답자들의 경우에는 중간 정도의 중요성만을
갖는 것으로 나타났으며, 직무 안정성이 한국에서는 가장 중요한 반면
에, 중국이나 이스라엘에서는 중요성이 매우 낮은 것으로 나타났다. 마
지막으로 중국인 응답자들은 사회 기여가 중요한 가치인 반면에, 다른
나라들에서의 응답자들에게는 가장 중요하지 않은 일가치 항목으로 나
타났다. 또한, 일가치에 대한 한 종단적 연구에서, Selmer와 De
Leon(1996)은 외국인 기업의 자회사에서 근무하는 지역 종업원들의 일
에 대한 태도를 조사하였다. 이 연구는 Hofstede의 가치조사를 이용하
여, 스웨덴계 자회사에서 근무하는 싱가포르의 관리자들이 스웨덴의 일
가치를 받아들이고 있음을 보여줬다. 싱가포르 관리자들이 선택한 스웨
덴의 일가치들 중 직장에서의 비공식적 관계와 같은 일부 가치들은 중
국의 가치와 모순되는 것이었다는 점은, 현지 채용인들이 그 회사의 기
본적 가치를 수용하는 경향이 있음을 보여주는 것이라 할 수 있다.

4) 일가치 연구들의 한계점

지금까지 일가치가 무엇이며, 또 사람들이 중요시하는 일가치에는 어
떤 것들이 있고, 그러한 일가치가 개인과 조직에 미치는 영향에 대한
연구들을 살펴보았다. 일가치에 대한 연구가 조직장면에서 갖는 시사점
은 사람들이 자신의 일가치에 따라 직업 또는 기업을 선택하는 경향이
있으며(Judge & Bretz, 1992; Schneider, 1987), 어떠한 일가치를 가진
사람이 조직에서 더 많은 직무만족과 조직몰입 등을 보일 가능성이 높
은지(Kirdon, 1978; Koslowsky & Elizur, 1990; Meyer, Irving, &
Allen, 1998), 또한 개인과 기업 간(Bowen, Ledford, & Nathan, 1991;
Posner & Schmidt, 1992) 및 상사와 부하 간(Adkins, Russel, Werbel,

1994; Meglino, Ravlin, & Adkins, 1989)에 일가치의 합치성이 높을수록 수행이 향상될 수 있으며, 직무만족과 조직몰입이 높을 수 있을 것이라는 점이다. 이러한 의미에서 일에 대한 개인의 가치는 사람들이 일을 선택하는 기준으로서 작동할 수 있으며, 또한 일에 대한 개인의 가치에 따라 사람들이 열심히 일을 하려는 동기적 수준에서의 차이를 설명할 수 있다는 시사점을 갖는다.

그러나 지금까지의 일가치에 대한 연구는 사람들에 따라 일에 대한 가치에 개인차가 있으며, 개인이 일의 어떠한 측면에 더 가치를 부여하는가에 따라 직무만족이나 조직몰입 등이 어떻게 다른가를 연구하는 데 초점을 둠으로써, 일가치와 직무만족이나 조직몰입 등과의 관련성에 대하여 사후 설명적일 수밖에 없다는 한계를 가지게 된다. 예를 들어, 업무수행의 독립성은 조직몰입과 정적인 상관이 있는 반면에, 사회적 기여와 조직몰입 간에는 부적인 상관이 있는 것으로 나타났을 때(Elizur, 1996), 왜 그러한 결과가 나타났는지에 대하여 어떠한 이론적 설명도 제시하지 못한 채, "독립성을 중요시하는 사람들은 조직몰입이 높은 반면에 사회적 기여를 중요시하는 사람들은 조직몰입이 낮다."라는 사후 설명만이 가능하게 된다는 것이다. 즉, 사람들이 언제 자신의 일가치가 충족되었음을 느끼게 되며, 일가치가 충족되었을 때의 심리적 상태가 어떠한지에 대해서는 아무런 설명을 제시하고 있지 못하다. 따라서 일을 통한 자부심을 중요시하는 사람들이 직무만족이 높다고 할 경우, 연구자는 직장인들의 자부심을 높여야 한다고 이야기하겠지만, 사람들이 어떠할 때 자부심을 느끼게 되는지에 대해서는 아무런 정보를 제공해 주지 못한다는 한계를 가지고 있다.

더욱이, 일가치에 대한 연구는 사람들이 가지고 있는 일에 대한 가치에서의 개인차를 다루고 있다는 점에서, 조직장면에서의 시사점이 부족하다는 한계를 갖게 된다. 일가치가 조직사회화 과정을 통해 어느 정도 학습된다고는 하지만(Dose, 1997; Kaufman & Fetters, 1980), 보다 더 많은 부분이 유전적 요인(Keller, Bouchard, Arvey, Segal, & Dawis, 1992; Arvey, Bouchard, Segal, & Abraham, 1989), 초기 가족 경험 (Holland, 1973; Perrone, 1965; Vroom, 1964), 사회 문화(Dawis, Lofquist, & Weiss, 1968; Sagie, Elizur, & Yamauchi, 1996; Kim, Triandis, Kagitcibasi, Choi, & Yoon, 1994) 요인에 의해 결정된다. 또한, 일가치 연구들은 주로 일에 대한 가치에서의 개인차를 다루기 때문에, 일가치가 교육이나 훈련을 통해 학습되거나, 또는 직무재설계나 조직변화 등을 통해 변경될 수 없다면, 일가치에 대한 연구는 선발장면을 제외하고는 조직장면에서 실제 활용될 수 있을 만한 시사점이 거의 없다고 할 수 있다.

일가치에 대한 개념 및 연구가 이러한 한계점들을 갖는 것은, 지금까지의 일가치에 대한 연구가 사람들이 중요시하는 일의 측면들에 초점을 두고, 그 사람이 중요시하는 일가치가 무엇인가에 따라 사람들을 분류하고자 하였기 때문이다. 이러한 접근은 사람들마다 일가치에 차이가 있을 것이라는 개인차 변수로서의 접근을 의미하는 것으로서, 사람들이 어떠한 조건들이 충족되었을 때에 자신의 일에 대해 가치를 느끼고, 그러한 가치를 느꼈을 때의 심리적 상태가 어떠한지에 대해서는 아무런 답을 제공하지 못하고 있는 것이다. 사람들이 일의 어떠한 측면을 중요시한다면, 그러한 측면들이 충족되었을 때에 자신이 하는 일에 가치를 느끼게 될 것이라고 할 수 있을 것이다. 이것은 개인이 일의 측면들 중 어떠한 측면들에 대해 더 가치를 부여하는가(즉, 일가치)에 따라서 자신의 일에 대한 가치인식이 달라질 수 있음을 의미하는 것이며, 따라서 개인의 일가치가 일에 대한 가치인식의 조절변수로서 작용할 수 있음을 의미하는 것이라 할 수 있다. 따라서 본 연구에서는 "일가치감(perceived value of work)"에 대한 개념적 정립을 통해 개인이 자신의 일이 가치 있다고 지각했을 때의 심리적 상태를 규명한 뒤, 이를 토대로 사람들이 어떠한 조건이 충족되었을 때에 자신의 일에 대해 가치를 느끼게 되고, 자신의 일에 대한 가치인식이 개인의 일가치에 따라서 어떻게 달라지며, 그러한 일가치감이 조직효과성에 어떠한 영향을 미치는가에 대해 밝히고자 한다.

II. 일가치감이란 무엇인가?

동기 이론가들과 인본주의 심리학자들은 사람들에게 자신의 삶과 자신이 하는 일이 의미 있다고 믿고 싶은 욕구가 있음을 제시하고 있다 (Alderfer, 1972; Herzberg, Mausner, & Snyderman, 1959; Maslow, 1943; McGregor, 1960; Rogers, 1959). Maslow(1971)는 자신이 하는 일이 의미 있고 중요하다고 지각하지 않는 사람들은 자신의 역량을 발휘하려 하지 않을 것이라고 주장하였다. Maslow(1943), Herzberg 등 (1959), McClelland(1965), 그리고 Alderfer(1972)는 모든 인간이 자신의 욕구를 충족시키기 위해 행동하도록 동기화되어 있다고 주장하면서, 인간의 행동을 이끄는 욕구들은 기본적인 생존의 욕구에서 출발하여 상위수준의 내재적인 욕구로 이동해 가게 된다고 제안하였다.

Maslow(1943)는 욕구위계 이론을 통해 생리욕구, 안전욕구, 애정욕구, 존경욕구, 자기실현욕구를 제시하였다. 이들 중 상위수준의 욕구로는 존경욕구와 자기실현욕구를 들 수 있다. Maslow가 말하는 존경욕구 (esteem needs)란, 사회생활을 통해서 지속해서 자신을 높이 평가하고, 자신을 존중하며, 자존심을 지니고, 타인으로부터 존경받기 바라는 욕구로서, 이러한 욕구가 충족되었을 때 사람들은 자신감, 가치감, 강자라는 느낌, 적당감, 그리고 사회에서 유능하고 필요한 존재라는 느낌을 얻게 된다(한덕웅, 2004, 36쪽). 또한 Maslow가 제시한 욕구들 중 최상위의 욕구는 자기실현욕구(self- actualization needs)로서, 이는 자기완성(self-fulfillment)에 대한 갈망을 뜻한다. 즉, 자기실현욕구는 인간이 잠재력을 지닌 존재로부터 그 잠재력을 실제로 발휘하는 존재로 실현되려는 경향이며, 자기자신다운 존재로 되어가면서 실현할 수 있는 최선의 존재가 되려는 욕구를 말한다(한덕웅, 2004, 37쪽). Maslow는 자기실현의 욕구가 외부 보상요인이 아닌 내적 만족요인들이 있을 경우에만 적절히 충족될 수 있음을 주장하였다.

Alderfer(1972) 또한 인간의 상위욕구로서 성장욕구(growth needs)를 제시하였으며, 여기에는 Maslow의 욕구위계 중 자기실현욕구뿐 아니라 존경욕구 중 자기확신의 자존심을 포함하고 있다. Alderfer는 성장욕구의 만족이 개인의 잠재능력을 활용하고, 새로운 재능을 개발할 수 있는지에 달려 있으며, 따라서 개인의 잠재능력을 충분히 발휘할 수 있는 환경적 요건이 매우 중요함을 언급하였다. 즉, 개인의 성장욕구를 충족할 수 없는 환경적 요건에서는 아무리 개인의 역량이 좋더라도 성장욕구의 충족에 영향을 미치지 못할 수 있는 것이다(한덕웅, 2004, p48 재인용). 이러한 Alderfer의 주장은 상위욕구의 충족을 위해서는 개인의 내재적 욕구를 충족시켜 줄 수 있는 요건들이 충족되어야 함을 의미하는 것이라 할 수 있다. Alderfer는 이러한 상위의 욕구가 결핍(deficiency)동기가 아닌 성장(growth)동기로서 작용하게 되며, 따라서 한번 충족되었다고 해서 욕구로서 작용하지 않은 것이 아니라 지속적인 동기요인으로서 작용한다고 주장한다.

Rogers(Shultz, 1990)는 이와 같은 맥락에서 사람들은 자기에게 주어지는 정적 관심(positive regard)에 근거하여 자존감을 발달시키며, 타인으로부터 사랑과 수용 등을 획득하고자 노력하고 나중에는 결국 자신(individual himself)을 그러한 수용과 사랑의 원천으로 지각하려고 하는 "긍정적 자기관심(positive self-regard)"에 관한 욕구가 있다고 주장하였다.

즉 인간은 타인으로부터의 대우를 통해 자기에 대한 관심을 가지고, 이러한 관심은 이후에 세상에 대한 자신의 태도와 행동을 결정짓는 자기개념(self-concept)을 형성하게 된다는 것이다. 이를 통해 볼 때, 사람들은 인생에 걸쳐 가장 많은 시간을 보내는 일터에서도 이러한 긍정적 자기개념, 다시 말해 긍정적 자아상을 갖고자 노력할 것이라 할 수 있을 것이다.

또한 내적 동기이론에서도 이러한 긍정적 자아상에 대한 욕구를 고취시키는 일에 사람들은 더욱 흥미를 느낀다고 하였다. 대표적인 내적 동기이론인 Deci(1980)의 인지적 평가이론(cognitive evaluation theory)에서는 자기 생활에서 일어나는 중요한 사건들을 스스로 통제하며 자신이 유능하다고 느끼려는 것이 인간의 기본욕구라고 가정한다. 인지적 평가이론을 발전시킨 Deci와 Ryan(1985, 1991)의 자기결정이론에 따르면, 인간은 세 가지 기본적 심리적 욕구를 가진다. 그것은 유능(competence), 자율(autonomy), 관계(relatedness)이다. 유능은 자신이 어떤 행동을 할 때 효과적이고 능력이 있다고 느끼는 것이다. 자율은 자신의 행동이 스스로 선택된 것이고 의미가 있다고 느끼는 것이고, 마지막으로 관계는 자신이 중요한 다른 사람과 연결되고 있고 조화롭게 잘 지낸다고 느끼는 것이다. 즉, 인간은 유능, 자율, 관계를 추구하고 이를 만족시키고자 한다는 것이다.

그러나 이렇듯 많은 연구자들이 자신이 하는 일에 대한 가치인식과 자신에 대한 가치인식의 중요성에 대해 언급해 왔음에도 불구하고, 자신이 하는 일과 자신에 대해 가치를 인식하였을 때의 심리적 상태에 대해서는 체계적인 연구가 이루어지지 않아 왔다. 따라서 본 연구에서는 사람들이 자신이 하는 일과 자기자신에 대해 가치를 인식했을 때의 심리적 상태인 "일가치감(perceived value of work)"의 구성개념에 대해 정립하고자 한다.

앞에서 밝힌 바와 같이, 많은 동기이론가들이 제시하고 있는 주장들을 조직장면에서 생각해 보면, 다음과 같은 몇 가지 시사점을 얻을 수 있다.

첫째, 사람들은 자신이 하는 일과 자기자신에 대해 가치를 느끼고
    싶은 욕구를 가지고 있다.
둘째, 이러한 욕구는 결핍욕구가 아닌 성장욕구로서, 한번 충족된 이
    후에도 지속적인 동기요인으로 작용한다.
셋째, 이러한 상위의 욕구는 내재적인 욕구로서, 외적 보상이 아닌
    내적 만족을 통해 충족될 수 있다.
넷째, 이러한 욕구들이 충족되었을 때, 사람들은 긍정적 정서를 경험한다.

이를 토대로 본 연구에서는 일가치감을, "일을 통해서 경험하는 심
리적 상태로서, 자신이 하는 일이 가치 있고 자신이 조직 내에서 필요
한 존재라는 인지적 평가, 및 그에 따른 긍정적 정서 반응을 포함하는
개념"으로 정의하고자 한다. 즉, 일가치감이란 일관련 가치(work-related
value), 자기관련 가치(self-related value), 및 가치관련 정서(value-related
emotion)로 구성된 심리적 상태로서, 일관련 가치란 자신이 하는 일이
가치 있고 중요하다는 인식을 의미하며, 자기관련 가치란 자신이 조직
내에서 중요하고 가치 있는 존재라는 인식을 의미하고, 가치관련 정서
는 자신이 하는 일과 자신에 대한 가치인식을 통해 경험하게 되는 긍
정적 정서로 개념화할 수 있다.
    Isen, Daubman, 그리고 Nowicki(1987)는 일 속에서 느끼는 가장 좋
은 감정은 자신이 유능하고 타인들로부터 존중받는 가치 있는 존재라
고 느낄 때라고 주장하였다. Pierce 등(1989)은 일반적인 자존감과 조직
장면에서의 자존감은 구분되어야 함을 주장하며, 조직-기반 자존감
(organization-based self-esteem; OBSE)을 제안하였다. 이들이 제안한
OBSE는 조직 구성원으로서의 자신의 적합성과 가치에 대한 개인적 평
가이며(Gardner & Pierce, 1998: 50), 조직구성원으로서 개인이 조직 내

에서 자신에 대해 가지고 있는 지각된 자기 - 가치(self-perceived value)
를 의미한다(Pierce, Gardner, Cummings, & Dunham, 1989: 625).

그러나 조직생활에 있어서 조직구성원에게 가장 중요한 것은 자신이
담당하고 있는 업무 또는 역할이다(Hackman & Oldham, 1975). 따라서
조직장면에서의 자신의 가치는 자신이 하는 업무를 떠나서 생각할 수 없
게 된다. 그것은 조직에서의 개인의 가치가 곧 일의 가치이기 때문이다. Pierce
등(1989)도 조직에서의 개인가치는 과업 - 구체적인 자존감(task-specific
self-esteem)이라고 표현하였으며, 따라서 업무수행과 관련된 구체적인
경험들이 조직에서의 자기가치(OBSE)의 형성에 영향을 미치게 된다고
주장하였다. 조직과 사람은 일을 통해 연결되어 있기 때문에 자신이 하
는 일이 가치 있는 일이고, 자신의 역할이 가치 있다고 지각될 때, 사
람들은 한 조직의 구성원으로서의 존재가치를 경험하게 되는 것이다.

또한, 자신과 자신의 일에 대한 이러한 가치인식은 자신과 일에 대
한 긍정적인 정서를 가져오게 된다. 앞에서도 언급했듯이, Maslow는
사람들에게 자신을 높이 평가하고, 자신을 존중하며, 자존심을 지니고,
타인으로부터 존경받기 바라는 욕구가 있으며, 이러한 욕구가 충족되었
을 때 사람들은 긍정적인 정서(자신감, 가치감, 강자라는 느낌, 적당감,
그리고 사회에서 유능하고 필요한 존재라는 느낌)를 얻게 된다고 주장
하였고(한덕웅, 2004, 36쪽), Feather(1995)는 가치의 충족이 감정을 수
반하게 된다고 제안하였다(Rokeach, 1973). 앞에서 밝힌 일의 의미와
일가치에 대한 연구들에서도, 연구자들(이지우, 1994; 장형석, 2000;
Jahoda, 1982; Steers & Porter, 1991; Warr, 1987; Yankelovich, 1974)
은 사람들이 일을 통한 긍정적 정서경험에 많은 의미를 부여함을 밝히
고 있다. 즉, 일을 통해 얻고자 하는 대표적인 긍정적 정서들로서 자존
감, 성취감, 도전감, 유능감, 자부심과 긍지, 보람, 성장감, 즐거움 등을
제시하고 있다. 일을 통한 이러한 긍정적 정서의 경험은 일의 경제적 의
미, 사회적 의미, 및 개인적 의미 중 개인적 의미에 해당하는 것으로서, 일

이 갖는 이러한 개인적 의미는 조직과 사회 속에서 개인의 가치를 명확히 인식시켜 줌으로써, 그에 대한 충족감을 제공할 수 있지만, 역으로 이에 대한 충족이 이루어지지 않을 때에는 좌절과 지루함, 그리고 무의미감의 원천이 될 수 있다는 점에서 산업 및 조직심리학 분야에서 그 의미가 더 크다 하겠다(장형석, 2000; Steers & Porter, 1991). 이러한 긍정적 정서 들은 자신이 하는 일이 가치 있고, 자신이 조직 내에서 필요하고 중요 한 존재라고 지각될 때, 느낄 수 있는 정서들이라 할 수 있다. 실제로 기업 현장에서 사람들에게 자신의 일이 의미 있고 가치 있다고 생각될 때 어떠한 느낌이나 생각을 갖게 되는지 물어보면 이러한 정서들을 쉽 게 접하게 된다.

> *"뭔가 해냈다는 생각이 들고 업무에 대한 보람을 느낀다."*
> *"가슴 뿌듯함을 느낀다."*
> *"기분이 좋고 일하는 것이 즐거워진다."*
> *"내가 하는 업무에 대해 자부심과 긍지를 느낀다."*
> *"성취감을 느낀다."*
> *"인정받고 있다고 느끼게 되고, 따라서 유능감을 느끼게 된다."*

자신이 하는 일이 가치 있고 자신이 가치 있는 존재라고 느낄 때 경 험하게 되는 정서는 일 자체와 자기자신 그리고, 가치 있는 일을 수행 하면서 느끼는 정서로 구분할 수 있을 것이다. 구체적으로, 자신의 일 에 대해서 갖는 긍정적 정서로는 일에 대한 자부심, 성취감, 보람을 들 수 있을 것이다. 이러한 정서들은 자신이 하는 일과 그 결과에 대한 긍정적 정서 상태에 해당된다 할 수 있다. 즉, 자신이 가치 있는 일을 하고 있다고 느끼게 됨으로써, 개인은 자신이 그러한 일을 하고 있다는 것에 대해 자부심을 갖게 되고, 그러한 일을 수행함으로써 성취감을 느 끼게 되며, 일의 수행 결과로서 보람을 느끼게 되는 것이라 할 수 있다. 두 번째는 자신에 대한 긍정적 정서로서의 유능감과 자존감이다. 자신이 하는 일에 대해 가치를 인식하게 될 때, 개인은 그러한 일을 수행하는 자신에 대해 유능감과 자존감을 느끼게 되는 것이다. 세 번째는 일을 수행하는 과정에서 갖게 되는 긍정적 정서로서의 도전감, 성장감, 즐거움이다. 사람들은 자신이 가치 있는 일을 하고 있다고 느끼게 되면, 업무수행 과정에서 보다 더 많은 가치를 느끼기 위해 일에 대해 더 많은 도전감을 갖게 될 것이고, 이를 통해 성장감을 느끼게 되며, 따라서 일을 수행하면서 즐거움을 느끼게 될 것이기 때문이다.

이를 보다 구체적으로 살펴보면, 첫 번째는 자신의 일에 대해서 갖는 긍정적 정서로서의 일에 대한 자부심, 성취감, 보람 등이다. 먼저 자부심이란 자신의 업무에 대해 스스로 자랑스럽게 생각하는 것이라 할 수 있다. 훌륭한 일터의 창시자인 Levering(2000)은, 훌륭한 일터의 원천이 구성원들의 일에 대한 자부심에 있다고 주장하면서, 일에 대해 자부심을 갖는 것이 중요함을 강조하였으며, 연구자들 또한 일에 대한 자부심이 일의 의미 지각에 중요한 요인임을 언급하고 있다(이지우, 1994; Wollack et. al., 1971). 성취감이란, 자신에게 주어진 과제를 완수하거나 주어진 목표를 달성했을 때의 긍정적 정서 상태로서, 많은 연구자들(Allport et. al., 1951; Herzberg et. al., 1959)은 성취감을 사람들이 중시하는 대표적인 일의 측면으로 제안하고 있으며, 성취감이 직무만족(Muchinsky, 1977)이나 직무동기(Herzberg et. al., 1959)의 주요한 요인임을 주장하였다. 마지막으로 보람이란, 업무수행의 결과가 갖는 의미나 활용에 대해 갖는 긍정적 정서 상태로서, 장형석(2000)은 직장인들이 자신의 일에 대해 부여하는 대표적인 의미로서 일에서 느끼는 보람을 언급하고 있다. 이러한 정서들은 자신이 하는 일과 그 결과에 대한 긍정적 정서 상태에 해당된다 할 수 있다. 즉, 자신이 가치 있는 일을 하고 있다고 느끼게 됨으로써, 개인은 자신이 그러한 일을 하고 있다는 것에 대해 자부심을 갖게 되고, 그러한 일을 수행함으로써 성취감을 느끼게 되며, 일의 수행 결과로서 보람을 느끼게 되는 것이라 할 수 있다. 이미 언급하였듯이, 조직 구성원에게 있어서 개인의 가치는 자신이 수행하고 있는 업무의 가치에 의해서 결정된다(김명언, 1995). 이러한 의미에서 일 자체에 대한 긍정적 정서 경험은 일가치감에서 차지하는 중요성이 매우 크다 하겠다.

두 번째는 자신에 대한 긍정적 정서로서의 유능감과 자존감이다. 유능감이란 자신에게 주어진 업무를 수행할 능력이 있다는 믿음(Deci, 1971)을 의미한다. Deci(1971)는 유능성에 대한 지각이 낮을 때 내적 동기가 낮아진다고 주장하였으며, Aldag(1979)는 유능감에 대한 지각이 개인의 조직적응에 중요한 영향을 미친다고 제안하였다. 자존감이란 업무수행 상황에서의 자신에 대해 느끼는 전반적인 긍정적 정서 상태(Marshall, 1989)를 의미한다. 유능감과 마찬가지로 자신에 대한 긍정적 정서 상태를 나타내지만 보다 포괄적인 의미를 갖는다. Pope, McHale, 그리고 Craighead(1988)는 자존감이 자신을 가치 있다고 지각할 때 경험하게 되며, 개인의 정서적 안녕과 행복감에 있어서 기초가 된다고 주장하였다. 이러한 두 가지 정서 상태는 일을 통해 느끼는 자기자신에 대한 긍정적 정서 상태라 할 수 있을 것이다. 즉, 자신이 하는 일에 대해 가치를 인식하게 됨으로써, 그러한 일을 하고 있는 자신에 대해서도 가치를 느끼게 되는 것이다. 이미 언급하였듯이, 조직 구성원에게 있어서 개인의 가치는 자신이 수행하고 있는 업무의 가치에 의해서 결정된다(김명언, 1995). 따라서 자신이 하는 일에 대해 가치를 인식하게 될 때, 개인은 그러한 일을 수행하는 자신에 대해 유능감과 자존감을 느끼게 되며, 반대로 자신이 하는 일이 아무런 가치를 느끼지 못하게 될 때에는 자신에 대한 무능감과 자기비하를 느끼게 될 것이다.

세 번째는 가치 있는 일을 수행하는 과정에서 갖게 되는 긍정적 정서로서의 도전감, 성장감, 즐거움이다. 도전감이란, 보다 나은 수준의 성과를 달성하고자 하는 개인의 정서 상태라 할 수 있다. 자신의 일에 대해 도전감을 느끼지 못한다면 업무수행 과정이 무미건조하고 재미가 없을 것이다. 사람들은 도전감을 느낄 때 자신에게 주어진 일을 더 성공적으로 완수하고자 하고, 보다 높은 목표를 설정하려 하며, 더 나아가 새로운 일을 과감히 시도하려 하게 된다. 이러한 의미에서 도전감은 업무수행 과정 자체의 재미와 즐거움뿐 아니라, 업무수행 결과의 수준을 결정하는 중요한 요인일 수 있다. 성장감은 자신의 역량이 보다 나아지고 있으며, 자신의 장기적 목표에 점점 더 다가가고 있다고 느끼는 긍정적 정서 상태로서, 최근의 높은 실업률과 고용불안의 경영환경 속에서 그 중요성이 점차 확대되고 있으며, 개인의 일에 대한 동기부여에 필수적인 요소라 할 수 있다(임창희, 2000). 마지막으로 즐거움은 업무수행 과정에서 느끼는 전반적인 긍정적 정서 상태라 할 수 있다. 일을 하는 과정에서의 재미와 즐거움은 내적 동기의 원천이자, 내적 동기 그 자체라 할 수 있을 것이다. 이러한 의미에서 Levering(2000)은 즐겁게 일하는 기업은 성과도 좋을 수밖에 없다고 주장하며, 일하는 과정에서의 즐거움을 강조한다. 이러한 세 가지의 정서 상태는 업무수행 과정에서 느끼는 긍정적 정서 상태이다. 즉, 사람들은 자신이 가치 있는 일을 하고 있다고 느끼게 되면, 업무수행 과정에서 보다 더 많은 가치를 느끼기 위해 일에 대해 더 많은 도전감을 갖게 될 것이고, 이를 통해 성장감을 느끼게 되며, 따라서 일을 수행하면서 즐거움을 느끼게 되는 것이다.

요약하면, 일가치감이란, 자신이 하는 일이 가치 있고, 자신이 조직 내에서 필요한 존재이며, 이러한 가치들이 충족되었을 때 느끼게 되는 긍정적 정서들이라 할 수 있다. 연구자들은 이러한 가치인식과 긍정적 정서 경험이 개인의 행복감과 심리적 안녕에 영향을 미칠 뿐 아니라(Jahoda, 1982; Warr, 1987), 개인과 조직의 효과성에도 중요한 영향을 미친다고 주장한다(Brief, Butcher, & Roberson, 1995; Chusmir, 1982; Pinder, 1984; Ryan, 1980). Hackman 등(1975)은 사람들의 내적 동기와 직무만족의 향상 및 수행의 질적 향상을 위해서는 사람들이 자신의 일이 가치 있고 중요하다고 지각해야 한다고 주장하였으며, Chusmir(1982)는 자신의 일에 대한 유의미성 지각이 직무몰입에 직접적 영향과 함께 지각된 역할행동을 통한 간접적 영향을 미친다고 주장하였고, Kavanagh와 Bower(1985)는 긍정적인 정서 상태가 자신의 미래 수행에 대해 보다 더 긍정적인 기대를 갖도록 함으로써 사람들의 동기를 향상시킨다고 주장하였다. 이러한 의미에서 일가치감의 개발은 직장인들의 직무효과성을 높이기 위해 고려해야 할 중요한 준거라 할 수 있을 것이다.

많은 산업 및 조직심리학자들은 조직행동 연구에서의 준거를 찾고자 노력해 왔다. 지금까지 대표적인 준거로서 연구되어 온 직무만족은 상사와 동료에 대한 만족, 회사의 정책과 제도에 대한 만족, 작업환경에 대한 만족, 임금과 보상에 대한 만족 등 직무와 관련된 다양한 측면들에 대한 개인의 평가를 반영하고 있다. 특히, 전반적 직무만족은 '만족'의 개념적 포괄성으로 인해 개인의 심리적 상태에 대한 구체적인 설명에 한계를 가지고 있으며, 또한 현장의 실무자들뿐 아니라 연구자들 사이에서도 그 의미에 대한 명확한 이해에 어려움을 겪고 있다. 직무만족과 일가치감과 자신의 직무로부터 경험된 긍정적인 정서적 반응을 포함하고 있다는 측면에서 공통점을 갖지만, 다음과 같은 측면에서 그 차이를 밝힐 수 있다.

첫 번째는 만족지각과 가치지각의 개념적 차이이다. 전반적 직무만족은 자신의 직무 자체 및 그 직무와 연결되어 있는 여러 단면들에 대한 전반적인 만족 정도를 의미하는 반면에, 일가치감은 자신이 조직 내에서 수행하는 업무들과 조직 내에서의 자기자신에 대한 가치인식에서 오는 긍정적인 심리적 상태를 나타낸다.

두 번째는 측정영역에서의 차이이다. 즉, 직무만족에는 일 자체의 측면들뿐 아니라, 일과 직접적으로 관련 없는 직무환경, 인사제도, 복리후생 등 조직 내의 다양한 측면들을 포함하는 반면에, 일가치감은 일을 통해서 느끼게 되는 긍정적 심리적 상태만을 포함하고 있다.

결론적으로, 직무만족에서의 '만족'은 자신의 직무 전반에 대해 갖게 된 인지적 및 정서적 최종 평가를 의미한다 할 수 있다. 어떤 것에 만족을 느낀다는 것은 여러 요소들을 고려했을 때의 최종 평가라 할 수 있는 반면에, 일가치감은 일 속에서의 경험들을 통해 나타나는 보다 구체적인 인지적 및 정서 반응이라 할 수 있다. 이러한 의미에서 일가치감은 직무만족과 구분되며, 직무만족뿐 아니라, 직무몰입이나 직무동기와 같은 일관련 태도와 행동을 형성하는 데 기여하는 긍정적 심리상태라 할 수 있다.

일가치감은 기존의 일가치 연구와도 구분된다. 일가치 연구들에서는 사람들이 무엇을 중시하는가에 초점을 두는 반면에, 일가치감은 자신이 중시하는 일의 측면들이 충족되었을 때의 심리적 상태를 의미한다. 또한, 일가치는 사람들의 일에 대한 가치를 다루는 것으로서, 상당부분 개인의 사회화 과정을 통해 학습된 개인차 변수에 해당한다. 이와 달리 일가치감은 현재 자신에게 주어진 상황에 대한 중요성과 현재상태 판단으로부터 나오는 상황적 변수이다. 따라서 개인의 일가치가 조직에서의 교육과 훈련, 직무재설계나 조직변화 등을 통해 변화되기 어려운 반면에, 일가치감은 이러한 조직변화 노력들을 통한 환경의 변화 및 개인의 인식의 변화를 통해 변화될 수 있다는 점에서 조직장면에서의 보다 많은 시사점을 갖는다 할 수 있다.

조직과 구성원은 일로 연결되어 있으며, 일은 개인이 조직 내에서 존재하는 이유이다. 결국, 개인의 가치는 일을 통해서 나타나게 되며, 따라서 일의 가치가 곧 개인의 가치가 된다. 누구나 자신이 타인들로부터 존중받는 가치 있는 존재라고 느끼고 싶어 하며, 직장인들에게 있어서 그러한 느낌은 대부분 자신이 맡은 일을 통해서 가능하게 된다. 자신이 가치 있는 일을 하고 있다고 생각될 때, 자신의 일에 대해 만족하고 몰입하게 되며 보다 더 열심히 노력하려는 동기를 갖게 될 것이다. 따라서 본 연구에서는 지금까지 제시한 '일가치감'에 대한 개념을 토대로, 언제 사람들이 일에서 가치를 느끼게 되고, 사람들이 자신의 일에 대해 가치를 느끼는 것이 직무만족, 직무몰입, 직무동기와 같은 조직효과성 변인에 어떠한 영향을 미치는가에 대해 다루고자 한다.

제 2 장   예비연구

Ⅰ. 연구목적

사람들이 어떠할 때 자신의 일에 대해 가치를 느끼게 되는지를 연구하기 위해서는, 일가치감을 결정하는 결정요인들에 대한 척도개발이 요구된다. 따라서 본 예비연구에서는 연구자가 지금까지 기업 현장에서 업무가치증진(TVC) 프로그램을 운영하면서 얻은 사례들을 이용하여 내용분석을 실시하고, 이를 토대로 척도를 구성한 뒤 탐색적 요인분석을 통해 일가치감 및 그 결정요인에 대한 척도를 개발하고자 한다.

Ⅱ. 일가치감의 결정요인에 대한 사례연구

1. 방법 및 절차

1) 조사대상

본 사례연구의 대상은 L제조업 260명과 L정유업 43명으로 전체 303명이었다. 이들의 인구통계적 특징을 살펴보면, L제조업의 경우는 모두 남성으로서, 직군별로는 기술직 12명, 연구직 52명, 생산직 28명, 영업직 85명, 지원직 83명이었으며, 직급별로는 부장 14명, 차장 29명, 과장 73명, 대리 114명, 사원 30명이었다. L정유업의 경우에는 남성이 41명, 여성이 2명이었고, 기술직 13명, 지원직 17명, 영업직 13명이었으며, 직급별로는 차장 3명, 과장 15명, 대리 20명, 사원 5명이었다.

2) 조사방법

L제조업체에서의 사례수집은 1박 2일간의 TVC '여는 마당' 프로그램 진행 중에 실시되었다. 참가자들로 하여금 현재 자신이 수행하고 있는 업무들이 어떤 가치가 있다고 생각하는지를 스스로 찾아서 동료들 앞에서 발표하도록 하였으며, 이들이 작성한 발표 자료를 발표 후 수거하였다. L정유업체에서의 사례수집은 TVC 프로그램 진행자 양성 과정 중에 백지를 주고 자신의 업무가 가치 있다고 느꼈던 경험을 구체적으로 적도록 하였다. 수집된 사례는 정리하여 참가자들에게 과정 중에 피드백 해 주었다.

3) 분석방법

수집된 사례 857개 중 19개는 일가치감의 결정과 관계없는, 응답자 본인이 생각하는 '사람들이 자신의 업무에 대해 가치를 못 느끼는 이유'나 '일에서의 가치인식이 중요한 이유' 등에 대한 사례들이어서 분석에서 제외하였다. 따라서 전체 838개의 사례가 내용분석에 사용되었다. 내용분석은 본 연구자와 산업심리학 박사수료자 1인이 1차로 유사한 사례들을 분류한 뒤, 두 연구자 간의 논의를 통해 2차로 이들 범주를 묶을 수 있는 상위범주를 설정하였다. 1차 분류 과정은 연구자들 간에 독립적으로 이루어졌으며, 분류결과 연구자들 간에 일치하지 않는 사례는 합의를 통해 재분류하였다.

2. 분석결과

수집된 사례들을 내용분석한 결과 전체 27개의 범주가 도출되었으며, 이를 다시 더 큰 범주로 분류한 결과 업무특성 차원, 업무수행 과정 차원, 업무수행 결과 차원, 개인비전 연계 차원, 및 사회적 평가의 5개 범주로 구분할 수 있었다. 내용분석을 통해 도출된 2범주와 세부범주별 빈도는 표 3-1에 제시하였다. 표를 통해 볼 수 있듯이, 사람들이 자신의 일에 대해 가치를 느끼게 되는 범주들의 빈도를 보면, 업무수행 과정 차원의 사례들이 42%로 가장 많았고, 업무수행 결과의 활용과 관련된 사례가 22%, 개인의 비전달성과 관련된 사례가 20%, 업무 자체의 특성과 관련된 사례가 11%, 개인의 업무에 대한 주변 타인들의 평가와 관련된 사례가 4%, 그리고 기타의 사례가 2%로 나타났다.

이들 내용을 구체적으로 살펴보면, 첫째 업무특성과 관련하여 수집된 세부범주로는 전문성이 요구되는 업무, 정체성이 높은 업무, 성과가 명확한 업무, 팀 내 주변업무가 아닌 주요업무, 반복적이거나 루틴하지 않은 창의성이 요구되는 업무, 난이도가 높은 업무를 할 때 등이었다.

둘째, 업무수행 과정 차원의 세부범주로는 일방적으로 부여되는 업무나 시키니까 마지못해 하는 업무가 아닌 개인에게 권한과 책임이 주어지고, 상사나 동료로부터 업무수행과 관련하여 원활한 피드백이 이루어지며, 불필요한 업무 없이 효율적으로 업무가 진행되고, 서로가 합의한 원칙과 기준이 지켜질 때 등이었다.

셋째, 업무수행 결과 차원의 세부범주로는 자신의 업무가 회사 내·외의 타인들에게 영향을 미친다고 생각될 때, 자신의 업무수행 결과가 조직의 성과에 기여한다고 생각될 때, 업무수행 결과의 활용도가 클 때, 자신의 업무수행 실패 시의 파급효과가 크다고 지각될 때, 자신의 업무수행 결과가 사회적 및 국가적으로 기여한다고 생각될 때 등이었다.

넷째, 개인의 비전 연계 차원의 세부범주로는 현재의 업무가 개인의 전문가로의 경력발달에 기여한다고 생각될 때, 현재의 업무내용이 자신의 역량증진에 도움이 될 때, 자신의 현재 업무가 조직 내에서의 승진에 도움이 된다고 생각될 때, 그리고 현재의 업무수행으로 인해 개인과 가정의 경제적 안정에 기여할 때 등이었다.

다섯째, 사회적 평가 차원으로는 자신의 현재 업무나 업무수행 과정 및 결과와 관련하여 회사로부터 인정과 보상을 받거나, 상사나 동료, 그리고 가족이나 친척들로부터 인정과 칭찬을 받을 때, 그리고 자신의 업무를 통해 사회적으로 지위를 인정받을 때 등이었다.

표 3-1 일가치감 결정 사례에 대한 내용분석 결과

범 주	세부범주	빈 도	비 율
업무특성 (90건, 11%)	전문역량이 요구될 때	12	13%
	정체성이 높을 때	14	16%
	성과가 명확히 드러날 때	3	3%
	주요업무를 할 때	19	21%
	창의성이 요구될 때	22	24%
	난이도가 높을 때	20	22%
	소 계	90	100%
업무수행 과정 (348건, 42%)	권한과 책임이 주어질 때	67	19%
	피드백이 원활할 때	51	15%
	업무가 효율적으로 진행될 때	180	52%
	원칙과 기준이 준수될 때	50	14%
	소 계	348	100%
업무수행 결과 (188건, 22%)	영향력이 클 때	47	25%
	조직에 기여할 때	96	51%
	결과의 활용도가 클 때	34	18%
	실패 시 영향력이 클 때	4	2%
	사회적으로 기여할 때	7	4%
	소 계	188	100%
개인비전 (164건, 20%)	전문가로의 성장에 기여할 때	56	34%
	역량 증진에 도움이 될 때	75	46%
	승진에 도움이 될 때	28	17%
	장기적 계획/목표달성에 도움이 될 때	5	3%
	소 계	164	100%
사회적 평가 (35건, 4%)	회사의 인정/보상 받을 때	6	17%
	상사의 인정을 받을 때	8	23%
	동료의 인정을 받을 때	11	31%
	가족의 인정을 받을 때	5	14%
	사회적 지위를 인정받을 때	5	14%
	소 계	35	100%
기 타 (13건, 2%)	문제를 해결했을 때	3	23%
	노력해서 업무를 완수했을 때	6	46%
	동료애를 느꼈을 때	4	31%
	소 계	13	100%
총 계		838	100%

마지막으로, 기타 범주로 분류된 세부범주들로는 문제를 해결했을 때, 열심히 노력해서 업무를 완수했을 때, 그리고 동료애를 느꼈을 때 등이 있었다. 그러나 이들 사례는 개인의 업무가치 인식의 결정사례라 기보다는 개인이 업무수행 과정에서 경험하는 전반적인 만족감이나 완결감, 또는 동료만족의 사례로 판단되어, 일가치감 결정요인 척도 개발에서 제외하였다.

Ⅲ. 일가치감 및 일가치감 결정요인에 대한 탐색적 요인분석

1. 방법 및 절차

1) 조사대상

본 탐색적 요인분석을 위한 연구의 조사대상은 L전자회사의 연구소에 근무하는 226명을 대상을 실시하였다. 이들의 자세한 인구통계학적 특성은 표 3-2에 제시하였다.

표 3-2 조사대상자의 인구통계학적 특성

성 별		연 령		결 혼	
남	189(89.2%)	20대	35(17.3%)	결혼	120(57.4%)
여	23(10.8%)	30대	149(73.8%)	미혼	89(42.6%)
		40대	18(8.9%)		
결측치=14		결측치=24		결측치=17	

직 급		근속년수	
연구원	35(16.7%)	3년미만	62(30.7%)
주임연구원	80(38.1%)	3년~5년미만	65(35.2%)
선임연구원	62(29.5%)	5년~10년미만	49(24.3%)
책임연구원	15(7.1%)	10년~15년미만	19(9.4%)
그룹장	18(8.6%)	15년 이상	7(3.5%)
결측치=16		결측치=24	

2) 조사방법

자료 수집을 위해 2003년 6월 18일부터 7일간에 걸쳐 설문조사를
실시하였다. 조사대상 연구소의 조직진단을 위한 설문지에 일가치감 결
정요인들 및 일가치감에 대한 문항을 포함하였다. 설문조사는 연구소의
조직진단 담당자들에 의해 배포된 뒤, 일괄적으로 수거되도록 하였다.

3) 측정도구

일가치감 결정요인. 예비연구를 통해 수집된 사례들을 토대로, 사람
들이 자신의 일을 가치 있다고 지각하게 되는 사례들을 문항으로 제작
하였다.

첫째, 업무특성 차원의 문항들에는 업무가 전문적 역량을 요구하는

정도, 정체성이 있는 정도, 팀 내 주요업무인 정도, 성과가 명확히 드러나는 정도, 새롭고 창의성이 요구되는 정도 및 난이도가 높은 정도를 묻는 6개 문항으로 구성되어 있다.

둘째, 업무수행 과정 차원의 문항들에는 업무수행 과정에서 권한과 책임이 주어지는 정도, 원활한 피드백이 주어지는 정도, 불필요한 일이 없이 효율적으로 일이 진행되는 정도, 원칙과 기준이 지켜지는 정도를 묻는 4개의 문항으로 구성되어 있다.

셋째, 업무수행 결과 차원의 문항들에는 업무수행의 결과가 많은 사람들에게 영향을 미치는 정도, 실패 시 파급효과의 정도, 조직의 성과에 기여하는 정도, 활용도가 높은 정도, 사회적으로 기여하는 정도 등을 묻는 5개의 문항으로 구성되어 있다.

넷째, 개인비전 차원의 문항들에는 현재의 업무가 전문가로 성장하는 데 도움이 되는 정도, 개인적 역량증진에 기여하는 정도, 조직에서의 성장에 도움이 되는 정도, 장기적인 계획과 목표달성에 도움이 되는 정도, 경제적 안정에 도움이 되는 정도를 묻는 5개의 문항으로 구성되어 있다.

다섯째, 사회적 평가 차원의 문항들에는 회사로부터 인정과 조상을 받는 정도, 상사로부터 인정받는 정도, 동료들로부터 인정받는 정도, 가족들로부터 인정받는 정도, 사회적으로 지위를 인정받는 정도를 묻는 5개의 문항으로 구성되어 있다.

모든 문항은 5점 척도2로 구성하였으며, 응답자들로 하여금 각 항목이 현재 본인의 경우와 얼마나 일치한다고 생각하는지에 대해 1(전혀 그렇지 않다)에서 5(매우 그렇다)까지로 응답하게 하였다.

일가치감: 본 연구자가 정립한 개념을 토대로, 일가치감 척도를 제작하였다. 일가치감이란, 일을 통해서 경험하는 심리적 상태로서, 자신이 하는 일이 가치 있고 자신이 조직 내에서 필요한 존재라는 인지적 평가, 및 그에 따른 긍정적 정서 반응을 포함하는 개념이다. 일가치감의

측정문항은 본 연구에서 정립한 개념을 토대로 개발한 것으로서, 일관
련 가치, 자기관련 가치, 가치관련 정서의 3개 하위요인으로 구성되어
있다. 먼저, 일관련 가치 척도는 자신이 하는 일의 중요성에 대한 개인
의 지각 정도를 측정하기 위한 것으로서, 여기에는 자신이 하는 일이
중요하고 가치 있다고 지각하는 정도를 묻는 4개 문항으로 구성되어
있었다. 두 번째 자기관련 가치 척도는 조직 내에서의 자신의 가치에
대한 지각 정도를 측정하기 위한 것으로서, 여기에는 자신이 회사 내에
서 꼭 필요한 존재이고, 자신이 회사를 그만두면 회사에 피해가 있게
될 것이며, 그래서 회사가 자신을 놓치지 않으려 한다고 지각하는 정도
를 묻는 4개의 문항으로 구성되어 있었다. 마지막으로, 가치관련 정서
는 자신이 가치 있는 일을 하고 있다는 것에서 느끼는 일에 대한 자부
심, 성취감, 보람, 가치 있는 일을 하고 있는 자신에 대한 유능감과 자
존감, 그리고 가치 있는 일을 하면서 느끼는 도전감, 성장감, 즐거움
등의 8개 항목들로 구성되어 있었다. 모든 문항은 5점(1: 전혀 그렇지
않다, 5: 매우 그렇다) 척도로 구성하였다.

4) 분석방법

문항들에서 의미 있는 묶음들을 찾아내기 위해, 일가치감과 일가치감
결정요인들에 대해 개별적으로 탐색적 요인분석을 실시하였다. 요인분
석의 방법으로는 공통변량의 시초값을 중다상관자승(SMC)으로 지정하
고 추정방식은 주축분해법 중 반복분해법으로 하여 탐색적 요인분석을
실시하였다. 요인 수를 지정하지 않은 채 요인분석을 실시한 뒤,
eigenvalue 값이 1.0이 넘는 요인들을 산출하였으며, 추출된 요인구조의
해석가능성을 높이기 위해 직교회전(varimax)을 실시하였다. 요인분석
을 실시하는 과정에서 요인부하량이 여러 요인에 걸쳐 높게 나타나거
나, 어떤 요인에도 낮은 부하량을 보이는 문항들 및 본래 의도했던 요

인과 다르게 묶인 문항들을 제거하였다. 이러한 과정을 통해 최종적으로 산출된 요인구조를 토대로 각 요인들의 Cronbach's α를 계산하였다. 탐색적 요인분석과 내적 일치도의 계산에는 SAS 8.01을 이용하였다.

2. 분석결과

1) 일가치감에 대한 탐색적 요인분석 결과

일가치감 문항들에 대한 최종 요인분석 결과를 아래의 표 3-3에 제시하였다. 표에서 볼 수 있듯이, 제1요인에는 가치관련 정서를 측정하기 위해 이용한 8개의 문항들이 추출되었다. 그 내용들을 살펴보면, 자신의 일이 가치 있고 자신이 조직 내에서 필요한 존재라는 인식을 바탕으로 하는 긍정적 정서들을 포함하고 있었다. 모든 문항들이 .6이상의 높은 요인부하량을 보이고 있었으며, 척도의 신뢰도분석 결과 α=.941의 높은 신뢰도를 보이고 있었다. 이러한 결과는 가치관련 정서가 타당함을 보여주는 것이라 할 수 있다.

제2요인에는 일관련 가치를 측정하기 위해 이용한 3개의 문항들이 포함되어 있었다. 이들 문항들은 모두가 자신이 하는 일이 가치 있고 중요하다는 인지적 판단을 반영하는 문항들이었다. 요인분석 과정에서 "퇴근할 때 뭔가 가치 있는 일을 했다는 느낌을 갖는다."는 문항은 1요인에도 높은 부하량을 보이고 있었다. 인지적 요소를 측정하기 위해 포함한 문항이었음에도 불구하고, "느낌을 갖는다"라는 표현으로 인해 가치관련 정서 요인에도 높은 요인부하량을 보이는 것으로 판단되어 제거하였다. 또한, 1번과 3번 문항이 제1요인에도 .5이상의 높은 부하량을 보이고 있었으나, 가치관련 정서 요인이 자신의 일에 대한 가치인식을 토대로 한 긍정적 정서들을 포함하고 있기 때문에, 이 두 문항이 가치관련 정서 요인에도 비교적 높은 부하량을 보이고 있는 것으로 판

단되었다. 그러나 내용적으로 이들 문항이 정서적 요소보다는 인지적
요소를 측정하고 있다고 판단되었으며, 제2요인에 대한 요인부하량이
.6이상의 높은 부하량을 보이고 있었고, 1요인과 2요인에 대한 요인부
하량의 차이가 .1을 넘고 있었으므로, 제2요인에 그대로 포함하기로 하
였다. 신뢰도분석 결과 α=.868의 비교적 높은 신뢰도를 보이고 있었다.
이러한 결과는 일관련 가치를 측정하기 위해 이용된 문항들이 타당함
을 의미하는 것이라 할 수 있을 것이다.

표 3-3 일가치간에 대한 탐색적 요인분석 결과

문 항	요인부하량			h^2
	1	2	3	
요인 1. 가치관련 정서				
V19. 나는 현재 내가 하는 업무들을 통해서 성취감을 느낀다.	.844			.822
V18. 나는 현재 내가 하는 업무들을 통해서 보람을 느낀다.	.824			.818
V16. 나는 지금 내가 하고 있는 업무들에 대해 자부심을 느낀다.	.787			.775
V14. 나는 업무를 하면서 나 자신이 성장하고 있다는 느낌을 갖는다.	.751			.648
V20. 나는 지금의 업무들을 수행하면서 더 잘해야겠다는 도전감을 느낀다.	.734			.626
V15. 나는 내 업무를 수행하면서 즐겁다는 느낌을 경험한다.	.723			.594
V13. 나는 업무를 하면서 내가 가치 있는 존재라는 느낌을 갖는다.	.694			.603
V17. 나는 업무를 수행하면서, 스스로에 대한 유능감을 경험한다.	.637			.526
요인 2. 일관련 가치				
V3. 나는 현재 내가 하고 있는 업무들이 중요한 일이라고 생각한다.	.515	.690		.770
V4. 내가 하고 있는 업무는 우리 회사에 없어서는 안 될 일이다.		.652		.683
V1. 나는 현재 내가 하고 있는 업무들이 가치 있다고 생각한다.	.586	.630		.752
요인 3. 자기관련 가치				
V7. 내가 회사를 그만두게 된다면, 회사 전체에 큰 피해가 있게 될 것이다.			.806	.671
V6. 내가 회사를 그만두려 해도 회사는 나를 절대 놓아주려 하지 않을 것이다.			.710	.572
V5. 나는 우리 회사에서 꼭 필요한 존재이다.		.502	.522	.682
eigen value	5.432	2.187	1.929	9.548
cronbach's alpha	.941	.868	.786	

표 3-4 일가치감 하위요인들의 평균, 표준편차 및 상호상관

요 인	문항수	평 균	표준편차	1	2	3
1. 일관련 가치	3	3.65	0.64	1.000		
2. 자기관련 가치	3	2.94	0.66	0.574	1.000	
3. 가치관련 정서	8	3.46	0.64	0.756	0.518	1.000

제3요인에는 자기관련 가치를 측정하기 위해 이용한 3개의 문항들이 포함되어 있었다. 이들 문항들은 모두가 조직 내에서 자신이 중요하고 필요한 존재라는 인지적 판단을 반영하는 문항들이었다. 요인분석 과정에서 "나는 우리 회사에서 불필요한 존재이다."라는 문항은 어떤 요인에도 .3미만의 낮은 부하량을 보이고 있었다. 자기관련 가치를 측정하기 위한 문항이었음에도 불구하고, 부정적 문구로 인해 낮은 부하량을 보인 것으로 판단되어 요인분석 과정에서 제거하였다. 5번 문항이 제1요인에도 .5이상의 높은 부하량을 보이고 있었으나, 앞에서와 마찬가지로 가치관련 정서가 자기에 대한 가치인식을 바탕으로 한 긍정적 정서를 포함하고 있다는 점에서 이해될 수 있었다. 그럼에도 불구하고, 이 문항이 일가치감의 정서적 측면보다는 인지적 측면에 가깝다고 판단되었으며, 또한 제3요인의 척도 신뢰도를 위해 유지하기로 하였다. 신뢰도분석 결과 $\alpha=.786$의 수용할 만한 수준을 보이고 있었으며, 문항들의 요인부하량 또한 .5이상을 보이고 있었다. 이러한 결과는 자기관련 가치를 측정하는 데 있어서, 제3요인이 타당함을 의미하는 것이라 할 수 있다.

표 3-4에는 일가치감 하위요인들의 평균과 표준편차 및 상호상관을 제시하였다. 표에서 볼 수 있듯이, 척도 간 상관은 $r=.518$에서 $r=.756$의 비교적 높은 상관을 보이고 있었으나, 이들 요인이 상호관련되어 있음에도 불구하고 서로 변별된다고 할 정도의 크기를 보이고 있었다.

2) 일가치감 결정요인에 대한 탐색적 요인분석 결과

일가치감 결정요인에 대한 탐색적 요인분석 결과를 아래의 표 3-5에 제시하였다. 제1요인은 일 자체의 특성을 묻는 6개의 문항들로 구성되어 있었으며, 이러한 특징을 갖춘 업무들은 조직 내에서 중요한 업무들이라는 측면에서, 이 요인을 '업무의 중요성'이라 명명하였다. 제2요인은 업무수행의 결과 차원에 대한 5개 문항들로 구성되어 있었으며, 개인의 업무수행이 개인뿐 아니라 타인들이나 조직 전체, 더 나아가 사회적으로 영향을 미치는지에 대한 지각을 묻는 문항이라는 측면에서, 이 요인의 명칭을 '결과의 유용성'이라 명명하였다. 제3요인은 개인비전 차원의 4개 문항들로 구성되어 있었으며, 현재의 업무가 개인의 비전 실현에 도움이 되는가를 묻고 있다는 측면에서, 이 요인을 '비전의 실현성'이라 명명하였다. 제4요인은 업무수행 과정의 특성과 관련된 4개 문항들로 구성되어 있었으며, 업무수행 과정에서 얼마나 효율적으로 이루지고 있는가를 나타내고 있다는 측면에서 이 요인의 이름을 '과정의 효율성'이라 명명하였다. 제5요인은 사회적 평가 차원의 3개 문항들로 구성되어 있었으며, 개인의 업무와 관련하여 직장 내 상사와 동료뿐 아니라, 사회적으로 인정되는가를 묻는 문항들이라는 측면에서, 이 요인을 '사회적 인정'이라 명명하였다.

이들 문항들 중 제3요인(비전의 실현성)으로 묶인, 16번, 17번 문항은 제1요인(업무의 중요성)에도 .4이상의 부하량을 보이고 있었으며, 18번 문항은 제5요인(사회적 인정)에도 .4이상의 부하량을 보이고 있었다. 16번 17번 문항의 경우 개인의 역량증진과 전문가로의 성장을 위해서는 중요한 업무(전문역량이 요구되는 업무, 난이도가 높은 업무, 창의성이 요구되는 업무 등)를 하는 것이 도움이 된다는 측면에서, 이 두 문항이 제1요인과 상관이 있을 것으로 해석되었다. 그러나 제1요인(업무의 중요성)은 업무 자체의 특성을 나타내는 요인이므로, 전문성을 요구하는 업무라 할지라도 그 업무가 '전문가로의 성장(16번)'이나 '역량 증진(17번)'에 도움이 되는가는 개인이 어떠한 비전을 가지고 있는가에 따라 달라질 수 있다는 측면에서 이 두 문항이 일 자체의 특성이라기 보다는 개인비전의 실현성에 해당하는 문항이라 판단하였다. 또한, 18 번 문항의 경우, 사회적 인정에도 높은 부하량을 보이고 있었는데, 자 신의 일에서 칭찬과 인정을 받는다는 것이 조직 내에서 승진하는 데 도움이 될 수 있다는 측면에서는 상관이 있을 수 있으나, 자신의 일에 서 사회적 인정을 받는다는 것과 조직 내에서의 성장에 도움이 되는 일을 하는 것과는 내용적으로 별개의 차원이라 판단되어, 비전의 실현 성 문항으로 유지하기로 하였다.

표 3-5 일가치감 결정요인들에 대한 탐색적 요인분석 결과

문 항	요인부하량					h^2
	1	2	3	4	5	
제1요인. 업무의 중요성						
P1. 전문적 역량(능력, 지식, 기술, 경험)이 요구되는 일을 한다.	.631					.475
P6. 난이도가 높은 일을 한다.	.626					.579
P5. 반복적이거나 일상적이지 않은, 창의성이 요구되는 일을 한다.	.602					.587
P3. 팀 내에서 주변업무(sidejob)가 아닌 주요업무(mainjob)의 일을 한다.	.553					.507
P2. 정체성이 있는(처음부터 끝까지 진행되는, 전체적이고 완전한) 일을 한다.	.545					.449
P4. 성과가 명확히 드러나는 일을 한다.	.433					.467
제 2요인. 결과의 유용성						
P12. 실패 시 파급효과가 큰 일을 한다.		.730				.618
P13. 조직에 기여하는 바가 큰(조직의 성과와 연결된 일) 일을 한다.		.650				.636
P14. 결과의 활용도가 큰 일을 한다.		.637				.657
P15. 사회적으로 기여하는 일을 한다.		.460				.561
P11. 많은 사람들에게 영향을 많이 미치는 일을 한다.		.421				.331

문항	1	2	3	4	5	h²
제3요인. 비전의 실현성						
P17. 개인적 역량(지식/기술/경험 등)이 증진되는 일을 한다.	.428		.685			.729
P16. 전문가로서 성장하는 데 도움이 되는 일을 한다.	.465		.645			.754
P19. 개인의 장기적인 계획/목표달성에 도움이 되는 일을 한다.			.635			.687
P18. 조직에서 성장(승진)하는 데 도움이 되는 일을 한다.			.448		.434	.560
제4요인. 과정의 효율성						
P10. 일하는 과정에서 원칙과 기준이 지켜진다.				.685		.587
P8. 일을 수행하는 과정에서 원활한 피드백이 이루어진다.				.664		.595
P9. 불필요한 과정 없이 효율적으로 일이 진행된다(불필요한 일이 없다).				.607		.542
P7. 일에 대한 권한과 책임이 주어진다.				.400		.394
제5요인. 사회적 인정						
P22. 상사로부터 업무와 관련하여 칭찬과 인정을 받는다.					.753	.750
P23. 동료들로부터 업무와 관련하여 칭찬과 인정을 받는다.					.684	.623
P25. 사회적 지위를 인정받을 수 있는 일을 한다.					.441	.456
eigen value	3.072	2.565	2.458	2.273	2.183	12.554
Cronbach's alpha	.845	.820	.874	.789	.781	

표 3-6 일가치감 결정요인들의 평균, 표준편차 및 상호상관

요 인	문항수	평균	표준편차	1	2	3	4	5
1. 업무의 중요성	6	3.24	0.65	1.000				
2. 과정의 효율성	4	3.17	0.65	.543	1.000			
3. 결과의 효용성	5	3.27	0.65	.611	.562	1.000		
4. 비전의 실현성	4	3.21	0.75	.705	.559	.614	1.000	
5. 사회적 인정	3	3.08	0.66	.515	.573	.554	.632	1.000

* 모든 상관이 α=.0001 수준에서 유의하였음.

모든 문항들이 해당 요인에 .40이상의 요인부하량을 보이고 있었고, 신뢰도분석 결과 모든 업무의 중요성(α=.845), 결과의 유용성(α=.820), 비전의 실현성(α=.874) 요인이 각각 α=0.8을 넘는 비교적 높은 신뢰도를 보이고 있었으며, 과정의 효율성(α=.789)과 사회적 인정(α=.781) 또한 α=.70을

넘는 수용적인 신뢰도를 보이고 있었다. 또한, 표 3-6에 제시한 일가치감 결정요인 척도들의 상호상관을 보면, 요인 간 상관은 r=.515에서 r=.705까지의 상호변별되는 정도의 상관을 보이고 있었다. 이러한 결과는 일가치감 결정요인들에 대한 측정척도가 타당함을 의미하는 것이라 할 수 있을 것이다.

Ⅳ. 논 의

본 예비연구에서는 사례연구 및 탐색적 요인분석을 통해 일가치감 결정요인들 및 일가치감을 측정하는 척도를 개발하고자 하였다. 먼저, 사례연구에서는 사람들이 어떠한 경우에 자신이 하는 일이 가치 있다고 느끼게 되는지를 밝히기 위해 사례들을 수집하고 분류하였다. 분류 결과, 업무특성 차원, 업무수행 과정 차원, 업무수행 결과 차원, 개인비전 차원, 사회적 평가 차원의 5개 차원과 24개의 세부범주를 추출할 수 있었다.

척도의 타당성을 살펴보기 위해, 연구자가 앞에서 제시한 일가치감 측정문항들과 일가치감 결정요인 측정문항들에 대한 탐색적 요인분석을 실시하였다. 일가치감 측정문항들에 대한 탐색적 요인분석 결과 연구자가 사전에 개념화한 것과 같이 가치관련 정서(8문항), 일관련 가치(3문항), 자기관련 가치(3문항) 요인이 추출되었으며, 요인분석 결과와 신뢰도분석 결과 전반적으로 이들 척도가 타당함을 보이고 있었다. 또한, 일가치감 결정요인들에 대한 탐색적 요인분석 결과에서도, 연구자가 사전에 설정한 대로 업무특성 차원의 업무의 중요성(6문항), 업무수행 과정 차원의 과정의 효율성(4문항), 업무수행 결과 차원의 결과의 유용성(5문항), 개인비전 차원의 비전의 실현성(4문항), 그리고 사회적 평가 차원의 사회적 인정(3문항) 등 5개 요인이 추출되었으며, 요인분석 결과와 신뢰도분석 결과를 토대로 이들 척도가 타당함을 확인할 수 있었다.

　이러한 연구결과는 연구자가 개념화한 일가치감을 측정할 수 있는 척도를 개발하였다는 점과, 일가치감을 결정하는 5가지의 결정요인들을 추출하고 이를 측정할 수 있는 측정척도를 개발하였다는 점에서 의의가 있다 하겠다.

제 3 장　본 연구의 가설 및 연구모형

　사람들은 어떠할 때 자신의 일을 가치 있고 의미 있다고 지각하게 될까? 예비연구를 통해 본 연구자가 기업 현장에서 그동안 업무가치증진(TVC) 프로그램을 운영하면서 얻은 사례들을 내용분석하고, 이들에 대한 탐색적 요인분석을 통해 일가치감을 결정하는 요인들로서 업무특성 차원의 업무의 중요성, 업무수행 과정 차원의 과정의 효율성, 업무수행 결과 차원의 결과의 유용성, 개인비전 차원의 비전의 실현성, 그리고 사회적 평가 차원의 사회적 인정 등 5개 요인을 추출할 수 있었다. 이러한 연구결과를 토대로, 이들 5개 결정요인들이 일가치감에 영향을 미치는 이유를, 기존의 연구자들이 제시한 개념들 및 연구결과들을 토대로 보다 구체적으로 살펴보고자 한다.

I. 일가치감 결정요인

1. 업무특성 차원: 업무의 중요성

직무확충을 제안한 연구자들은 일 자체의 특성이 사람들의 직무만족과 직무수행에 영향을 미친다고 주장해 왔다(Hackman, Oldham, Janson, & Purdy, 1976; Herzberg, Mausner, Peterson, & Capwell, 1957; Steers & Porter, 1974). Hackman과 Lawler(1971)는 직무 자체가 지니고 있는 다양성, 정체성, 중요성, 자율성 및 수행 피드백이 사람들의 직무동기를 높여주는 중요한 요인이라고 주장하였으며, 특히 다양성, 정체성, 중요성이 충족된 일을 할 때 자신의 일에 대해 유의미성(meaningfulness)을 느끼게 된다고 제안하였다. Herzberg 등(1957)은 직무가 다양하고 독창성을 필요로 하며, 전체적으로 난이도가 높고, 자신이 일의 여러 단면들을 전체로서 모두 다룰 수 있는 등의 요소들을 포함할 때, 자신의 직무에 대해 좋은 감정을 갖게 된다고 주장하였다. 앞에서의 예비연구에서도 나타났듯이, 실제로 직장인들 또한 자신들의 일이 가치 있다고 느끼거나 또는 가치 없다고 느끼게 되는 경우들이 언제인지를 질문해 보면, 다음과 같은 사례들을 쉽게 접하게 된다.

> "하나의 성과를 내기 위해서는 많은 업무들이 결합되어져야 하기 때문에 많은 사람들이 함께 업무를 수행하게 되는데, 그러다 보니 내가 한 업무의 최종 산출물을 볼 수 없는 경우들이 많아서 내가 하는 일에 대한 가치를 느끼지 못하게 된다."
> "새로운 일보다는 일상의 루틴한 반복적인 업무가 많아서 일에 대한 가치를 느끼지 못한다."

"남들이 하기 힘든 어려운 일을 할 때, 내가 하는 일이 가치 있다고 느낀다."

그렇다면, 사람들이 자신의 일에 대한 일가치감에 영향을 미치는 업무 자체의 요인들에는 어떤 것들이 있을까?

첫째, 전문적 역량이 요구되는 일일수록 자신의 일에서 더 많은 일가치감을 느끼게 될 것이다. 전문적 역량이 요구되는 일이란, 누구나 할 수 없는 특별한 능력, 기술, 지식, 경험을 요구하는 일이다. 우리 사회에서 전문직이라고 이야기되는 많은 직업들은 모두가 그 일을 수행하는 데 많은 능력, 기술, 지식 등이 요구되며, 또한 숙련도를 높이기 위해서는 오랜 기간의 경험을 필요로 한다. Hackman 등(1976)은 기술의 다양성(variety of skills)이라 하여, 직무를 수행하기 위해 요구되는 활동들이 보다 더 다양한 기술이나 재능을 필요로 할수록 일에 대한 유의미성이 높아질 것이라고 주장하였다. Herzberg 등(1957)도 일 자체의 다양성이 일에 대한 좋은 감정을 형성하는 데 영향을 미친다고 주장하였다(Brief & Aldag, 1975). Warr(1987)는 자신이 수행하고 있는 일이 자신이 가지고 있는 기술을 사용할 수 없을 때뿐만 아니라, 보다 복잡한 활동을 할 수 있는 잠재력을 가지고 있음에도 불구하고 낮은 수준의 수행을 그대로 하도록 요구함으로써 새로운 기술의 습득을 제한하는 경우에도 일 속에서의 행복감이 저하된다고 주장한다. 누구나 할 수 있는 일, 아무런 능력이나 기술이 요구되지 않는 일을 한다면 자신의 일에 가치를 느끼기가 쉽지 않을 것이다. 전문성이 요구되는 일을 한다고 생각될 때, 사람들은 자신의 일이 의미 있는 일이라고 생각하게 되며 유능감과 자존감을 경험하게 될 것이고 자기 일이 가치 있는 일이라고 인식하게 될 것이다.

둘째, 정체성이 있는 일을 할수록 일가치감이 높을 것이다. 즉, 전체 과정의 어느 한 부분만을 담당하기보다는 처음부터 끝까지 진행되는

완전한 일을 할 때 사람들은 자신의 일에 대한 가치를 인식할 가능성
이 높은 것이다. Hackman과 Lawler(1971)는 어떤 제품이나 작업의 시
작단계에서부터 완결단계에 이르기까지의 전체 작업과정을 포함하는
정도를 과제의 정체성(task identity)이라 하여 개인의 직무가 전체 과제
의 한 일부분만을 차지하는 것보다는 전체 과정을 모두 수행하게 될 때,
자신의 직무에 대해 보다 더 의미를 느낄 수 있게 된다고 주장하였다
(Brief & Aldag, 1975). 자신이 수행한 작업이 어떠한 결과를 산출하는
지 볼 수 없다면, 자신이 수행한 일이 어떠한 의미가 있고 조직에 어
떠한 영향을 미치는지 알 수 없게 되므로, 정체성이 높은 일은 정체성
이 낮은 일보다 일에 대한 가치를 인식하기가 쉬우며, 자신의 업무에
대한 보람, 성취감, 자부심 등을 느끼기 쉬우며, 따라서 일가치감이 높
아지게 된다.

셋째, 창의적이고 새로운 일을 수행할 때 일가치감은 높을 것이다.
즉, 루틴하게 반복적으로 수행하는 일이라든지 또는 이미 많이 해 본
업무를 수행할 때보다 창의성이 요구되는 새로운 일들을 할 때 사람들
은 자신의 일에 보다 더 가치를 느끼게 될 것이다. Herzberg 등(1957)
은 일 자체가 독창성을 필요로 할 때 사람들이 자신의 일에 대해 긍정
적인 감정을 갖게 된다고 주장하였으며, Hackman 등(1976)이 주장한
기술의 다양성 또한 반복적이고 단순한 일들보다는 보다 다양한 일들
을 수행할 기회가 주어질 때 사람들이 자신의 일에 대해 유의미성을
지각하게 될 것임을 주장하고 있다(Brief & Aldag, 1975). 처음에는 가
치 있는 일이라고 생각했다 할지라도, 계속해서 같은 일을 반복적으로
수행하게 되면 사람들은 자신의 일에 싫증과 따분함을 느끼게 될 것이
며, 보다 더 익숙해짐에 따라 일을 수행할 때의 자세 또한 나태해지거
나 매너리즘에 빠지기 쉽다.

넷째, 성과가 명확히 드러나는 일은 그렇지 않은 일보다 일가치감이
높을 것이다. 성과가 명확히 드러나는 일이란, 자신이 수행한 일의 결

과가 잘했는지 못했는지를 명확하게 알 수 있는 일을 말한다. Hackman 등(1976)은 직무수행의 결과에 대한 지식(feedback)이라 하여, 직무수행자가 그 결과에 대해 직접적이고 명확하게 알 수 있을 때, 내적 작업동기가 높아지게 된다고 주장하였다(Brief & Aldag, 1975). 여기서 말하는 피드백은 일 자체가 수행의 결과에 대해 알 수 있도록 되어 있는 측면을 나타낼 뿐, 상사나 동료들이 수행과 관련하여 피드백을 제공하는 등의 수행 과정상의 피드백, 즉 수행관련 의사소통을 의미하는 것은 아니다(수행관련 의사소통은 과정의 효율성에 해당함). 또한, 성과가 명확히 드러난다는 것은 정체성이 높다는 것과 구분된다. 어떤 일의 수행을 처음부터 끝까지 개인이 참여해서 그 산출물을 볼 수 있다 할지라도, 그 산출물 자체로는 자신이 수행한 결과가 얼마나 잘한 것인지를 알 수 없다면 성과가 명확히 드러나지 않는 일이라 할 수 있으며, 반대로 전체 과정 중 어느 한 부분을 맡았다 할지라도 자신이 맡은 부분에 대한 성과가 명확히 드러날 수 있기 때문이다. 성과가 명확히 드러나지 않는 일은 자신의 수행에 대해 성취감이나 보람을 느낀다거나 상사나 동료로부터의 칭찬과 인정 등을 통해 유능감을 느낄 수 있는 등의 내적 보상의 기회가 적게 되며, 또한 조직으로부터 자신의 성과에 대한 정확한 평가와 보상을 받을 수 있는 기회가 적어지기 때문에 자신의 일과 자신에 대한 가치를 덜 느끼게 되는 것이다.

다섯째, 주변적인 업무(side job 또는 sub-job)가 아닌 주요업무(main-job)를 수행할 때 사람들은 일가치감을 높게 지각하게 될 것이다. 어떤 조직이든 그 조직이 존재하는 이유가 있으며, 그 조직이 담당한 기능에 따라 그 조직의 주요업무와 그러한 주요업무를 지원하는 주변업무가 존재하게 된다. 조직이 유지되기 위해서는 두 가지 유형의 업무가 모두 필요하지만, 주변업무를 수행할 때에는 자신의 기여가 잘 드러나지 않고, 또 조직 내에서도 주변업무보다는 주요업무에 대해 상대적으로 더 많은 관심을 기울이고 인정하기 때문에, 주변업무를 수행하는 사람들은 자신의

일에 대해 가치를 느끼기가 상대적으로 어렵게 된다. 이와 반대로 주요
업무를 수행하는 사람들은 자신이 조직 내 주요업무를 수행하고 있다는
것에 대해 유능감과 자존감을 느끼게 되므로 일가치감이 높게 되며, 또
한 주요업무를 수행하는 사람들은 일의 최종 결과물을 산출하게 되므로
결과에 대한 피드백이 보다 직접적으로 이루어지게 된다는 측면에서도
일가치감을 높게 지각하게 된다. 많은 경우에 선배사원들보다는 후배사
원들이 주변업무를 수행하게 되는데, 주변업무를 수행하는 사람들은 자
신들이 주요업무의 진행 일정에 맞춰서 수행하게 되거나, 또 때로는 자
신의 업무 일정과 관계없이 예측하지 못했던 일들을 수행하게 됨으로써,
자신은 '허드렛일'만 하고 '공(功)'은 상대방에게 돌아간다는 생각에서
상대적으로 피해를 입고 있다는 느낌을 갖기 쉬우며, 이로 인해 일가치
감을 느끼지 못하게 된다.

여섯째, 난이도가 높은 업무를 수행하는 사람들은 난이도가 낮은 업
무를 수행하는 사람들보다 자신의 일에 대해 더 많은 일가치감을 느끼
게 될 것이다(Pierce et al., 1989). 조직 내에서의 업무분장은 개인의
능력을 고려하여 이루어지게 되므로, 자신에게 난이도가 어려운 과제가
부여되었을 때 사람들은 자신이 조직 내에서 인정받는다고 느끼게 될
것이며, 따라서 유능감과 자존감을 지각하게 되므로, 자신의 일에 대해
서도 가치를 느끼게 될 것이며, 특히 어려운 과제를 성공적으로 수행했
을 때에는 더욱더 자신에 대한 가치를 높게 인식하게 될 것이다.

이상에서 살펴본 바와 같이, 사람들은 자신이 하는 일이 전문적 역량
이 요구되는 일, 정체성이 있는 일, 창의적이고 새로운 활동을 수행하는
일, 성과가 명확히 드러나는 일, 주변업무가 아닌 주요업무를 수행하는
일, 난이도가 높은 일이라고 생각할 때, 자신이 가치 있는 일을 하고 있
다고 생각하게 된다. 이러한 6가지의 업무특성은 한마디로 조직 내에서
중요한 업무들이라 할 수 있다. 즉, 전문적인 역량(지식, 기술, 능력 등)
을 필요로 한다는 것은 그만큼 그 일이 조직 내에서 중요한 일임을 의

미한다 할 수 있다. 또한 조직 내의 어느 한 부분을 다루기보다는 전체 과정을 다루는 일일수록 중요한 일이라 할 수 있으며, 셋째, 대부분의 경우에 창의적이고 새로운 활동들을 수행하게 되는 일은 조직 내에서 중요한 일이게 된다. 어느 조직이든 단순한 업무에서 시작해서 보다 더 창의성이 요구되는 중요한 일들을 수행하게 된다. 창의성이 요구된다는 것 자체가 보다 많은 책임을 요구하기 때문이다. 넷째, 중요한 업무일수록 조직은 그 성과를 명확히 관리하고자 하게 되므로, 성과가 명확히 드러나는 일들 또한 조직 내의 중요한 일이기 쉽다. 다섯째, 회사 내의 어떤 조직이든 그 단위 조직이 존재하는 이유인 고유의 전문적인 업무가 있는 반면에, 그 조직을 운영하고 유지하는 데 필요한 업무들이나 주요 업무를 수행하기 위해 부수적으로 요구되는 업무들 등의 주변업무들이 있게 된다. 이러한 이유에서, 그 조직의 주요업무는 그 조직의 핵심기능과 역할을 의미하게 되므로, 보다 중요한 업무임을 의미한다. 마지막으로, 높은 난이도를 요구하는 일은 그만큼 조직 내에서 중요한 일로 인식되기 쉽다. 일의 난이도는 상대적 난이도를 의미하는 것으로써 다른 사람들의 일에 비해 더 많은 난이도가 요구된다는 것을 의미하는 것이며, 아무나 할 수 없는 중요한 일이라는 것을 의미한다. 결론적으로, 자신이 하는 일이 조직 내에서 중요한 일이라고 지각할 때, 사람들은 자신이 가치 있는 일을 하고 있다고 생각하게 되는 것이다.

이제까지 업무 자체의 측면들이 일가치감에 미치는 영향에 대해 살펴보았다. 그러나 일 자체의 측면은 대개의 경우 개인이 그러한 특성을 가진 직업을 선택하였다는 측면에서 일정 부분 자신에게 그 책임이 있는 예측된 결과라 할 수 있으며, 개인이 쉽게 변화시킬 수 없는 측면이다. Herzberg 등(1957)과 Hackman 등(1976)을 비롯하여 많은 학자들이 직무확충(job enrichment)과 직무확대(job enlargement)를 통해 직무의 재설계를 주장하나, 직무재설계를 통해 직무확충과 직무확대를 실시한다 할지라도, 업무 자체의 측면에서 볼 때는 변화에 한계가 있어서,

많은 경우에 개인에게 다른 일들을 추가하는 방향으로 직무재설계가 이루어지게 된다. 그러한 이유에서 직무재설계에는 일 자체의 변화 외에도 일하는 과정상의 측면에서 권한과 책임의 위임 등과 같은 방법으로 사람들이 자신의 일에 대해 더 많은 만족과 동기를 가질 수 있도록 하고 있다. 그러나 본 연구에서는 업무 자체의 차원과 업무수행 과정 차원뿐 아니라, 업무수행 결과 차원, 개인비전 차원, 사회적 평가 차원을 포함하고 있으며, 따라서 지금부터 나머지 네 가지의 결정요인들에 대해서 살펴보기로 하겠다.

2. 업무수행 과정 차원: 과정의 효율성

일을 수행하는 과정상의 요소 또한 자신의 일에 대한 가치나 유의미성을 지각하는 데 많은 영향을 미친다(Deci, 1975; Hackman. Oldham, Janson, & Purdy, 1976; Herzberg, et. al., 1957). 특히, 이러한 과정상의 요인은 많은 경우에 리더의 행동에서 비롯되는 경우가 많은데, Aldag와 Brief(1977)는 직무의 특성뿐 아니라 리더의 행동이 부하직원들의 일에 대한 유의미성과 내적 동기에 영향을 미친다고 주장하였다. 앞의 예비연구에서도 나타났듯이, 사람들이 자신의 업무가 가치 있다고 느끼는 데 있어서 업무수행 과정상의 요소들이 중요한 것으로 나타났으며, 자신이 하는 일에 대해 가치를 느끼지 못하는 과정상의 원인들 중 상당부분이 상사의 업무스타일과 관련되어 있다고 이야기한다.

　　"내가 해야 할 일의 취지나 의미에 대해서 충분히 이해하지 못한 상태에서, 상사가 시키니까 어쩔 수 없이 하게 될 때 내가 하는 일의 가치를 느끼지 못하게 된다."
　　"일을 하다 보면 불필요하게 타 팀과 조정해야 하거나, 비효율적

으로 진행되는 경우들이 많다. 처음에는 중요한 일이라고 생각을 했다가도 중간에 이런 불필요한 일들이 발생하게 되면, 일 전체가 본래 의도했던 목적보다는 과정상의 방법에 초점이 맞추어지게 되고 그러다 보면, 그 일에 대한 가치인식이 떨어지게 된다."

"업무에 대한 자율성 없이 상사가 시키는 대로 일을 하거나, 권한이 주어지지 않아서 상사와 계속해서 상의해야 하는 경우에 일이 지연되게 되고 또 내 의도와 상관없이 일이 진행되게 되니까, 그 일이 내 일이라는 생각이 별로 들지 않게 되고 가치도 느끼지 못하게 된다."

이러한 예에서 나타났듯이, 업무를 수행하는 과정에서 비효율적이거나 불필요한 일들이 많이 포함되어 있거나 개인의 자율성과 권한이 주어지지 않을 때에 사람들은 자신의 일에 대해 가치를 느끼지 못하게 된다. 이제 일을 수행하는 과정상의 요인들 중 어떠한 것들이 일가치감에 중요한 영향을 미치는지 살펴보겠다.

첫째, 사람들은 자신의 일에 대해 권한과 책임이 주어질 때 일가치감이 높아지게 된다. 즉, 일을 수행하는 과정에서, 개인이 스스로 통제할 수 없는 일보다는 스스로 목표를 설정하고 해야 할 일을 계획하고 절차를 수립할 수 있을 때, 자신의 일에 대해 더 많은 보람과 높은 내적 동기를 경험하게 되는 것이다(Hackman, et. al.,: 1975). Warr(1987)는 개인에게 자신이 처한 환경에서 일어나는 활동들과 사건들을 통제할 수 있는 자율성이 부여될 때, 일에서 행복감을 느낄 수 있다고 주장하였다. 자율성은 안녕과 정적 관계가 있으며(Kasser & Ryan, 1993, 1996, 2001; Sheldon & Kasser, 1995, 1998), 심리적 욕구가 충족됨에 따라서 안녕을 높여주기(Ryan, Sheldon, Kasser, & Deci, 1996) 때문이라고 할 수 있다. 이렇듯 일을 수행하는 과정에서 자율성이 강조되는 것은, 인간이 외부 자극에 대해서 단순히 수동적으로 반응하는 존재가 아니라 내부과정을 통해서 환경에 자발적이고 능동적으로 대응하려 하

는 존재이기 때문이다(한덕웅, 2004), Deci(1975)는 인간에게 자기 생활
에서 발생하는 중요한 사건들을 스스로 통제하며, 자신을 유능한 사람
으로 느끼려는 기본적인 욕구를 가지고 있기 때문에, 자기에게 주어진
상황들을 자기 스스로 결정하고 통제할 수 있을 때에 유능감과 통제감
을 경험하게 되고 내적 동기가 증가하게 될 것이라고 주장하였다.
Herzberg의 직무확충 모형은 직무의 내용을 풍부하게 하려는 시도로서,
업무상의 권한과 책임을 높이고 개인 스스로 능력을 발휘할 수 있는
여지를 마련함으로써, 일을 통해 도전감과 보람을 느낄 수 있다고 제안
한다(한덕웅, 1983). 서용원(1997)은 자율과 존중의 리더십이 지시와 감
독의 리더십에 비해 부하들의 직무만족과 몰입에 더 많은 영향을 미침
을 입증하였으며, Spretizer(1997)는 권한을 위임받은 사람들이 자신의
일에 대해 의미를 느끼게 되고, 자기효능감과 개인적 유능감을 경험하
게 되며, 자기자신을 영향력 있는 사람으로 지각하게 된다고 제안하였
다. 이러한 연구결과들은 업무수행 과정에서의 자율성이 개인으로 하여
금 자신의 업무수행 결과가, 타인에 의해서나 타인의 도움이 아닌 바로
자신이 이룬 성과라고 지각하게 함으로써, 자기자신에 대한 가치를 높
게 인식하게 되고, 개인으로 하여금 그러한 성과에 대해 더 많은 성취
감과 보람, 자부심을 느끼게 하며, 업무수행 과정에서 자신의 업무수행
을 보다 높이기 위한 도전감을 느끼게 하고, 이를 통해 더 많은 성장
감과 즐거움을 느끼게 하기 때문이라 할 수 있다. 이러한 주장들은 일
을 수행하는 과정에서의 자율성이 일가치감에 많은 영향을 미친다는
것을 말해 준다.

그러나 본 연구에서와는 달리 Hackman 등(1976)의 직무특성 모형에
서는 자율성을 일 자체의 특성으로 구분하고 있다. 이들의 주장대로,
일 자체가 자율성이 높게 요구되는 일과 그렇지 않은 일로 구분될 수
있다. 그러나 사람들이 실제로 지각하는 자율성은 자신에게 주어진 환
경, 즉 자신이 해야 할 일과 주어진 상황하에서 자신이 기대하는 자율

성과 현재의 자율성 간 차이에 의해 결정된다고 할 수 있다. 예를 들어, 컨베어벨트에서 자동차를 조립하는 현장직 종사자들이 원하는 자율성은 자동차 조립 작업을 기획하고, 작업과정을 계획하는 등의 자율성이 아니라, 주어진 근무시간 내에서 자신이 쉬고 싶은 시간에 휴식을 취할 수 있고 작업을 조금 더 빨리 할 수 있을 때는 빨리 하고 조금 천천히 하고 싶을 때는 천천히 하는 등의 자율성을 원할 것이기 때문이다. 이와 마찬가지로, 일반적으로 자율성이 높은 일이라고 생각되는 사무직 종사자들이라 할지라도 상사가 권위적으로 업무를 지시하고, 자신은 주어진 업무를 자신이 의도하는 방향이나 방법이 아닌 상사가 의도한 대로 수행하고 있다고 생각하게 된다면, 자신이 기대하는 자율성에 비해 현재의 자율성이 많은 차이가 있다고 생각하게 될 것이고, 따라서 자율성이 결여되어 있다고 느끼게 될 것이기 때문이다. 즉, 일 자체로 볼 때는 사무직이 생산직보다 더 자율적이라고 분류되지만, 실제로는 사무직 종사자들 중에서도 생산직 종사자들보다 자율성을 덜 느낄 수 있는 것이다. 이것은 일 자체의 자율성보다는 특정 상황에서 개인의 기대와 실제 간의 차이가 자율성 지각에 더 중요함을 의미하는 것이라 할 수 있다.

결론적으로, 일을 수행하는 과정에서의 자율성 증가는 그 일을 '남의 일'이 아닌 '자신의 일'로 인식하게 함으로써, 자신의 업무활동 자체에 대해 보다 많은 의미를 부여하게 됨으로써 보다 높은 도전감을 느끼게 되고, 그 결과로서 얻어진 자신의 업무성과에 대해 더 많은 성취감과 보람, 자부심을 느끼게 되고, 결과적으로 자신의 업무에 대해 더 많은 가치를 느끼게 될 것이라 할 수 있다.

둘째, 업무를 수행하는 과정에서의 원활한 피드백이 이루어질 때, 사람들은 자신의 일에 대해 보다 더 가치를 느끼게 될 것이다. Hackman 등(1976)의 직무특성 모형에서는, 일 자체가 피드백이 직접적이고 명확할 때 종업원의 내적 작업동기가 높아진다고 하였다. 이와 마찬가지로,

일 자체의 피드백이 아닌 일을 수행하는 과정에서 상사나 주변동료들로부터 제공되는 피드백 또한 구성원들의 내적 작업동기를 높여줄 것으로 생각할 수 있다[2].

그러나 여기서 말하는 피드백은 뒤에서 언급하게 될 사회적 평가에서의 상사나 동료의 인정과는 다른 업무적 피드백을 의미하는 것으로서, 수행 과정상에서 주어지는 업무수행의 정도에 대한 피드백과 일을 수행하는 데 도움이 될 수 있는 코칭이나 조언 등을 포함한다. Lee, Locke, 그리고 Latham(1989)은 목표를 설정하고 이를 수행해 가는 과정에서 피드백이 있을 때 수행이 촉진된다고 주장하였으며, Erez(1977)는 목표설정의 효과가 피드백 없이는 나타나지 않는다고 보고하였다(서용원, 임대열, 1997). 이렇듯 피드백이 수행증진을 가져오는 것은, 피드백을 통해 목표에 대한 진전도를 파악할 수 있게 되고, 따라서 그 차이를 줄이기 위한 노력을 발휘하게 되기 때문이라 할 수 있다. 일을 수행할 때에는 수행의 목표를 가지고 있게 되므로, 상사나 동료의 피드백은 수행을 촉진시키게 될 것이라고 말할 수 있다. 그러나 Locke의 목표설정이론에서 말하는 수행 피드백의 정보적 기능만으로 자신이 하고 있는 일에 대해 높은 가치를 느끼게 될 것이라고 예측하기는 힘들다. 그보다는 오히려, 피드백이 주는 효과가 일가치감을 높여준다 할 수 있다. 즉, 상사나 동료의 피드백은 자신이 하는 일에 대해 그들이 관심을 가지고 있다는 것을 의미하며, 특히 상사의 지속적인 피드백은 자신이 하고 있는 일이 중요한 일이라는 메시지 전달의 효과를 갖기 때문인 것으로 지각할 수 있기 때문이다. 또한, 피드백은 업무수행 과정에서 발생할 수 있는 오류의 가능성을 줄여줌으로써, 업무수행이 보다 더 효율적으로 이루어지게 한다는 점에서도 일하는 과정에서의 즐거움과 일에 대한 가치인식을 높여주게 된다.

---

2) Hackman과 Oldham의 1975년 모형에서는 일 자체의 피드백 효과뿐 아니라, 상사나 동료로부터 직무수행 결과에 대한 정보를 얻는 것이 포함되어 있었으나, 주목을 받지 못함으로 인해 추후 모델에서는 제시되지 않았다.

셋째, 불필요한 과정 없이 일이 효율적으로 진행될 때, 사람들은 자신의 일에 대해 더 많은 가치를 느끼게 될 것이다. 많은 직장인들이 자신의 업무수행에서 일에 대한 가치를 가장 저하시키는 요인으로 불필요한 업무와 비효율적인 업무수행 과정을 손꼽는다. 불필요한 보고 및 보고서의 작성, 비효율적인 회의와 관련부서 간의 빈번한 업무조정, 지나친 서류 작성 및 과다한 관리업무, 업무 프로세스 개선을 통해 얼마든지 효율적인 업무수행이 가능함에도 불구하고 관행처럼 행해지는 여러 가지 업무들이 그 대표적인 예이다. 이렇듯 불필요한 업무와 비효율적인 업무수행 과정은 일을 수행하는 당사자들의 에너지를 소진시키고, 일에 대한 관심과 흥미를 저하시킨다. 그러나 더 중요한 것은 자신이 하고 있는 일이 불필요한 일이라는 구성원들의 지각이 직장 내에서의 자기자신에 대한 가치를 저하시키고 자존감을 떨어뜨린다는 것이다. 더욱이 이러한 일들에 대한 개선제안이 받아들여지지 않았을 때에는 조직에 대한 냉소주의(cynicism)로 빠질 수 있게 된다. 일이 효율적으로 진행되고, 자신이 하는 일이 모두 필요한 일들이라고 인식할 때, 구성원들은 유능감과 자존감을 경험하게 되며, 성취감과 보람, 자부심을 느끼게 되고, 일하는 과정에서 즐거움을 느끼게 되며, 따라서 자신의 업무에 대해서 더 많은 가치를 인식하게 될 것이다.

넷째, 업무수행 과정에서의 서로의 역할과 책임 및 진행일정 등에 대한 원칙과 기준이 지켜질 때 사람들의 일가치감이 높아지게 될 것이다. 원칙과 기준이 지켜지지 않는다는 것은 업무수행 과정에서 서로가 합의한 사항들 또는 업무수행에 대한 조직 내의 규범들이 지켜지지 않는다는 것을 의미한다. 먼저, 서로의 합의사항이 지켜지지 않게 될 때, 사람들은 자신이 무시당했다는 느낌을 갖게 되고, 따라서 자존감과 유능감이 저하될 것이다. 또한 조직 내 업무수행 규범이 지켜지지 않는다는 것은 예측가능성의 저하를 가져오게 됨으로써, 개인의 자율성을 제한하게 되고, 이는 곧 통제감의 상실을 가져오게 되어 부적 정서를 경

험하게 될 것이다(Warr, 1987). 특히, 상사나 조직 내의 정책이나 제도
에서의 원칙과 기준이 지켜지지 않았을 때에는 상사와 조직에 대한 배
신감과 신뢰의 저하를 가져오기도 한다(이영석, 2000).

지금까지 살펴본 바와 같이, 일하는 과정에서의 권한과 책임 부여, 원
활한 피드백 제공, 일의 효율적 진행, 원칙과 기준의 준수 등이 지켜질
때 사람들은 자신의 일이 가치 있다고 생각하게 된다. 일하는 과정에서
이러한 요건들이 충족된다는 것은 업무수행 과정이 효율적으로 진행됨
을 의미하는 것이다. 첫째, 일에 대한 권한과 책임은 개인에게 자율적으
로 목표를 설정하고, 과정을 계획하며, 스스로 의사결정하고, 일의 결과
에 대하여 책임을 지도록 함으로써, 불필요한 의사결정을 줄인다는 점에
서 효율적 업무수행에 매우 중요한 요소라 할 수 있다. 둘째, 일의 진척
에 대한 원활한 피드백 또한 업무수행 과정상의 효율성에 있어서 중요
한 요소이다. 자신의 업무수행이 제대로 이루어지고 있는지에 대한 피드
백이 없다면, 사람들은 오히려 상사의 의중을 파악하려 하고 신속한 의
사결정을 내리기 어렵게 된다. 원활한 피드백의 제공은 개인이 자신의
상황에 대한 통제력을 증가시켜 줌으로써, 업무가 신속하게 진행될 수
있도록 해 준다. 셋째, 일의 효율적 진행이란, 앞에서 언급한 바와 같이
일을 수행하는 과정에서 불필요한 과정들이 없이 일이 효율적으로 진행
됨을 의미하며, 따라서 업무수행 과정의 효율성 그 자체라 할 수 있다.
넷째, 원칙과 기준의 준수는 효율적 업무수행의 요건이다. 특히, 개인
혼자서가 아닌 팀 단위 또는 팀 간의 업무가 많은 경우에 서로가 합의
한 역할과 책임에 대한 약속이나 또는 조직 내 규범적으로 지켜져 오던
원칙과 기준이 지켜지지 않을 때, 업무수행에 혼선이 있게 되고, 이로
인한 불필요한 업무조정이 이루어지거나 중복적으로 업무가 수행될 수
있게 된다는 점에서 업무수행 과정의 효율성을 저해하게 된다. 결론적으
로, 일을 수행하는 과정이 효율적으로 이루어질 때, 자기가 하는 일에
대해 더 많은 가치를 느끼게 된다고 말할 수 있는 것이다.

3. 업무수행 결과 차원: 결과의 유용성

일가치감에 가장 크게 기여하는 것은 일을 수행한 결과의 측면이다.
사람들은 자신이 수행한 일의 결과가 타인, 조직, 사회에 기여한다고
생각될 때, 자신의 하는 일이 가치 있다고 지각하게 된다. Hackman 등
(1976)은 과제의 중요도(task significance)를 조직 내에서든 조직 밖에
서든 다른 사람들의 삶에 잠재적으로 또는 지각적으로 영향을 미치는
정도로서 정의하면서, 과제의 중요도가 높을수록 사람들이 자신의 일에
대해 유의미싱을 높게 지각할 것이라고 제안하였다. Deci(1975)는 사람
들이 자신의 업무수행 결과에 대해 유능성을 지각하게 되면 내적 동기
가 증가하게 된다고 제안하였다. 이미 앞에서 실시한 예비연구에서도
사람들이 자신의 일에 대해 가치를 느끼는 사례로서 업무수행 결과 차
원의 효용성이 가장 많은 것으로 나타났다. 또한, 실제로 직장인들과
인터뷰를 해 보면, 많은 직장인들이 자신의 업무수행 결과가 타인, 조
직, 사회에 긍정적 영향을 미칠 때 자신의 일에 대해 가치를 느낀다고
답하는 것을 들을 수 있다.

> "내가 기획해서 작성한 제안서가 공장의 공정운전에 반영했을 때,
> 내가 하는 일에 대한 보람과 자부심을 느꼈다."
> "경쟁사에 비해서 동일 품목의 자재를 보다 좋은 조건으로 구매함
> 으로 인해서, 회사가 제품 원가 경쟁력을 갖게 되었을 때, 내가 하는
> 일이 회사에서 매우 중요한 일이라는 생각이 들었다."
> "내가 며칠 동안 열심히 작성한 자료가 중요하게 사용되지 않았을
> 때, 허탈감이 들었고, 일하고자 하는 의욕이 나질 않았다."
> "내가 만든 교육용 자료가 전 사원들에게 배포되고 교육될 때, 내
> 가 하는 일에 보람을 느꼈다."
> "우리 회사에서 정유된 석유로 인해서, 우리나라 국민들이 겨울철

을 따뜻하게 보낼 수 있게 된다는 생각에 내가 하는 일과 우리 회사
에 대해 자부심을 느낄 수 있었다."

어느 조직에 입사하게 되던, 조직과 개인 사이에는 심리적 계약이
맺어지게 된다. 그것은 조직과 개인 간의 상호공조를 바탕으로 하는 상
호간의 의무에 대한 직장인들의 지각이다(Rousseau, 1995). 직장인들은
조직이 자신에게 제공하는 보상의 대가로서 자신이 회사에 기여해야
한다는 의무감을 가지게 되는 것이다. 만일 자신이 하는 일이 회사의
성과에 기여하지 못한다고 지각될 때, 개인은 자신이 하는 일에 대해
가치를 느끼지 못하게 될 것이고, 스스로 죄책감과 미안함을 느끼게 될
것이며, 이러한 느낌이 오래 지속될 경우에는 조직에서 자신이 필요없
는 존재라는 무력감과 냉소적인 사고를 가지게 될 것이다. 반면에, 자
신의 업무수행 결과가 조직 내 타인들과 조직 전체에 그리고 더 나아
가 사회와 국가에 기여한다고 생각될 때, 사람들은 자신의 일과 자신에
대한 가치를 높게 인식하게 될 것이고, 또한 업무수행의 결과에 대해
보람과 자부심을 느끼게 되고, 자기자신에 대한 유능감과 성취감을 경
험하게 될 것이다. 따라서 이번에는 일을 수행한 결과 측면에서 일가치
감에 영향을 미치는 요인들에 대해 살펴보고자 한다.

첫째, 자신이 수행한 업무의 결과가 갖는 영향력이 크다고 생각될
때, 사람들은 자신의 일에 대해 가치를 느끼게 될 것이다. 즉, 자신의
업무수행 결과가 조직 내 또는 더 나아가 사회 전체적으로 많은 사람
들에게 영향을 미치거나, 또는 많은 사람들에게 활용될 때, 사람들은
자신의 일이 중요하다고 생각하게 되고(Hackman, et. al., 1976) 일가치
감을 경험하게 되는 것이다. 앞의 예에서 인용하였듯이, 자신이 만든
교재가 자기 팀 내에서만 사용될 때와 조직 전체에 사용될 때, 그리고
더 나아가 우리나라 국민들 모두에게 이용될 때 일의 중요성에 대한
지각은 달라질 것이고, 따라서 업무에 임하는 내적 동기와 책임감 또한

달라질 것이다. 업무수행의 결과가 많은 영향력을 지니게 될수록, 사람들은 스스로를 "영향력 있는 사람"으로 생각하게 되고, 따라서 자신이 매우 중요하고 가치 있는 일을 하고 있으며 자기자신 또한 매우 가치 있는 존재라고 생각하게 되고, 따라서 자신의 업무 결과에 대해 보람과 성취감, 자부심을 느끼게 되는 것이다.

둘째, 개인의 업무수행 결과가 조직에 기여하는 바가 클 때, 사람들은 일가치감을 높게 지각하게 될 것이다. 조직에 기여하는 바가 크다는 것은 조직의 성과와 밀접한 관계가 있다는 것을 의미한다. 어느 조직이든 조직의 성과와 밀접히 연관된 '가치 창출' 부서와 주로 비용을 사용하는 '소비 부서'가 있으며, 가치 창출 업무를 수행하는 사람들은 소비 업무를 수행하는 사람들에 비해 자신의 일에 대해 더 많은 가치를 지각하게 될 것이다. 또한, 조직의 성과와 밀접한 관계가 있는 일을 수행하는 사람들은 조직으로부터 더 많은 관심과 지원(예, 연봉상승, 인센티브, 자원할당 등)을 받게 되고, 따라서 이러한 배려를 통해 자신의 일에 대해 보다 중요하고 가치 있다고 지각하게 될 것이며, 따라서 자신의 업무성과에 대한 보람과 성취감, 자부심을 경험하게 될 것이다.

셋째, 업무수행이 성공적으로 수행되었을 때의 긍정적 결과와 마찬가지로, 업무수행이 실패했을 때 미치게 될 파급효과가 큰 경우에도 자신의 일에 대해 가치를 느끼게 될 것이다. 예를 들어, 비행기를 정비하는 사람들은 자신이 업무를 성공적으로 수행했을 때보다는, 정비가 제대로 이루어지지 않았을 때의 파급효과 측면에서 자신의 일에 대한 가치감을 느끼게 될 것이다. 즉, 자신이 정비를 제대로 하지 않았을 때 많은 사람들이 입을 피해를 생각함으로써, 자신이 수행하고 있는 일이 매우 중요하고 가치 있는 일이라고 지각하게 되고, 보람과 자부심을 느끼게 될 것이다.

넷째, 자신의 업무수행 결과가 사회적으로 기여한다고 느낄 때 사람들은 일가치감을 높게 지각하게 될 것이다. '사회적 기여'는 사람들이 일에 대해 부여하고 있는 의미 중 대표적인 항목이다(장형석, 2000; Elizur, 1984). 사회화 과정을 통해, 사람들은 부모나 교사 등으로부터 사회에 기여하는 것이 바람직하다는 것을 학습하게 되고, 이를 통해 일의 사회적 기여에 대한 가치관을 형성하게 된다(MOW, 1987; Weiss, 1978). 따라서 자신이 하는 일이 사회적으로 기여한다고 지각할 때, 사람들은 자신의 일이 자신의 가치체계와 부합함을 느끼게 되고 따라서 자신이 하는 일에 대해 보람과 가치를 느끼게 된다(Spreitzer, 1997).

이상에서 언급한 네 가지의 일의 결과 측면들은 자신의 업무수행 결과가 타인, 조직, 사회에 기여한다고 지각하는 경우들을 의미하며, 따라서 이들을 모두 '결과의 유용성(utility)'의 측면으로 범주화할 수 있다. 사람들은 누구나 자신이 유능하고 가치 있는 존재라고 느끼고 싶어 한다. 조직의 구성원으로서, 개개인이 스스로의 유능성과 가치 있는 존재임을 인식할 수 있는 대표적인 출처는 개인이 담당한 업무이며, 따라서 업무를 통해 자신이 다른 사람들에 비해 유능하며 조직에 필요한 존재라고 느낄 수 있는 것은 자신의 업무수행 결과가 효용성이 있다고 지각될 때이다. 자신이 수행하는 업무의 결과가 타인들에게 많은 영향을 미치고, 중요하며, 자신이 속한 조직과 사회에 기여한다고 지각될 때, 사람들은 자신이 하는 일이 가치 있다고 생각하게 되는 것이다.

4. 개인비전 차원: 비전의 실현성

사람들이 일을 한다는 것은 지금 현재만을 위해서가 아니다. 경영환경은 빠르게 변하고 있고, 새로운 기술과 산업의 변화로 인해 일은 점점 더 복잡해져 가며, 노동시장의 유연화로 인해 직장인들의 정년은 점점 더 낮아져 가고 있다. 오늘날의 기업환경 속에서 지금 내가 하고

있는 일을 잘 한다고 해서 앞으로도 계속해서 그 일을 할 수 있으리라
는 보장도 없다. 지금의 직장인들은 변화하는 환경에 적응하면서도 한
편으로는 끊임없이 자신의 역량을 개발하면서 미래를 준비해야 한다.
내가 하고 있는 일의 가치 또한 마찬가지이다. 앞에서의 사례연구에서
도 나타났듯이, 오늘날의 직장인들은 자신이 하고 있는 일이 자신의 미
래와 어떠한 관련성이 있는가에 깊은 관심을 가지고 있는 것이다.

> "내가 하는 일이 나의 경력개발에 도움이 된다고 느낄 때는 일을
> 하면서도 재미있고, 열심히 하게 됩니다."
> "내가 전문 엔지니어로 성장하는 데 도움이 된다고 생각되면 가치
> 를 느끼게 되고 누가 시키지 않아도 먼저 나서서 어떻게 하면 그 일
> 을 더 잘 할 수 있을까 고민하곤 합니다."
> "내가 하고 있는 일들이 우리 가족들의 경제적인 안정과 행복감을
> 가져온다고 생각하면, 저절로 힘이 납니다."

Rogers(1961)는 인간은 항상 자기자신을 현재의 상태보다 더 낫게 발
전시키고 성장하려는 욕구를 가지고 있다고 주장하였으며, Maslow(1954)
또한 인간의 최상위 욕구는 자아실현의 욕구라고 주장하였다. 사람들은
누구나 자신의 미래를 생각하며, 미래는 오늘보다 더 나아지기를 기대한
다. 따라서 자신이 현재 하고 있는 일들을 통해 긍정적인 미래의 자기모
습을 생각할 수 있을 때, 자신이 하는 일에 유능감과 성장감을 경험하게
되며(Markus & Ruvolo, 1989), 따라서 자신이 하는 일이 가치 있다고
지각하게 되는 것이다. 개인의 장기목표와 관련하여 사람들이 자신의 일
에서 가치를 느끼는 경우들을 구체적으로 살펴보면 다음과 같다.

첫째, 전문가로서 성장하는 데 도움이 될 때 사람들은 자신의 일에
대해 가치를 느끼게 된다. 전문가로의 성장은 지금 직장인들이 가지고
있는 가장 대표적인 비전이자 장기적 목표이다. 사람들에 따라 구체적

인 정도에 있어서는 차이가 있으나, 누구나 자신이 전문가로서 성장할 수 있기를 바란다. 현재 자신의 직무분야와 같은 분야에서의 전문가를 꿈꾸는 경우도 있지만, 그렇지 않은 사람들도 있다. 다른 분야에서의 전문가를 목표로 하는 사람들에게 현재의 일들은 단지 경제적 수단 이상의 의미를 갖기가 힘들게 된다. 반면에, 같은 분야에서의 전문가를 꿈꾸는 사람들에게는 현재의 업무가 전문가로의 성장에 도움이 된다고 느끼게 되고, 따라서 일을 통한 성장감과 도전감을 느끼게 되며 일가치 감 또한 높을 것이다. 더욱이 전문가로서의 성장목표가 보다 더 구체적 일수록 사람들은 자신의 업무들과 개인비전과의 관련성을 보다 더 명확하게 지각할 수 있게 되므로, 일가치감 또한 더 높게 부여하게 될 것이다.

둘째, 자신의 역량이 증진되는 일을 할 때, 사람들은 일가치감을 높게 지각하게 될 것이다. 최근 직장인들의 가장 큰 관심은 역량개발이다. 자신의 일을 보다 더 잘 수행할 수 있도록 조직이 계속해서 역량증진을 요구할 뿐 아니라, 자신의 미래를 위해서도 끊임없이 자신의 역량을 향상시켜야 하는 것이다(이영석, 오인수, 2002). 업무수행에 요구되는 지식과 기술이 빠르게 변화하고 있으며, 기업들은 점차 조직의 핵심역량을 제외한 나머지 부분들에 대해서는 비정규직의 형태로 고용정책을 선회하고 있다. 이러한 상황 속에서 역량증진은 개인의 단기적 고용안정(즉, 현재의 조직에 계속해서 재직하는 것)과 장기적 고용안정(즉, 현재의 직장을 그만두더라도 노동시장에서 자신의 경쟁력을 높이는 것)을 위해 필수적인 것이다(탁진국, 2002). 따라서 자신이 하는 일이 개인의 역량증진에 도움이 된다는 것은 근본적으로는 성장감을 느끼도록 하고, 자신의 단기적 및 장기적 고용안정을 보장하게 된다는 의미에서 안정감을 갖도록 하며, 최근 많은 기업들이 채택하고 있는 연봉제 하에서 더 나은 고용조건의 가능성을 갖게 한다는 의미에서 도전감을 갖게 하므로, 자신이 하는 일에 보다 높은 가치를 느끼게 될 것이다.

셋째, 조직에서 성장(승진)하는 데 도움이 되는 일을 할 때, 사람들은 높은 일가치감을 지각할 것이다. 승진의 욕구는 직장인들이 가지고 있는 기본적인 욕구이자 목표이다. 그러나 한 조직 내의 모든 직무들이 승진에 있어서 똑같이 유리한 것은 아니며, 자신이 목표하는 직위에 이르기 위해서는 그 조직 내에서 반드시 거쳐야 할 또는 거치는 것이 유리한 직무들이 있다(탁진국, 2002). 이러한 이유에서 최근 많은 기업에서는 CDP(career development program) 제도를 통해, 특정 직위에 오르기 위해 거쳐야 할 직무들을 명시하려 하고 있다. 이러한 일련의 현상들은 종업원들로 하여금 현재 자신이 하고 있는 업무가 자신이 설정하고 있는 장기적 승진목표와 얼마나 관련이 있는가에 관심을 갖도록 한다. 만일 현재 자신이 하고 있는 일이 조직에서의 성장에 도움이 된다고 할 때는, 자신의 일이 조직 내에서 가치 있는 일이라고 생각하게 될 것이며, 그러한 일을 하고 있는 자신 또한 가치 있는 존재라고 여기게 되고, 일을 수행하는 과정에서 성장감과 도전감을 경험하게 되므로, 자신의 일에 대해 높은 일가치감을 느끼게 될 것이다.

넷째, 장기적인 계획과 목표를 달성하는 데 도움이 되는 일을 할 때, 사람들은 자신의 일에 대해 가치를 느끼게 될 것이다. 사람들마다 개인적인 장기적 목표와 계획을 가지고 있다. 장기적인 계획과 목표가 전문가로의 성장일 수도 있고, 개인의 역량증진일수도 있으며, 조직에서의 성장일수도 있을 것이다. 그것이 어떠한 것이든 개인이 장기적으로 목표를 가지고 있다는 것이, 그 계획이 개인에게 큰 의미를 가지며 가치 있는 것임을 의미한다. 따라서 현재의 업무수행이 장기적인 계획과 목표달성에 도움이 된다는 것은 개인에게 그 목표를 향해 나아가고 있다는 성장감과 즐거움을 느끼도록 할 것이며, 따라서 자신의 일에 대해 높은 일가치감을 갖게 될 것이다.

사람들은 미래를 위해 오늘을 산다. 자신에게 미래가 없다고 생각된다면, 오늘의 일들은 아무런 의미와 가치를 갖지 못하게 되는 것이다.

많은 현장직 사원들은 자신들에게 미래가 없다는 말을 한다. 전문가로서의 성장가능성도, 역량증진의 기회도, 조직 내에서의 승진 기회도 없다고 말한다. 이러한 상황 속에서 자신의 미래를 기대할 수 있는 것은 경제적 안정뿐이며, 따라서 자신의 경제적 안정에 보다 많은 관심과 노력을 기울이게 되는 것이다. 실제로 대기업의 많은 현장직 근로자들의 임금이 같은 연공의 사무직 근로자들의 임금을 이미 추월했음에도 불구하고, 근로조건의 경제적 측면에 계속해서 목소리를 높이는 것 또한 이러한 현상에서 그 원인을 찾을 수 있을 것이다. 이와는 반대로, 개인에게 자신이 현재 하고 있는 일을 통해 미래의 자기 모습을 긍정적으로 떠올릴 수 있을 때, 사람들은 자신의 일에서 성장감과 도전감을 경험하게 되고 가치를 느끼게 될 것이며, 나아가 자신의 일에 대한 만족과 동기 또한 높여줄 수 있게 될 것이다.

이상에 밝힌 개인비전 차원에서의 네 가지 요소는 개인의 현재 모습이 아닌 미래의 모습을 나타내는 것이다. 그것은 전문성과 역량뿐 아니라 지위와 등에서 현재보다 더 나아진 미래의 모습을 의미한다. 즉, 현재의 업무가 자신의 비전 달성 측면에서 성장과 발전에 도움이 되기를 기대하고 있음을 의미하는 것이며, 이러한 의미에서 이들 네 가지의 요소가 개인의 '비전의 실현성'을 나타낸다고 할 수 있다. 즉, 현재 하고 있는 일이 개인에게 비전의 실현성을 높여준다고 지각될 때, 사람들은 자신이 하는 일을 가치 있다고 생각하게 되는 것이다.

5. 사회적 평가 차원: 사회적 인정

일은 개인에게 사회적 욕구를 충족시킬 수 있는 기회를 제공한다. 인간은 자신을 높이 평가하고, 타인들로부터 인정과 존경을 받고 싶은 욕구를 가지고 있다(Maslow, 1954; McGregor, 1960). 직장생활에서도 마찬가지로, 사람들은 자신의 주변 타인들로부터 인정과 존경을 받고 싶어 한다. 예비연구에서의 사례수집을 통해 나타났듯이, 상사나 주변 동료들, 또는 사회 전반으로부터 인정받는다고 느낄 때, 사람들은 자기 -존중감을 느끼게 될 것이고 자신의 일가치감 또한 높게 지각할 것이다. 사회적 평가와 관련하여 직장인들의 다음과 같이 이야기한다.

> *"내가 만든 교육프로그램에 대해 '지금까지 회사에서 받은 교육 중 가장 좋은 교육이었다.'라는 피드백을 받았을 때, 내 일에 대해 가치를 느끼게 되었다."*
> *"내가 하는 업무에 대해 타 부서에서 고마워할 때 뿌듯함을 느꼈다."*
> *"상사로부터 내가 한 업무에 대한 전문성을 인정받았을 때, 보람과 가치를 느꼈다."*
> *"내가 한 일에 대해 상사나 동료들로부터 제대로 평가받지 못할 때, 일이 재미없어지고 하기 싫어지게 된다."*

사람들 스스로가 자신이 하는 일이 객관적으로 얼마나 가치 있는 일인지를 판단한다는 것은 쉽지가 않다. 따라서 자신의 업무에 대한 가치를 타인들의 평가에 의존하게 되는 경우가 많게 된다. Bandura(1977)는 타인들의 현실적인 격려가 사람들의 효능감을 높여준다고 주장하였다. Rosenthal과 Jacobson(1968)은 상대방에 대한 긍정적 기대가 상대방을 실제로 그렇게 생각하고 행동하도록 만든다는 '피그말리온 효과'를 제안하였다(오인수, 서용원, 2000). Skinner(1969)는 정적으로 강화된 행동은 유지되고 강화된다고 주장하는 정적강화의 원리를 주장하였다. 칭찬과 인정은 상대방의 능력에 대한 존중과 긍정적 기대의 표현인 동시에 업무수행 결과에 대한 정적인 보상이다. 따라서 자신의 일과 관련하여 타인들로부터 긍정적 평가를 받았을 때 사람들은 자신의 일에 대한 가

치를 보다 더 높게 평가할 것이다. 주변 타인의 평가와 관련하여 일가
치감을 느끼는 경우들을 구체적으로 살펴보면 다음과 같다.

첫째, 상사로부터 자신의 업무와 관련하여 인정받았을 때, 사람들은
자신의 일에 대한 가치를 높게 지각할 것이다. 직장 내에서 상사는 부
하사원에게 매우 중요하고 특별한 존재이다. 부하의 업무를 결정하고
그 결과에 대한 평가와 보상을 제공하기 때문이다. 많은 경우에 부하사
원들은 자신의 업무가 조직 전체에 어떠한 영향을 미치며, 어떻게 활용
되는지에 대한 정보를 가지고 있지 못하다. 따라서 부하의 업무와 관련
하여 상사가 제공하는 칭찬과 인정은 부하가 자신의 업무수행에 대해
긍정적으로 판단하도록 하는 중요한 근거가 된다. 그러나 상사의 칭찬
과 인정은 업무수행 결과에 대해서 뿐 아니라, 그 과정상에서도 많은
효과를 발휘한다. 상사의 칭찬과 인정은 업무수행 과정에서의 중요한
피드백으로 작용하여, 상사가 무엇을 원하고 있으며, 무엇이 중요하다
고 생각하는지를 알려줌으로써, 부하사원에 대한 상사의 기대를 명확히
해 준다. 또한 상사로부터의 칭찬과 인정은, 상사가 자기자신과 자신의
업무에 대해 관심을 가지고 있다는 느낌을 갖게 함으로써, 일에 대한
가치인식 및 자기에 대한 가치인식이 증가하게 되며, 따라서 유능감과
자기-존중감을 느끼게 되고, 긍정적인 자기이미지와 자신감을 갖도록
해 준다(Livingston, 2003).

둘째, 직장동료들로부터 자신의 업무와 관련하여 칭찬과 인정을 받았
을 때, 사람들은 일가치감을 높게 지각하게 될 것이다. 직장생활에서의
인간관계의 대부분은 팀 동료들 또는 직장 내 관련 팀 동료와의 관계
에서 비롯되며, 업무와 관련하여 가장 많은 대화가 이루어지는 것 또한
동료들과의 관계에서이다. 상사와 달리 동료들은 자신의 업무수행 과정
에 대해 더 많은 정보를 가지고 있고, 또 이해관계에 얽매이지 않고
보다 더 객관적으로 자신의 업무를 평가해 줄 수 있게 된다. 따라서
자신의 업무에 대해 팀 내 동료들로부터 칭찬과 인정을 받았을 때는,

동료들이 자신이 하는 일에 대해 관심을 보인다는 것을 통해 자기 일
에 대한 가치를 높게 인식하게 될 것이고, 자기-존중감을 경험하게 될
것이다. 또한, 업무와 관련하여 관련 팀의 동료가 칭찬과 인정 또는 고
마움을 표시했을 때, 사람들은 내적인 보상감과 성취감을 경험하게 되
고, 칭찬한 사람에 대해 긍정적 감정을 갖게 되며, 자신의 업무에 대한
중요성과 가치를 인식하게 될 것이다.

  셋째, 자신의 일이 사회적으로 지위를 인정받을 때, 사람들은 자신의
일에 대해 가치를 느끼게 될 것이다. 사회적 지위는 일이 갖는 중요한
기능 중 하나로서, 일은 그 성질과 수준에 따라 사회적인 지위와 계층
을 형성한다(Harding & Hikspoors, 1995). 즉, 개인이 하고 있는 일은
그 사람을 평가하는 중요한 기준이 되는 것이다. Warr(1987)는 사람들
이 일에서 행복감을 느끼는 데 있어서 가치 있는 사회적 지위가 중요
함을 지적하였다. 가치 있는 사회적 지위란 사회에서 타인들로부터 존
경을 받는 지위이다. 사회적 지위를 인정받는다는 것은 개인이 하는 일
이 사회적으로 기여하고 있고, 사회에서 인정하는 능력을 가지고 있으
며, 특정의 사회적 의무를 다하고 있다는 것을 의미한다. 따라서 자신
이 하는 일이 사회적으로 지위를 인정받을 때, 자신의 일이 매우 가치
있는 일이며, 자신 또한 매우 가치 있는 사람이라고 지각하게 될 것이
고, 따라서 자신의 일에 대한 자부심과 자기자신에 대한 자존감을 느끼
게 될 것이다.

  이상에서 살펴본 주변 타인의 평가 요소들은, 사람들이 자신의 일과
관련하여 상사, 동료, 사회로부터 인정받고 긍정적으로 평가받을 때를
나타낸 것으로서, 이러한 세 가지의 측면은 모두가 '사회적 인정'을 반
영하는 것이라 할 수 있다. Deci(1972)는 외부보상이 내적 동기를 저하
시킨다고 하였는데, 본 연구에서 다루는 사회적 인정은 자기가 아니라
다른 사람이라는 외부요인에 의해서 주어지므로 외적 보상이라고 할
수 있으며 내적 동기와 관련된 일가치감에 부정적 영향을 미칠 수 있

다. 하지만 Deci와 Ryan(1985)의 수정이론에서는 외적 보상이라고 하더라도 모두 내적 동기를 저하시키지는 않는다고 보았는데, 비록 외부에서 제공되더라도 정보적 강화물(information reinforcers)의 경우에는 외부요인 때문에 행동이 일어났다고 지각하지 않게 된다고 하였다. 그러므로 사회적 인정은 개인의 유능성에 관한 정보를 제공하는 것이기 때문에 내적 동기를 감소시키지 않는다. 또한 Krulanski, Riter, Amitai, Margolin, Shabtai, 및 Zaksh(1975)는 외부보상이 제공되더라도 이 보상이 과제의 내용과 관련되어 있어서 과제수행하는 활동의 원인을 내생귀인하게 되면 내적 동기를 증가시킨다고 하였다. 즉, 사회적 인정은 자신이 수행하고 있는 일에 대한 인정이므로 Krulanski 등(1975)이 언급한 과제의 내용과 밀접하게 관련된 보상이며, 따라서 내적 동기를 높일 수 있다. 즉, 사람들은 자신이 하고 있는 일과 관련하여 사회적인 평가가 긍정적으로 주어질 때, 자신의 일에 대해 높은 일가치감을 느끼게 되는 것이다.

지금까지 사람들이 자신이 가치 있는 일을 하고 있다고 생각하게 하는 요인들에 대해서 살펴보았다. 그러나 업무의 중요성, 과정의 효율성, 결과의 유용성, 비전의 실현성, 사회적 인정 등이 어떤 객관적 기준을 갖는 것은 아니며, 많은 경우에 개인의 주관적 해석에 의해 결정된다고 할 수 있다. 실제로는 전문적인 일을 하면서도 자기 스스로가 전문성이 요구되지 않는다고 생각하게 된다면, 자신의 일이 가치 없다고 느끼게 될 수 있는 것이다. 예를 들면, 프로그래머나 엔지니어들은 자신의 일이 갖는 전문성에 대해 외부인들이 생각하는 것보다 더 낮게 평가하기 쉬운데, 그 이유는 주변에 있는 사람들이 모두 자신과 유사한 일을 함으로 인해 자신들의 일이 갖는 상대적 전문성을 느끼지 못하기 때문일 수 있는 것이다. 이러한 이유에서 본 연구에서는 '일이 갖는 가치'에 대한 연구가 아닌 개인이 일에서 느끼는 가치, 즉 '일가치감'을 연구하고자 하는 것이다.

지금까지의 주장들을 토대로 일가치감 결정요인들이 일가치감에 미치는 영향에 대한 가설들을 다음과 같이 설정하였다.

가설 1. 일가치감 결정요인의 충족도가 높을수록 일가치감이 높을 것이다.
　　가설 1-1. 자신이 하는 업무의 중요성이 높다고 지각할수록 일가치감이 높을 것이다.
　　가설 1-2. 자신이 하는 업무의 과정이 효율적이라고 지각할수록 일가치감이 높을 것이다.
　　가설 1-3. 자신이 하는 업무의 결과가 유용성이 있다고 지각할수록 일가치감이 높을 것이다.
　　가설 1-4. 자신이 하는 업무가 자신의 비전 실현에 도움이 된다고 지각할수록 일가치감이 높을 것이다.
　　가설 1-5. 자신이 하는 업무에서 사회적으로 인정받고 있다고 지각할수록 일가치감이 높을 것이다.

II. 조직효과성

사람들은 누구나 자신이 하는 일과 자기자신에 대해 가치를 느끼고자 하는 욕구를 가지고 있으며, 일을 통해 이러한 욕구들이 충족되었을 때에는 일가치감 즉, 일관련 가치, 자기관련 가치, 가치관련 정서를 경험하게 된다. 일가치감은 누구나 원하는 것이므로, 일가치감은 기본적으로 일과 관련된 긍정적인 심리적 상태이므로 직무만족, 직무몰입, 직무동기와 같은 직무관련 조직효과성 변인들에 대해 긍정적인 영향을 미칠 것으로 예측할 수 있다.

　Pierce 등(1989)은 다양한 삶의 경험들에 대한 사람들의 반응이 자신이 유능한 사람이라고 지각하는 정도에 따라 다르게 된다고 제안하였다. 여기서의 한 가지 이론적 가정은 사람들이 자신의 자존감 수준을 유지하는 방식으로 태도와 행동을 발전시킬 것이라는 점이다(Korman, 197). 즉, 이 이론에 따르면, 개인은 자신에 대한 태도와 일치하는 방향으로 일에 대한 태도와 행동을 보일 것이므로, 높은 자존감을 가진 사람들은 일에 대해 호의적인 태도(높은 수준의 직무만족)를 유지하고 발전시키며, 생산적으로 행동(높은 수준의 업무수행)하는 반면에, 자존감이 낮은 사람들은 일에 대한 비호의적인 태도와 비생산적인 행동을 보인다(Hollenbeck & Brief, 1987).

　이와 마찬가지로 자신의 일에서 경험하는 개인의 일가치감은 그와 일치되는 방향으로 일에 대한 태도와 행동을 형성할 것임을 예측할 수 있다. 일가치감이란 자신이 하는 일이 가치 있고, 자신 또한 조직 내에서 가치 있는 존재라는 인지적인 판단과 이를 통한 긍정적인 정서적 반응이다. 따라서 높은 일가치감을 가진 사람들은 자신과 일에 대해 긍정적인 태도를 가지게 되므로 직무만족이나 직무몰입, 및 직무동기가 높을 것이라고 예측할 수 있게 된다. 따라서 이번 절에서는 사람들이 자신의 일에서 가치를 느꼈을 때, 직무만족, 직무몰입, 직무동기 등에 어떠한 영향을 미치는지에 대해 살펴보고자 한다.

1. 직무만족

　직무만족이란 직무 자체 또는 직무 상황들에 대한 개인의 평가적 판단으로서, 최근에는 직무에서의 정서적 경험을 직무만족의 원인으로 간

주하는 견해들이 제시되고 있다(Fisher, 2000; Weiss, 2002; Weiss & Cropanzano, 1996). 1950년대 직무만족의 개념이 등장한 이후, 직무만족은 직무에 대한 태도를 나타내는 대표적인 조직효과성 변수로서 이용되어 왔으며, 따라서 많은 연구자들은 직무만족을 증진시키는 데 기여하는 변인들을 찾고자 많은 노력을 기울여 왔다.

Hackman과 Oldham(1975)은 자신의 일이 의미 있고, 가치 있고, 보람 있다고 지각될 때 일에 대한 만족이 향상된다고 제안하였다. 즉, 자신의 업무가 자율성, 다양성, 정체성을 제공할 때 자신의 일에 대해 심리적 유의미성을 지각하게 되고, 이를 통해 직무만족이 증가하게 된다는 것이다. Knoop (1993)은 Elizur(1984)가 개발한 18가지 일가치들이 현재 자신의 직무에서 얼마나 충족되고 있는가가 직무의 5가지 유형(일 자체, 임금, 승진기회, 감독, 동료)에 대한 만족에 미치는 영향을 살펴보았다. 그 결과 일 자체에 대해서는 성취감의 영향이 가장 큰 것으로 나타났으며, 모든 단면들에 대해 조직에 대한 기여감(즉, 자신의 일과 자기자신에 대한 가치인식)의 영향이 유의한 것으로 나타났다. 이 외에도 많은 연구자들은 긍정적인 정서가 일에 대한 만족에 영향을 미친다고 제안해 왔으며(Brief, Butcher, & Roberson, 1995; Kraiger, Billings, & Isen, 1989), 특히 일에서의 성취감이 직무만족의 주요한 선행요인임을 주장한다(Muchinsky, 1977).

Garnder와 Pierce(1998)는 일을 통해 형성된 자신의 가치에 대한 긍정적인 신념이 직무만족에 영향을 미침을 입증하였고, Pierce 등(1989)은 여러 유형의 조직에서의 조사연구를 통해 조직-기반 자존감(OBSE)이 직무만족에 유의한 영향을 미침을 보고하였다. 자신의 일을 통해서 조직에 대해 기여하게 되고 조직 내에서의 자신의 가치가 입증되고 유능감이 높아질수록 자신에 대한 가치인식이 증가하게 되며 이는 직무에 대한 만족을 증가시키게 되는 것이다.

이러한 결과들은 사람들이 자신이 하는 일과 자신에 대한 가치인식 및 일을 통한 긍정적 정서의 경험이 직무만족에 정적인 영향을 미침을 입증하는 결과들이다. 일가치감이란, 자신이 하는 일과 자기자신에 대한 가치를 인식하고 이를 통해 긍정적 정서를 경험하게 되는 것을 말하며, 따라서 자신이 현재하고 있는 일이, 자기자신과 일에 대한 긍정적인 인지와 정서를 경험할 수 있게 해 줄 때, 사람들은 자신의 직무에 대해 만족을 경험하게 되는 것이라 할 수 있다. 이러한 근거들을 토대로 일가치감이 직무만족에 미치는 영향에 대한 다음과 같은 가설을 설정할 수 있을 것이다.

가설 2-1. 일가치감이 높을수록 직무만족이 높을 것이다.

2. 직무몰입

직무몰입이란, 개인이 자신의 직무에 대해 심리적으로 동일시하고 열중하는 정도로 정의된다(Kanungo, 1982; Lawler & Hall, 1970; Rabinovitz & Hall, 1977). 따라서 직무몰입이 높은 사람들은 개인의 관심들 중 대부분이 자신의 직무와 관련되어 있으며, 자신의 개인 정체성에서 직무가 중요한 부분을 차지한다(Hackett, Lapierre, & Hausdorf, 2001). 직무몰입이 높은 사람들은 개인의 직무성과가 자신의 자아개념 및 자존감에 중요한 영향을 미치게 되므로(French & Kahn, 1978), 업무목표가 설정되게 되면 목표를 성취하는 것에 스스로 강하게 전념하게 되므로 수행이 높아지게 된다(Hackman, 1976). 반대로 직무몰입이 낮은 사람들은 자신의 일에 관심을 두지 않으며, 따라서 결근율과 이직율이 높게 된다.

Rabinowitz와 Hall(1977)은 개인적 특성, 일하는 과정에서의 상황적 특성, 일의 결과 등의 세 가지 요인이 직무몰입에 영향을 미친다고 제안하였다. Saal(1978)은 Rabinowitz 등(1977)이 제시한 개인적 특성을 성별, 교육수준, 연령 등의 인구통계적 변인과 사회화 과정을 통해 형성된 개인의 일에 대한 태도, 가치관 및 욕구(특히 성장욕구) 등의 심리적 변인으로 구분하여, 개인의 심리적 변인이 인구통계 변인보다 직무몰입에 더 많은 영향을 미친다고 주장하였다. Chusmir(1982)는 상황적 특성을 직무 외적 상황(예, 가족 특성)과 직무상황으로 구분하였으며, 일의 결과에는 지각된 역할행동과 태도를 포함하였다. Chusmir(1982)는 이 모형에서의 직무 상황요인에 일의 유의미성 지각을 포함하여, 일의 유의미성에 대한 지각이 직무몰입에 직접적 영향과 함께 지각된 역할행동을 통한 간접적 영향을 미친다고 주장하였다. 또한, Chusmir(2001)는 개인의 욕구가 일을 통해 얼마나 충족되었는가가 직무몰입과 정적 상관이 있음을 제안하였다(Hall & Schneider, 1972; Safilios-Rothschild, 1970).

Deci와 Ryan의 자결성이론에 따르면, 사람들에게는 세 가지의 욕구(자율, 유능, 관계)가 있으며, 이러한 욕구들은 누구나 원하는 기본적인 욕구이므로, 조직 내에서 이러한 욕구가 만족될 때 조직효과성과 종업원 안녕에 긍정적인 영향을 미칠 것임을 가정한다. 예를 들어, 상사의 자율성 부여는 자율욕구의 충족감을 가져오고 따라서 과제에 대한 몰입과 심리적 안녕을 증진시키게 된다(Deci, Ryan, Gagne, Leone, Usunov, & Kornazheva, 2001).

기존의 연구들에서, 외재적 욕구의 충족과 직무몰입과의 관계가 일관성이 없게 나타나는 반면에(Alderfer, 1972), 내재적 욕구의 만족과 직무몰입과의 관련성은 매우 명확하며 일관적인 결과를 보여 왔다(Alderfer, 1972; Hall & Schneider, 1972; Safilios-Rothschild, 1970). 이러한 연구결과들은 내재적 욕구의 만족이 일 자체와 관련된 것인 반면에 외재 욕구의 만족은 일 자체가 아닌 일을 통한 보상 등과 관련된 것이므로, 내재적 욕구의 만족이 일 자체에 대한 관심을 증가시키고, 일과 자신과의 연결성에 대한 정적 강화로 작용하게 되어 몰입이 증가하게 되는 반면에, 외재적 욕구의 만족은 일 자체에 대한 관심이 아닌 보상에 대한 관심을 증가시키고, 자신과 일과의 연결성에 대한 정적 강화로 작용하지 않게 되기 때문이다.

이러한 연구결과들을 토대로, 본 연구에서도 일가치감이 직무몰입에 정적인 영향을 미칠 것으로 예측할 수 있을 것이다. 즉, 사람들에게는 자신과 자신의 일에 대해 가치를 느끼고 싶은 욕구가 있으며, 이러한 욕구는 누구나 원하는 것이므로 이러한 욕구가 충족되었을 때 사람들은 일가치감을 경험하게 되고, 따라서 이러한 긍정적 심리상태는 개인에게 내적 보상으로 작용하게 되고, 일에 대한 관심을 증가시키며, 일과 자신과의 연결성을 강화하게 되므로, 자신의 일에 대해 더 많은 몰입을 보이게 될 것으로 예측할 수 있다. 반면에, 자신의 일에서 가치를 느끼지 못하는 사람들은 자신의 가치를 일이 아닌 삶의 다른 영역(예, 취미활동, 사회적 관계, 가족생활 등)에서 찾으려 할 수 있으며, 따라서 일에 대한 관심과 몰입이 낮을 것임을 예측할 수 있다. 이러한 근거들을 토대로 일가치감이 직무몰입에 미치는 영향에 대해 다음과 같이 가설을 설정하였다.

가설 2-2. 일가치감이 높을수록 직무몰입이 높을 것이다.

3. 직무동기

George와 Brief(1996)는 긍정적인 정서가 사람들의 일 동기에 중요한 영향을 미친다고 제안하였다. 즉, 사람들이 일을 하면서 경험하는 긍정적인 정서 상태(예, 유능감, 자부심, 즐거움, 성장감 등)는 사람들로 하여금 긍정적인 관점으로 환경을 바라보도록 하고(Isen, Shalker, Clark, & Karp,

1978), 애매한 상황을 보다 유쾌하게 해석하게 하며(Forest, Clark, Mills, & Isen, 1979), 사람들에 대해 보다 더 긍정적인 개념을 갖도록 한다(Forgas & Bower, 1987; Griffitt, 1976). 긍정적인 정서 상태는 또한 사람들로 하여금 긍정적인 미래의 사건들에 대해서는 실현가능성을 높게 추정하도록 하고, 부정적인 미래 사건들에 대해서는 실현가능성을 낮게 추정하도록 하며(Bower & Cohen, 1982; Masters & Furman, 1975), 자신의 미래 수행에 대해 보다 더 긍정적인 기대를 갖도록 함으로써(Kavanagh & Bower, 1985), 사람들의 일 동기를 향상시킨다.

Roberson(1990)은 일의 의미 지각이 일 결과들의 유인가(Rabinowitz & Hall, 1981; Rose, 1985), 기대(Naylor, Pritchard, & Ilgen, 1980), 목표설정 및 목표 수용성(Ryan, 1980; Pinder, 1984) 등에 미치는 영향을 통해, 그리고 피드백에 대한 반응을 매개함으로써(Philips & Freedman, 1985; Pearce, 1987), 동기과정에 영향을 미친다고 주장하였다.

Korman(1971; 595)은 자존감이 높은 사람들이 자신의 자기개념과 일치하는 성과들을 달성하고자 동기화된다고 제안하였다. 즉, 높은 조직-기반 자존감을 지닌 사람들은 자신을 조직 내에서 가치 있고 의미 있는 사람으로 지각하게 되고, 따라서 조직 내에서 가치 있는 행동들에 보다 집중하게 된다는 것이다. 이와 마찬가지로, 욕구 이론(Alderfer, 1972; Maslow, 1943)에서는 사람들이 존경의 욕구와 자기실현의 욕구를 충족하고자 동기부여되어 있다고 제안하며, 이러한 욕구들은 한번 경험한 이후에도 지속적인 동기요인으로 작용한다고 하였다. 따라서 사람들은 자기자신이 하는 일이 이러한 욕구들을 충족시켜 줄 때, 이를 지속적으로 유지하고자 지속적으로 노력하게 된다.

Ryan, Kuhl, 그리고 Deci(1997)은 인간의 기본적인 심리적 욕구인 자율, 유능, 관계 욕구의 충족이 개인의 현재 주관적 안녕을 판단하는 기준으로 작용한다고 가정했으며, 이러한 욕구들의 충족은 "심리적 양분"으로 작용하여 주관적 안녕을 지속시키고 동기 수준을 유지시킨다고 제안하였다(Deci & Ryan, 1991). 이와 마찬가지로, 사람들은 누구나 자신의 일과 자신에 대해 가치를 느끼고 싶은 기본적인 욕구를 가지고 있다(Alderfer, 1972; Maslow, 1943). 이러한 욕구의 충족은 사람들로 하여금 자신의 업무수행에 대한 내적 보상으로 작용하게 되며, 따라서 그러한 긍정적인 심리적 상태를 지속적으로 유지하기 위해 노력하게 될 것임을 예측할 수 있게 된다. 즉, 자신의 일이 가치 있다는 지각을 통해 형성된 긍정적인 심리적 상태가 사람들의 일 동기에 정적인 영향을 미칠 것임을 예측할 수 있도록 해 준다. 이러한 근거들을 토대로 일가치감이 직무동기에 미치는 영향에 대해 다음과 같이 가설을 설정하였다.

가설 2-3. 일가치감이 높을수록 직무동기가 높을 것이다.

Ⅲ. 개인의 일가치

Feather(1995)는 개인의 가치가 바람직한 행동방식 또는 바람직한 목표상태에 대한 개인의 신념이며, 이러한 신념은 구체적인 목표들이나 성과에 대해 매력을 느끼는 정도(Dawis, 1991; French & Kahn, 1962; Locke, 1976)와 구체적 상황에서의 개인의 행동에 대한 선택기준으로서 작용한다고 제안하였다(한덕웅, 2004; Kilmann, 1981; Kluckhohn, 1951; Rokeach, 1973; Schwartz & Bilsky, 1987). Blickle(2000) 또한 가치가 개인의 자기-개념을 구성하는 중요한 요소로서, 어떤 것이 더 중요하고 덜 중요하며, 무엇이 옳고 그른지를 판단하도록 하는 기준이며, 따라서 자신이 더 중요시하는 것들에 대해 더 많은 관심을 기울이게 하고, 여러 가지 행동대안들 중 자신의 가치와 일치하는 대안들을 선택하게 하며, 자신의 가치와 일치하지 않는 대안들을 회피하게 한다고 제안하였다. 가치가 갖는 평가기준으로서의 기능과 행동 지향성으로서의 기능을 본 연구에 적용해 보면, 먼저 일가치감 결정요인들에 대해 매력을 느끼는 정도, 즉 5가지의 일가치감 결정요인들에 대해 개인이 중요하다고 생각하는 정도에서 개인이 지닌 일에 대한 가치가 작용하게 되며, 또한 자신이 현재 경험하고 있는 일가치감 수준에 따른 개인의 구체적인 행동 선택에서도 개인의 일에 대한 가치가 작용하게 될 것임을 예측할 수 있다.

즉, 개인이 현재 자신의 직무에서 경험하고 있는 일가치감의 정도가 직무에 대한 개인의 태도와 행동에 미치는 영향 또한 개인의 일에 대한 가치에 의해서 영향받을 수 있게 된다(Dose, 1997; Zytowsky, 1970). 따라서 본 절에서는 일에 대한 개인의 가치가 갖는 영향을 일가치감 결정요인들에 대한 개인의 중요도 판단과, 일을 통해서 얻는 보상에 대한 개인의 내 / 외 보상 지향성의 측면에서 살펴보고자 한다.

1. 일가치감 결정요인들에 대한 중요도 판단

앞에서 이미 언급하였듯이, 일가치는 사람들이 일을 통해서 추구하는 목표들의 상대적 중요성을 의미하며(Sagie, Elizur, & Koslowsky, 1996), 일에서 얻을 수 있는 성과들의 중요성에 대한 신념을 나타낸다(Dawis, 1991). 개인이 가지고 있는 일에 대한 가치는 일을 통해서 얻을 수 있는 다양한 결과들에 대해 개인이 부여하는 가치, 중요성, 바람의 정도를 의미하며, 따라서 사람들은 자신이 가치 있다고 생각하는 것을 얻고자 하는 동기적 상태에 있게 되며, 따라서 가치 있다고 생각하는 것이 충족되었을 때 더 많은 의미를 느끼게 된다(Knoop, 1991).

Butler(1983)는 개인이 가치를 두는 성과들이 충족되는 정도는 직무만족과 같은 직무태도와 일관되게 정적인 상관이 있지만(Blood, 1969; Evans, 1969; Pritchard, Dunnette, & Jorgenson, 1972; Wanous & Lawler, 1972), 그 상관의 크기는 그러한 성과들에 대해 개인이 부여하는 중요성의 정도에 따라 달라짐을 제안하였다. 이를 입증하기 위해 일가치항목표(Super, 1970)를 이용하여 15가지 가치 차원들에 대한 중요성과 충족도를 측정한 뒤, 전반적 직무만족에 대한 이들 간의 상호작용이 유의한지를 검증하였으며, 그 결과 3개의 샘플 중 2곳에서 중요한 가치들의 충족도가 직무만족에 미치는 영향이 중요하지 않은 가치들의 충족도의 영향보다 더 큰 것으로 나타났다. 이러한 결과에 대해 그는 중요성 판단이 가치가 갖는 중요한 기능이며(Kirdon, 1978; Locke, 1976; Rokeach, 1972) 중요한 가치의 충족이 중요하지 않은 가치의 충족보다 개인의 태도에 더 많은 영향을 미치게 되는데(Knoop, 1991), 직무만족 또한 직무에 대한 개인의 태도를 나타내므로(Locke, 1976) 중요한 가치의 충족이 중요하지 않은 가치의 충족보다 직무만족에 더 많은 영향을 미치게 되는 것이라고 설명하였다.

Wood(1981) 또한 일의 여러 측면들 중 개인이 중요시하는 측면들이 현재 업무를 통해 충족될 때 직무만족이 증가함을 입증하였다. 그는 이러한 결과가 일의 측면들 중 중요시하지 않는 측면들에 대해서는 사람들이 상대적으로 덜 민감하게 반응하고, 자신들이 중요시하는 측면들에 대해서는 상대적으로 더 민감하게 반응하기 때문이라고 제안하였다(Brief & Aldag, 1975; Katzell, 1964).

본 연구에서 제안한 일가치감 또한 자신과 자신의 일에 대한 개인의 태도를 나타내며, 일가치감의 결정요인들이 전반적으로 비금전적이고 내재적인 요인들이다. 따라서 일가치감 결정요인들의 충족 정도가 일가치감에 미치는 영향이, 개인이 그러한 내재적 측면들을 중시하는 정도에 따라 달라짐을 예측할 수 있게 된다(Caldwell, O'Reilly, & Morris, 1983; Glynn, 1998). 즉, 일가치감 결정요인들을 중시하는 사람들은, 자신의 업무를 통해서 일가치감 결정요인들(업무의 중요성, 과정의 효율성, 결과의 유용성, 비전의 실현성, 사회적 인정)이 충족되는가에 대해 보다 민감하게 반응할 수 있게 된다. 따라서 자신의 업무가 이러한 내적인 요소들을 충족해 주지 못할 때에는 일가치감이 매우 낮아지게 되고, 충족되었을 때에는 일가치감이 매우 높아지게 될 것임을 예측할 수 있다. 반면에, 일가치감 결정요인들을 중시하지 않는 사람들은 자신의 업무를 통해서 일가치감 결정요인이 충족되는가에 대해 민감하게 반응하지 않게 되며, 따라서 일가치감 결정요인의 충족도에 따른 일가치감의 변화가 작게 될 것이라고 할 수 있게 된다. 이러한 주장을 토대로 다음과 같은 가설을 설정할 수 있을 것이다.

가설 3. 일가치감 결정요인들의 충족도가 일가치감에 미치는 영향은 일가치감 결정요인에 대한 중요도 판단에 의해 조절될 것이다.

　가설 3-1. 업무의 중요성을 중시하는 집단이 그렇지 않은 집단보다 업무의 중요성이 충족되었을 때 더 큰 일가치감을 느낄 것이다.

　가설 3-2. 업무 과정의 효율성을 중시하는 집단이 그렇지 않은 집단보다 업무 과정의 효율성이 충족되었을 때 더 큰 일가치감을 느낄 것이다.

　가설 3-3. 업무 결과의 유용성을 중시하는 집단이 그렇지 않은 집단보다 업무 결과의 유용성이 충족되었을 때 더 큰 일가치감을 느낄 것이다.

　가설 3-4. 비전의 실현성을 중시하는 집단은 그렇지 않은 집단보다 비전의 실현성이 충족되었을 때 더 큰 일가치감을 느낄 것이다.

가설 3-5. 사회적 인정을 중시하는 집단은 그렇지 않은 집단보다 사회적 인정이 충족되었을 때 더 큰 일가치감을 느낄 것이다.

2. 내 / 외 보상 지향성

많은 연구자들이 가치, 특히 일에 대한 가치를 내재적(재미, 업무의 다양성 등 일 자체가 갖는 보상적 측면)과 외재적(임금, 작업조건, 직무 안정성 등 외적 보상을 얻기 위한 수단적 측면)으로 구분해 왔다(Amabile, Hill, & Hennessey, 1994; Caldwell, O'Reilly, & Morris, 1983; Glynn, 1998; Herzberg, 1966; Wollack, Goodale, Wijting, & Smith, 1971).

Herzberg, Mansner 및 Snyderman(1959)은 사람들의 동기를 내재적 요소와 외재적 요소로 구분하였다. 내재적 요소는 어떤 직무의 실제적 수행과 직접적으로 관련되는 동기로서, 성취, 책임 및 일의 특성 등을 포함하는 반면에, 외재적 요소는 어떤 직무가 수행되는 환경에 관련된 것으로서, 회사의 정책, 작업조건, 대인관계 및 안정성(security) 등이 포함된다. 이와 관련하여, Saleh와 Grygier(1969)는 136명의 교정관련 서비스직 종사자를 대상으로 내재적 및 외재적 동기와 성격 차원과의 관련성을 연구하였다. 이들이 사용한 내재적 동기 요소는 성취, 인정, 책임, 일의 성격(일의 창의성), 향상 / 진전(advancement), 기술의 성장 등 6개 요인이었고, 외재적 동기 요소는 작업조건, 회사 정책, 임금, 안정성, 직위, 기술적 지도, 생계를 위한 임금 추구, 상사와의 인간관계, 동료와의 인간관계, 부하와의 인간관계 등 10개 요인이었다. 그들은 이들 16가지 요소별로 진술문을 개발하고 각 진술문 밑에 해당 요소를 제외한 15가지 요인 중 진술문과 관련되는 요인을 배치하여, 이를 강제선택형으로 선택하게 하였다. 그들은 이를 통해서 각 동기 요인별 점수(선택된 개수)와 성격 차원을 비교하였다. 전반적 결과는 내재적 동기 지향인 사람은 여러 성격 측면에서 접근(approach) 경향성이 높았으며, 외재적 동기 지향인 사람은 회피(avoidance) 경향성을 주로 보였다. 구체적으로 살펴보면, 내재적 동기 지향인 사람은 주목받고, 칭송받기를 좋아했으며, 탁월을 추구하는 경향이 있고, 비탄력적 접근방법을 싫어하고, 정서적 독립성 요구가 강하고, 성취동기가 높으며, 핵심적이며 사회적인 역할을 선호하는 것으로 나타났다.

Amabile, Hill, 그리고 Hennessey(1994)는 내재적으로 지향되어 있는 사람들이 능력을 충분히 사용할 수 있는 일, 지적 성장을 자극하는 일, 조직의 성장과 번영에 기여하는 기회, 창조적이고 혁신적이 될 수 있는 기회, 성취감을 제공하는 일, 능력을 충분히 가능할 정도로 이용하고 개발하는 것과 그렇게 함으로써 개인적 성취감을 얻을 수 있는 일을 선호하는 반면에, 외재적으로 지향되어 있는 사람들은 높은 봉급과 물질적 보상이 많이 제공되는 일을 선호한다고 제안하였다. 이들 연구자는 내재적으로 지향되어 있는 사람들이 능력을 충분히 사용할 수 있는 일, 지적 성장을 자극하는 일, 조직의 성장과 번영에 기여하는 기회, 창조적이고 혁신적이 될 수 있는 기회, 성취감을 제공하는 일, 능력을 충분히 가능할 정도로 이용하고 개발하는 것과 그렇게 함으로써 개인적 성취감을 얻을 수 있는 일을 선호하는 반면에, 외재적으로 지향되어 있는 사람들은 높은 봉급과 물질적 보상이 많이 제공되는 일을 선호한다고 제안하였다. Amabile 등(1994)은 내재적으로 동기화된 사람들은 자기결정감, 유능감, 호기심, 과제에 대한 몰입, 즐거움, 흥미 등의 요인에 영향을 받는 반면, 외재적으로 동기화된 사람들은 경쟁, 평가, 인정, 금전 및 유인물, 타인의 통제 및 제약 등에 의해서 영향을 받는다고 제안하면서, 이 둘이 서로 독립적임을 제안하였으며, 이를 측정할 수 있는 일선호도항목표(The Work Preference Inventory; WPI)를 제시하였다.

Deci와 Ryan(1985)은 자율 지향성(autonomy orientation)과 통제 지향성(control orientation)을 구분하여, 자율 지향성의 사람들은 활용가능한 정보를 이용하여 선택을 하고, 자기조절을 통해 자신이 선택한 목표를 추구해 가는 반면에, 통제 지향성의 사람들은 선택을 수행에 대한 압력으로 여기며 진정한 선택감을 경험하지 못한다고 제안하였다. 따라서 자율 지향성은 자아발전(ego development), 자존감, 자기실현과 정적인 관련이 있으며, 자기혐오와 부적인 관련이 있는 반면에, A형 성격유형이나 공적자의식과 정적 상관이 있음을 보고하였다(Knee & Zuckerman, 1996). 또한, Deci와 Ryan(1985, 304쪽)은 자율 지향성의 정도가 직무에서 제공되는 개인적 자율성의 정도 및 상사로부터의 감독의 질에 대한 지각과 정적 상관이 있으며, 자신의 능력발휘 기회 및 직무 안정성에 대한 만족, 상사 및 회사신뢰와 정적 상관이 있음을 보고하였다. 반면에 통제 지향성은 임금, 직무 안정성, 승진가능성 등에 대한 중요성 평가와 정적인 관련이 있다고 보고하였다.

Caldwell 등(1983)은 내재적 및 외재적 지향성을 일과 관련된 강화의 선호, 또는 특정한 유형의 유인(incentive)에 가치를 두는 경향으로 정의하면서(Glynn, 1998), 내재적 지향성이 높은 사람은 지적 성취의 기회, 창조적 자기표현 및 직무에 대한 과제 숙달과 관련된 즐거움에 가치를 두는 반면에, 외재적 지향성이 높은 사람들은 주로 급여에 가치를 두며 일을 급여를 받는 수단으로 간주한다고 제안하였다. 또한 이와 유사하게, Wollack 등(1971)은 내재적 일가치를 지닌 사람들은 업무의 다양성, 능력발휘의 기회 등 일 자체가 갖는 보상적 측면을 중시하는 반면에 외재적 일가치를 지닌 사람들은 일을 통해 얻을 수 있는 조건들을 중시한다고 제안하였다(Herzberg, 1966; Wollack, Goodale, Wijting, & Smith, 1971).

지금까지 밝힌 연구들은 일과 관련된 개인의 가치에 대한 것으로서, 사람들이 일의 어떠한 측면에 보다 초점을 두고 있는가에 따라 내재적인 측면을 중시하는 사람들과 외재적인 측면을 중시하는 사람들로 구분하고 있으며, 이러한 개인의 특성에 따라 일에 대한 태도와 행동이 다를 수 있음을 제안하고 있다. 일의 어떠한 측면들을 내재적 또는 외재적인 것으로 포함하고 있는가에서는 연구들마다 조금씩 차이가 있지만, 내재적 측면을 중시하는 사람들은 일 자체를 중시하고 자신의 일에 대한 책임과 자율성, 일을 통한 능력발휘의 기회 및 자신의 성장 등의 내적 보상에 더 많은 의미를 부여하는 특성들이라는 점에서, 내적 보상 지향성(intrinsic reward orientation)이라 할 수 있으며, 그 반대로 일의 금전적 측면에만 관심을 두는 특성을 외적 보상 지향성(extrinsic reward orientation)이라 할 수 있을 것이다.

즉, 내적 보상 지향성이란 일이 갖는 심리 / 사회적 의미의 출처로서의 기능을 중시하는 성향을 의미하며, 외적 보상 지향성이란 일이 갖는 금전적 소득의 출처로서의 기능을 중시하는 성향을 의미한다 할 수 있다. 내적 보상 지향성의 사람들은 일에 대해 그 자체로서 가치를 부여하는 사람들로서, 조직과 자신의 관계를 계약적 관계 이상으로 규정하며, 금전적 보상보다는 일 자체를 중시하고 즐기며, 일을 통한 능력발휘의 기회 및 자신의 성장과 발전에 더 많은 관심을 두는 반면에, 외적 보상 지향성의 사람들은 일 자체에 대해 가치를 부여하지 않고 단지 일을 금전적 소득의 수단으로서의 가치를 부여하는 사람들로서, 조직과 자신의 관계를 노동력의 제공과 금전적 보상의 철저한 계약적 관계로 규정하고, 추가적 보상 없이는 자신의 부가적인 자원(시간, 노력, 몰입 등)을 제공하려 하지 않으며, 물질적 보상이 개인의 최대 관심사이다(Amabile et. al., 1994; Caldwell et. al., 1983; Herzberg, 1966; Wollack et al., 1971).

Hulin과 Blood(1968)는 사회화 과정을 통해 미국 중산층의 일에 대한 규범과 가치관(즉, 신교도적 직업윤리3))을 내재화한 근로자들을 '통합된 근

---

3) Weber(1958)가 제안한 서구 자본주의 사회의 부의 축적에 대한 도덕적 정당성을 제공한 직업윤리로서, "일은 하나님이 주신 신성한 것이므로 성공하는 것이 하나님

로자(integrated worker)'라 하고, 반면에 그러한 규범과 가치관을 내재
화하지 않은 근로자들을 '소외된 근로자(alienated worker)'라 하여, 통합
된 근로자들은 자신의 일에 대해 높은 개인적 관여를 보이고, 일에 대한 높
은 열망을 가지고 있으며, 사회적 출세에 대한 목표를 가지고 있는 반면에,
소외된 근로자들은 자신의 일에 대해 오직 금전적인 측면에만 관심을 둘 뿐,
책임의 증가, 사회적 지위의 상승, 자율성의 증가 등에 대해서는 아무런 관
심을 가지고 있지 않으며, 최소한의 개인적 관여만을 보인다고 제안하였다.

이와 관련하여, Kanungo(1982)는 일 관여(work involvement)에서의
개인차를 주장하였다. 일 관여란, 자신의 삶에 있어서 일이 갖는 전반
적 중요성에 대한 개인의 비교적 덜 구체적인 태도를 의미하는 것으로
서, 삶에 있어서의 일의 가치에 대한 규범적 신념을 나타낸다(Kanungo,
1982). 일 관여가 높은 사람은 일이 자신의 삶의 중심에 있다고 믿는
경향이 있으며, 일 자체가 보상이라고 믿으며, 게으름과 방종을 경멸한
다(Schnake, 1991). 이들은 자신의 능력을 최대한 발휘하여 직무를 수
행하는 것이 의무라고 느끼며, 자신이 해야 하는 만큼 수행성과를 내지
못했을 때 죄책감을 느낀다. Morrow(1983)는 이러한 일 관여가 작업장
면들에서 일관되게 나타나므로, 그것이 상당부분 성격적 요인에 해당한
다고 주장하였다. Lodahl과 Kejner(1968)는 일의 내재적 측면을 중시하
는 사람들은 일을 잘하는 것의 가치를 개인의 가치체계 속에 내재화한
사람들로서, 일에 대한 관여가 높으며, 자신의 인생에 있어서 일이 중
요하고 핵심적인 위치에 있다고 생각하고, 따라서 자신의 일에 대해 자
발적이고 생산적인 노력을 기울이게 된다고 제안하였다.

이러한 연구들은 내적 보상 지향성의 사람들이 일에 대한 관여가 높
고 자신의 일 자체에 대해 보다 많은 가치를 부여하며, 일을 잘하고
열심히 하는 것을 중요시하는 경향이 있는 반면에, 외적 보상 지향성의

께 영광을 돌리는 것"임을 강조하며, 근면, 자기-규율, 금욕주의, 개인주의를 강조
한다.

사람들은 일 자체에 대해서는 스스로 가치를 부여하지 못하며, 일을 잘
하고 열심히 하는 것을 중요시하지 않는 경향이 있음을 의미하는 것이
다. 인지 일관성 이론에 따르면, 사람들은 자신의 태도와 일치하는 성
과들을 달성하도록 동기화되어 있으므로(Korman, 1971), 일 자체에 대
해 더 많은 가치를 부여하고 있는 사람들은 자신이 담당하고 있는 일
에 대해서도 긍정적인 태도와 행동을 보일 것으로 예측할 수 있는 반
면에, 일 자체에 대해 많은 가치를 부여하지 않는 사람들은 자신이 담
당하고 있는 일에 대해서도 상대적으로 덜 긍정적인 태도와 행동을 보
일 것으로 예측할 수 있다.

이렇듯 개인의 가치는 사람들의 태도와 행동에 영향을 미치게 되므로
(Dose, 1997; Zytowski, 1970), 개인의 내/외 보상 지향성이 앞에서 언급한
일가치감이 조직효과성에 미치는 영향에 대해 조절효과를 가질 것임을 예측
할 수 있다. 내적 보상 지향성의 사람들이나 외적 보상 지향성의 사람들 모
두가 일가치감이 높을 때에는 일에 대한 가치와 자신에 대한 가치를 높게
인식하게 되고, 긍정적 정서를 경험하게 되므로, 이러한 긍정적 심리상태를
제공한 자신의 직무에 대해 만족하게 되고, 이를 유지하고 보다 더 많은 일
가치감을 느끼기 위해 직무에 대한 몰입과 동기가 증가하게 될 것이다. 그
러나 일가치감이 낮은 조건에서는, 내/외 보상 지향성에 따라 사람들의 조
직효과성에 차이가 있게 된다. 내적 보상 지향성의 사람들의 경우에는 현재
의 업무에서 가치를 느끼지 못한다 할지라도, 일 자체에 대해 기본적으로
가치를 부여하고 있으므로 일에 대한 만족, 몰입, 동기가 크게 낮아지지 않
는 반면에, 외적 보상 지향성의 사람들은 기본적으로 일 자체에 대해서는
가치를 부여하지 않으므로 현재의 직무 상황 속에서 일가치감을 느끼지 못
하게 되면 일 자체에 대해 가치를 부여하지 못하게 되고, 자신에 대해서도
가치를 느끼기가 어려우며 그로 인해 긍정적 정서 상태를 경험하지 못하게
되므로, 자신의 직무가 이러한 부정적인 심리적 상태를 제공하였다는 이유
로 만족이 낮아지게 되고, 일이 아닌 다른 것으로 관심을 돌릴 수 있게 되므

로 직무에 대한 몰입이 매우 감소하게 될 것이며, 일을 열심히 하고자 하는 동기 또한 매우 낮아지게 될 것임을 예측할 수 있다. 이러한 주장들을 가설의 형태로 정리하면 다음과 같다.

가설 4. 내적 보상 지향성 집단이 외적 보상 지향성 집단보다 조직효과성이 높을 것이다.

　　가설 4-1. 내적 보상 지향성 집단이 외적 보상 지향성 집단보다 직무만족이 높을 것이다.

　　가설 4-2. 내적 보상 지향성 집단이 외적 보상 지향성 집단보다 직무몰입이 높을 것이다.

　　가설 4-3. 내적 보상 지향성 집단이 외적 보상 지향성 집단보다 직무동기가 높을 것이다.

가설 5. 일가치감이 조직효과성에 미치는 영향은 내적 보상 지향성 집단과 외적 보상 지향성 집단에서 다르게 나타날 것이다.

　　가설 5-1. 일가치감이 높을 때에는 내／외 보상 지향성에 따라 직무만족에서의 차이가 작지만, 일가치감이 낮을 때에는 내적 보상 지향성 집단이 외적 보상 지향성 집단에 비해 직무만족이 더 높을 것이다.

　　가설 5-2. 일가치감이 높을 때에는 내／외 보상 지향성에 따라 직무몰입에서의 차이가 작지만, 일가치감이 낮을 때에는 내적 보상 지향성 집단이 외적 보상 지향성 집단에 비해 직무몰입이 더 높을 것이다.

　　가설 5-3. 일가치감이 높을 때에는 내／외 보상 지향성에 따라 직무동기에서의 차이가 작지만, 일가치감이 낮을 때에는 내적 보상 지향성 집단이 외적 보상 지향성 집단에 비해 직무동기가 더 높을 것이다.

Ⅳ. 연구가설

본 연구의 목적은 일가치감을 개념화하고, 사람들이 언제 일가치감을 경험하게 되며, 자신의 일에 대해 일가치감을 경험하게 되었을 때의 긍정적인 심리적 상태를 밝히고, 그러한 심리적 상태가 직무만족, 직무몰입, 직무동기와 같은 조직효과성 변수에 미치는 효과를 검증하며, 또한 이러한 영향들이 개인의 내/외 보상 지향성에 따라 어떻게 달라지는지를 검증하는 것이다. 본 연구에서의 가설들을 정리하면 다음과 같다.

가설 1. 일가치감 결정요인의 충족도가 높을수록 일가치감이 높을 것이다.

가설 1-1. 자신이 하는 업무의 중요성이 높다고 지각할수록 일가치감이 높을 것이다.

가설 1-2. 자신이 하는 업무의 과정이 효율적이라고 지각할수록 일가치감이 높을 것이다.

가설 1-3. 자신이 하는 업무의 결과가 유용성이 있다고 지각할수록 일가치감이 높을 것이다.

가설 1-4. 자신이 하는 업무가 자신의 비전 실현에 도움이 된다고 지각할수록 일가치감이 높을 것이다.

가설 1-5. 자신이 하는 업무에서 사회적으로 인정받고 있다고 지각할수록 일가치감이 높을 것이다.

가설 2. 일가치감이 높을수록 조직효과성이 높을 것이다.

가설 2-1. 일가치감이 높을수록 직무만족이 높을 것이다.

가설 2-2. 일가치감이 높을수록 직무몰입이 높을 것이다.

가설 2-3. 일가치감이 높을수록 직무동기가 높을 것이다.

가설 3. 일가치감 결정요인에 대한 충족도가 일가치감에 미치는 영향은
일가치감 결정요인에 대한 중요성 판단에 의해 조절될 것이다.

　　가설 3-1. 업무의 중요성을 중시하는 집단이 그렇지 않은 집단보
　　　　　　다 업무의 중요성이 충족되었을 때 더 큰 일가치감을
　　　　　　느낄 것이다.

　　가설 3-2. 업무 과정의 효율성을 중시하는 집단이 그렇지 않은
　　　　　　집단보다 업무 과정의 효율성이 충족되었을 때 더 큰
　　　　　　일가치감을 느낄 것이다.

　　가설 3-3. 업무 결과의 유용성을 중시하는 집단이 그렇지 않은
　　　　　　집단보다 업무 결과의 유용성이 충족되었을 때 더 큰
　　　　　　일가치감을 느낄 것이다.

　　가설 3-4. 비전의 실현성을 중시하는 집단은 그렇지 않은 집단보다 비전
　　　　　　의 실현성이 충족되었을 때 더 큰 일가치감을 느낄 것이다.

　　가설 3-5. 사회적 인정을 중시하는 집단은 그렇지 않은 집단보다 사회
　　　　　　적 인정이 충족되었을 때 더 큰 일가치감을 느낄 것이다.

가설 4. 내적 보상 지향성 집단이 외적 보상 지향성 집단보다 조직효과성
이 높을 것이다.

　　가설 4-1. 내적 보상 지향성 집단이 외적 보상 지향성 집단보다
　　　　　　직무만족이 높을 것이다.

　　가설 4-2. 내적 보상 지향성 집단이 외적 보상 지향성 집단보다
　　　　　　직무몰입이 높을 것이다.

　　가설 4-3. 내적 보상 지향성 집단이 외적 보상 지향성 집단보다
　　　　　　직무동기가 높을 것이다.

가설 5. 일가치감이 조직효과성에 미치는 영향은 내적 보상 지향성 집단
과 외적 보상 지향성 집단에서 다르게 나타날 것이다.

가설 5-1. 일가치감이 높을 때에는 내 / 외 보상 지향성에 따라 직
무만족에 차이가 작지만, 일가치감이 낮을 때에는 내
적 보상 지향성 집단이 외적 보상 지향성 집단에 비해
직무만족이 더 높을 것이다.

가설 5-2. 일가치감이 높을 때에는 내 / 외 보상 지향성에 따라 직
무몰입에 차이가 작지만, 일가치감이 낮을 때에는 내
적 보상 지향성 집단이 외적 보상 지향성 집단에 비해
직무몰입이 더 높을 것이다.

가설 5-3. 일가치감이 높을 때에는 내 / 외 보상 지향성에 따라 직
무동기에 차이가 작지만, 일가치감이 낮을 때에는 내
적 보상 지향성 집단이 외적 보상 지향성 집단에 비해
직무동기가 더 높을 것이다.

지금까지 밝힌 가설들을 검증하기 위한 본 연구의 틀을 그림 4-1에
모형의 형태로 제시하였다. 본 연구모형은 5가지의 일가치감 결정요인
에 대한 충족도(현재상태)가 일가치감에 영향을 미치고, 일가치감은 다
시 조직효과성에 영향을 미치게 됨을 기본골격으로 하고, 여기에 개인
의 가치(values)가 일가치감 및 조직효과성에 대해 직접적 및 조절변인
으로서 영향을 미칠 것임을 모형으로 설정하고 있다. 즉, 가치(values)
가 갖는 중요한 두 가지 기능 중 평가기준으로서의 기능(중요도 판단)
은 일가치감 결정요인의 충족도가 일가치감에 미치는 영향을 조절하고,
가치가 갖는 행동 지향성의 기능(내 / 외 보상 지향성)은 조직효과성에
대해 직접적 효과, 및 일가치감이 조직효과성에 미치는 영향을 조절할
것임을 모형으로 설정한 것이다.

본 연구모형은 크게 두 부분으로 나뉜다. 첫 번째는 일가치감 결정
요인이 일가치감에 미치는 영향에 대한 부분이다. 여기서는 일가치감
결정요인들의 충족도가 일가치감에 미치는 효과(가설 1)와 이러한 효과

가 일가치감 결정요인들에 대해 개인이 부여하고 있는 중요도 판단에 의해서 조절(가설 3)될 것임을 가설로 설정하고 있다. 예비연구를 통해, 직장인들이 자신의 일과 자신에 대해 언제 가치를 느끼게 되는지를 탐색하여, 업무특성 차원의 업무의 중요성, 업무수행 과정 차원의 과정의 효율성, 업무수행 결과 차원의 결과의 유용성, 개인비전 차원의 비전의 실현성, 및 사회적 평가 차원의 사회적 인정 등의 5가지 일가치감 결정요인들을 추출하였다. 따라서 이러한 결정요인들이 충족되었을 때 사람들이 자신의 일과 자신에 대해 가치를 느끼며, 이를 통해 긍정적인 정서를 경험하게 될 것임을 예측하였다. 그러나 본 연구에서 설정한 일가치감 결정요인들이 상대적으로 일의 내재적인 측면들로 구성되어 있으므로, 이러한 내재적 측면을 중시하는 가치를 지닌 사람들은 일가치감 결정요인들이 일가치감에서 갖는 중요도를 높게 평가하는 반면에, 외재적 측면을 중시하는 가치를 지닌 사람들은 일가치감 결정요인들의 중요도를 낮게 평가하게 될 것이다. 그런데, 사람들은 자신이 중시하는 것에 대해서는 보다 민감하게 반응하게 되므로, 일가치감 결정요인들 각각에 대한 개인의 중요도 판단에 따라 일가치감 결정요인들의 충족도가 일가치감에 미치는 영향이 달라지게 될 것임을 예측할 수 있게 된다.

두 번째는 일가치감이 직무만족, 직무몰입 직무동기 등의 조직효과성에 미치는 영향에 대한 부분이다. 본 연구에서 조직효과성 변인으로 이들 세 가지 변인을 설정한 것은 일가치감이 일을 통해서 지각하게 되는 일관련 변인이라는 점에서, 조직효과성 변인들 중 일과 직접적으로 관련이 있는 직무만족, 직무몰입, 직무동기와 가장 밀접하게 관련이 있을 것이라는 가정에서이다. 여기서는 일가치감이 조직효과성에 미치는 직접적 효과(가설 2), 개인의 내 / 외 보상 지향성의 가치가 조직효과성에 미치는 직접적 효과(가설 4), 그리고 일가치감과 내 / 외 보상 지향성의 상호작용 효과(가설 5)를 가설로 설정하고 있다. 일가치감은 누구나 원하는 인간의 기본적인 욕구이며, 따라서 이러한 욕구가 충족되었을 때의 긍정적 심리상태는 조직효과성에 정적인 영향을 미칠 것임을 예측할 수 있다. 또한, 내적 보상을 중시하는 사람들은 자신의 일에 대한 관여가 높고, 일 자체를 중시하며, 일을 열심히 하는 것을 개인의 가치로서 내재화하고 있는 사람들인 반면에, 외적 보상을 중시하는 사람들은 자신의 일을 단지 금전적 소득의 수단으로서 보는 경향이 있으며, 따라서 일 자체에 대해서는 관심이 적고, 일 자체를 중시하지 않으며, 일을 열심히 하는 것에 대해서도 가치를 부여하지 않으므로, 내적 보상 지향성의 사람들이 외적 보상 지향성의 사람들에 비해 조직효과성이 높을 것임을 가설로 설정하였다. 또한, 일가치감에 따른 조직효과성의 변화가 내적 보상 지향성 집단과 외적 보상 지향성 집단에서 다를 수 있음을 가설로 설정하였다. 즉, 일가치감이 높을 때에는 내적 보상 지향성 집단과 외적 보상 지향성 집단이 모두 조직효과성이 높게 되지만, 일가치감이 낮을 때에는 외적 보상 지향성 집단의 경우, 개인 스스로는 일에 대해 가치를 부여하지 못하는 사람들이므로 현재의 직무에서 일가치감을 느끼지 못할 때에는 조직효과성이 매우 낮게 나타나는 반면에, 내적 보상 지향성 집단의 경우에는 현재의 직무에서 일가치감을 느끼지 못한다 할지라도 개인 스스로가 일에 대해 개인적인 의미와 가치를 부여하게 되며, 따라서 조직효과성이 외적 보상 지향성의 사람들에 비해 덜 낮아지게 됨을 예측할 수 있다.

그림 4-1 연구모형에 대한 개념도

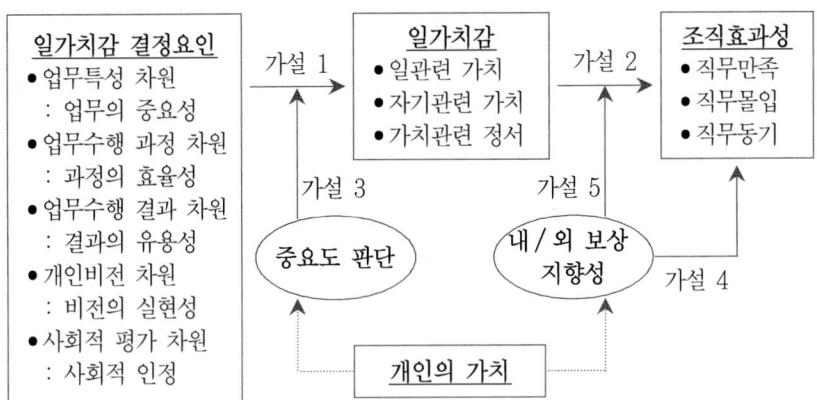

제 4 장　　연구 1: 척도개발

Ⅰ. 연구의 목적

본 연구에서 제안한 일가치감 결정요인이 일가치감에 미치는 효과 및 일가치감이 조직효과성에 미치는 효과에 대한 가설검증을 위해서는, 이들 변인들을 측정하기 위해 사용된 척도들에 대한 타당성 검증이 요구된다. 따라서 연구 1에서는 예비연구에서의 사례수집과 탐색적 요인분석을 통해 개발된 일가치감 결정요인들에 대한 척도들과, 본 연구에서 개념화한 일가치감 척도 및 내/외 보상 지향성 척도, 및 기존 연구들에서 사용한 직무만족, 직무몰입, 직무동기 등의 조직효과성 척도들에 대한 확인적 요인분석을 통해 척도의 타당성을 살펴보고자 한다. 또한, 이에 앞서 본 연구에서 제안한 일가치감이 직무만족(전반적 직무만족 및 직무단면들에 대한 만족)과 서로 구분되는지에 대해서도 확인적 요인분석을 통해 살펴보고자 한다.

Ⅱ. 방법 및 절차

1. 조사대상자

연구결과의 일반화 가능성을 높이기 위해, 직종에 관계없이 직장생활을 하고 있는 남녀 직장인들 1,158명을 대상으로 설문조사를 실시하였다. 전체 응답자들 중 남성과 여성이 각각 67%와 33%를 차지하였으며, 학력은 대졸이 52%, 고졸과 전문대졸 20%, 대학원졸이 8%였다. 연령은 20대와 30대가 각각 43%와 45%를 차지하였으며, 기혼자와 미혼자가 각각 50%씩이었다. 직급은 사원/대리가 77%를 차지하였으며, 담당업무는 관리직이 44%로 가장 많았고, 응답자들 중 65%는 직장이 서울에 있었다. 기타 조사대상자들의 자세한 인구통계학적 특성은 아래의 표 5-1에 제시하였다.

표 5-1 조사대상자의 인구통계학적 특성

성 별		학 력		연 령		혼인여부	
남	78(67.5%)	고 졸	231(20.0%)	20대	497(43.1%)	기 혼	571(49.5%)
여	375(32.5%)	전문대졸	32(20.1%)	30대	515(44.7%)	미 혼	583(50.5%)
		대 졸	604(52.3%)	40대	109(9.5%)		
		대학원졸	87(7.5%)	50대이상	32(2.8%)		
무응답=5		무응답=4		무응답=5		무응답=4	

직 급		담당업무		근속년수	
사 원	620(53.9%)	관 리	503(43.9%)	1~3년	486(43.2%)
대 리	272(23.7%)	영 업	164(14.3%)	4~5년	143(12.7%)
과 장	136(11.8%)	기 술	186(16.2%)	6~10년	265(23.5%)
차 장	48(4.2%)	연 구	74(6.5%)	11~15년	157(13.9%)
부 장	43(3.7%)	기 타	220(19.2%)	16년 이상	75(6.7%)
임 원	31(2.7%)				
무응답=8		무응답=11		무응답=32	

	업 종		근무지		회사규모	
금 융	126(11.1%)	서 울	745(65.0%)	300명 미만	434(38.0%)
제 조	227(19.8%)	광역시	142(12.4%)	500명 미만	101(8.8%)
유 통	61(5.3%)	지방도시	232(20.2%)	1000명 미만	63(5.5%)
서비스	471(41.2%)	기 타	27(2.4%)	1000명 이상	545(47.7%)
기 타	259(22.6%)				
	무응답=14		무응답=12		무응답=15

2. 조사방법

조사 대상자들 중 17%는 S대학에서 심리학 관련 강좌를 수강하는 학생들에게 1부씩 설문조사를 과제로 부과하여 회수하였으며, 55%는 해당 기업의 인사나 교육관련 팀의 담당자들을 개별 접촉하여 연구자가 개발한 질문지를 배포한 뒤, 담당자들이 직접 현업 팀에 배포하거나 교육과정 중에 배포한 뒤 회수하도록 하였으며, 나머지 27%는 인터넷 조사 업체인 (주)엠브레인(http://www.embrain.com)을 통해 연구자가 제작한 설문지를 인터넷에 올린 뒤 응답하도록 하였다. 이 모든 조사는 2003년 10월 한 달 동안 이루어졌다.

3. 질문지 구성

본 연구의 질문지에는 일가치감과 그 결정요인들에 대한 척도, 내/외 보상 지향성 척도, 및 직무만족, 직무몰입, 직무동기 등의 조직효과성 변인들에 대한 척도로 구성되어 있었다. 본 연구에 사용된 질문지는 <부록 1>에 제시하였다.

1) 일가치감 결정요인 척도

일가치감 결정요인에 대한 측정문항은 본 연구의 예비연구를 통해 개발된 문항들을 이용하였다. TVC 활동을 통해 수집된 자료들을 토대로 문항들을 개발한 뒤, 탐색적 요인분석을 통해 업무특성, 업무수행 과정, 업무수행 결과, 개인비전, 사회적 평가 등 5개 차원의 22개 문항들을 추출하였다.

첫째, 업무특성 차원의 "업무의 중요성" 척도는 업무 자체가 일가치감을 느끼기 쉬운 정도를 측정하기 위한 척도로서, 여기에는 전문적 역량을 요구하는 정도, 정체성이 있는 정도, 팀 내 주요업무인 정도, 성과가 명확히 드러나는 정도, 새롭고 창의성이 요구되는 정도 및 난이도가 높은 정도를 묻는 6개 문항으로 구성되어 있다.

둘째, 업무수행 과정 차원에서의 "과정의 효율성" 척도는 업무수행 과정의 효율적인 정도를 측정하기 위한 척도로서, 여기에는 업무수행 과정에서 권한과 책임이 주어지는 정도, 원활한 피드백이 주어지는 정도, 불필요한 일이 없이 효율적으로 일이 진행되는 정도, 원칙과 기준이 지켜지는 정도를 묻는 4개의 문항으로 구성되어 있다.

셋째, 업무수행 결과 차원에서의 "결과의 유용성" 척도는 개인의 업무수행 결과가 갖는 영향의 정도를 측정하기 위한 척도로서, 업무수행의 결과가 많은 사람들에게 영향을 미치는 정도, 실패 시 파급효과의 정도, 조직의 성과에 기여하는 정도, 활용도가 높은 정도, 사회적으로 기여하는 정도 등을 묻는 5개의 문항으로 구성되어 있다.

넷째, 개인비전 차원에서의 "비전의 실현성" 척도는, 개인이 현재 수행하고 있는 업무가 개인의 장기적 비전과 연계되어 있는 정도를 측정하기 위한 것으로서, 여기에는 현재의 업무가 전문가로 성장하는 데 도움이 되는 정도, 개인적 역량증진에 기여하는 정도, 조직에서의 성장에 도움이 되는 정도, 장기적인 계획과 목표달성에 도움이 되는 정도를 묻는 4개의 문항으로 구성되어 있다.

다섯째, 사회적 평가 차원에서의 "사회적 인정" 척도는 개인이 현재 담당하고 있는 업무 및 업무수행에 대하여 주변 타인들로부터 긍정적인 평가를 받고 있는 정도를 측정하기 위한 것으로서, 여기에는 상사로부터 인정받는 정도, 동료들로부터 인정받는 정도, 사회적으로 지위를 인정받는 정도를 묻는 3개의 문항으로 구성되어 있다.

이상의 5가지 차원에 대해 응답자들이 각각을 얼마나 중요하게 생각하고 있는지와 자신의 업무에서 각각의 결정요인들이 현재 얼마나 충족되고 있는지를 질문함으로써, 자신이 중요하게 생각하고 있는 것들이 과연 얼마나 충족되고 있는지를 알아보고자 하였다. 구체적으로, 중요도 질문에서는 일가치감을 결정하는 22개 항목들 각각에 대하여 "자신의 업무에서 보람과 가치를 느끼는 데 있어서 각각의 특징들이 얼마나 중요하다고 생각하는지"를 '전혀 중요하지 않다(1점)'에서 '매우 중요하다(7점)'의 7점 척도로 판단하도록 하였고, 현재상태 질문에서는 동일한 항목들에 대하여 "각각의 항목들이 현재 자신의 업무를 수행하면서 얼마나 충족되고 있는지"를 '전혀 그렇지 않다(1점)'에서 '매우 그렇다(7점)'의 7점 척도로 판단하도록 하였다. 중요성 판단과 현재상태 판단이 서로 영향을 미치지 않도록 하기 위해, 모든 항목들에 대한 중요성 판단 후에 현재상태를 판단할 수 있도록 설문지를 구성하였다.

2) 일가치감 척도

일가치감이란, 일을 통해서 경험하는 심리적 상태로서, 자신이 하는 일이 가치 있고 자신이 조직 내에서 필요한 존재라는 인지적 평가, 및 그에 따른 긍정적 정서 반응을 포함하는 개념이다. 일가치감의 측정문항은 본 연구에서 정립한 개념을 토대로 개발한 것으로서, 일관련 가치, 자기관련 가치, 가치관련 정서의 3개 하위요인으로 구성되어 있다.

먼저, 일관련 가치 척도는 자신이 하는 일의 중요성에 대한 개인의 지각 정도를 측정하기 위한 것으로서, 여기에는 자신이 하는 일이 중요하고 가치 있다고 지각하는 정도를 묻는 3개 문항으로 구성되어 있었다. 두 번째 자기관련 가치 척도는 조직 내에서의 자신의 가치에 대한 지각 정도를 측정하기 위한 것으로서, 여기에는 자신이 회사 내에서 꼭 필요한 존재이고, 자신이 회사를 그만두면 회사에 피해가 있게 될 것이며, 그래서 회사가 자신을 놓치지 않으려 한다고 지각하는 정도를 묻는 3개의 문항으로 구성되어 있었다. 마지막으로, 가치관련 정서는 자신이 가치 있는 일을 하고 있다는 것에서 느끼는 일에 대한 자부심, 성취감, 보람, 가치 있는 일을 하고 있는 자신에 대한 유능감과 자존감, 그리고 가치 있는 일을 하면서 느끼는 도전감, 성장감, 즐거움 등의 8개 항목들로 구성되어 있었다. 각각의 문항은 7점 척도로서, 그러한 생각과 느낌을 얼마나 자주 경험하는지를 '전혀 그렇지 않다(1점)'에서 '매우 그렇다(7점)'로 응답하도록 하였다.

3) 조직효과성 척도

조직효과성 변인으로는 직무만족, 직무몰입, 직무동기를 이용하였다. 직무만족은 Hackman과 Oldham(1974)이 개발한 직무진단조사(JDS)의 전반적 직무만족 척도를 일부 수정하여 이용하였다. JDS는 전반적 직무만족(5문항), 직무 안정성에 대한 만족(2문항), 임금과 보상에 대한 만족(2문항), 사회성에 대한 만족(3문항), 상사에 대한 만족(3문항) 등 전체 15문항으로 구성되어 있다. 본 연구에서는 JDS의 전반적 직무만족 문항들 중에서 '나는 가끔 이 직무를 그만두는 것에 대해 고려한다.'와 '나와 같은 직무를 수행하는 사람들의 대부분은 이 직무를 그만두는 것에 대해 가끔씩 고려한다.'의 문항을 빼고, 대신 '전반적으로 나는 같은 회사 내 동료들에 비해서 직무에 대해 더 만족하고 있다.'와

'전반적으로 나는 다른 회사 직원들에 비해서 직무에 대해 더 만족하고 있다.'의 문항을 첨가하여 전반적 직무만족 척도를 구성하였다. 직무만족 척도는 7점 척도로 구성되어 있으며, 각각의 직무단면들에 대한 만족 정도를 '전혀 그렇지 않다(1점)'에서 '매우 그렇다(7점)'로 응답하도록 하였다.

직무몰입은 Cook, Hepworth, Wall, 그리고 Warr(1981)가 개발한 직무몰입 문항을 이용하였다. 이 척도는 개인이 자신의 직무에 현재 얼마나 몰두하고 있는지를 알아보기 위한 7개 문항으로 구성되어 있다.

마지막으로, 직무동기는 Van de ven과 Ferry(1980)가 개발한 직무동기 척도를 수정하여 이용하였다. 이 척도는 개인이 자신의 직무를 잘 수행하고 직무성과를 높이기 위해 노력하고 있는 정도를 측정하는 6개 문항으로 구성되어 있다. 본 연구에서는 이들 문항 중 우리나라 상황에 잘 맞는 3개의 문항에, 추가로 '나는 같은 회사 내 다른 동료들에 비해서 더 열심히 일하고 있다.'와 '나는 다른 회사의 직원들과 비교할 때 더 열심히 일하고 있다.'는 문항을 첨가하여 5문항으로 척도를 구성하였다.

직무몰입과 직무동기에 대한 문항들은 모두 7점 척도로 구성되어 있으며, 이들 각각의 문항에 대하여 자신의 현재 모습과 얼마나 일치하는지를 전혀 그렇지 않다(1)에서 매우 그렇다(7)의 7점 척도로 응답하도록 하였다.

4) 내 / 외 보상 지향성 척도

내 / 외 보상 지향성이란, 사람들이 일을 통해 얻게 되는 여러 가치들 중에서 금전적인 가치를 더 중시하는가 또는 금전적 가치 이외의 심리 −사회적 가치를 더 중시하는가를 의미한다. 본 연구에서는 내적 보상 지향성을 일이 갖는 심리 / 사회적 의미의 출처로서의 기능을 중시하는 성향으로 정의하였고, 외적 보상 지향성은 일이 갖는 금전적 소득의 출처로서의 기능을 중시하는 성향으로 정의하였다. Malka와 Chatman(2003)은 외재적 일 지향성(extrinsic work orientation)의 사람들이 임금과 인센티브 등의 금전적 보상을 중시하는 반면에, 내재적 일 지향성(intrinsic work orientation)의 사람들은 능력발휘의 기회, 역량증진, 조직에 기여, 창의적 및 혁신적 업무 기회, 성취감과 성장감을 중시한다고 제안하였다. 따라서 이들이 제시한 개념을 토대로, 내적 보상 지향성 척도에서는 일을 통해 자신의 존재 의미와 보람을 추구하고, 일 자체를 중시하고 즐기며, 일을 통한 능력발휘의 기회 및 자신의 성장과 발전에 더 많은 관심을 두는지를 알아보기 위한 문항들을 포함하였으며, 외적 보상 지향성 척도에서는 조직과 자신의 관계를 노동력의 제공과 금전적 보상의 철저한 계약적 관계로 규정하고, 추가적 보상 없이는 자신의 부가적인 자원(시간, 노력 등)을 제공하려 하지 않으며, 물질적 보상이 개인의 최대 관심사인 정도를 측정하는 문항들을 포함하였다.

내적 보상 지향성 척도와 외적 보상 지향성의 척도는 각각 6개 문항으로 구성되어 있었다. 내적 보상 지향성 척도에서는 일이 갖는 내재적 측면들에 대해 '예 / 아니오'로 응답하게 하였고, 외적 보상 지향성 척도에서는 일이 갖는 외재적 측면들에 대해 '예 / 아니오'로 응답하도록 하였다.

또한, 내 / 외 보상 지향성 척도의 측정목적을 응답자들이 눈치 채지 못하도록 하기 위하여, 내 / 외 보상 지향성을 측정하는 문항들 외에도 '나는 일을 할 때, 잘하는 것보다는 최선을 다하는 것이 중요하다고 생각한다.', '업무 중심적인 리더가 인간관계 중심적인 리더보다 바람직하다고 생각한다.' 등과 같이 직장생활에서의 개인의 다양한 가치관을 측정하는 추가문항들(filler items)을 9문항 포함하였다.

4. 분석방법

먼저 본 연구에서 제안한 일가치감이 직무만족과 구분되는지를 살펴 보기 위해, 확인적 요인분석을 실시하였다. 이를 위해 일가치감과 직무만 족이 하나의 구성개념임을 가정한 1요인 모형과, 서로 다른 구성개념임 을 가정한 2요인 모형, 그리고 일가치감의 구성요소들과 직무만족의 구 성요소들을 모두 구분한 8요인 모형에 대하여 확인적 요인분석을 실시하 였으며, 이들 모형에 대한 χ^2차이검증을 실시하였다. 확인적 요인분석의 모수(parameter) 추정방식은 ML(Maximum Likelihood)법을 이용하였다.

두 번째로, 일가치감 및 그 결정요인들, 그리고 직무만족, 직무몰입, 및 직무동기 등의 조직효과성 변인들에 대한 변별타당도를 확인하고자 확인적 요인분석과 척도의 신뢰도분석을 실시하였다. 일가치감과 직무 만족에 대한 앞에서의 확인적 요인분석 결과를 토대로 각각의 하위요소 들을 측정척도로 이용하였다. 따라서 일가치감은 3개의 하위요인(일관련 가치, 자기관련 가치, 가치관련 정서)의 평균을 이용하였고, 직무만족은 5개 하위요인(전반적 직무만족, 직무 안정성에 대한 만족, 임금과 보상 에 대한 만족, 사회성에 대한 만족, 상사에 대한 만족)의 평균을 사용하 였으며, 나머지 변인들은 문항의 개별 값을 사용하였다. 모수 추정방식 으로는 ML법을 이용하였다. 각 척도의 신뢰도분석은 Cronbach's α계수 를 이용하였다.

마지막으로, 내/외 보상 지향성에 대한 척도의 타당성 검토를 위해 확인적 요인분석을 실시하였다. 이들 척도가 양분척도로 구성되어 있으 므로, 양분상관계수행렬을 이용하여 ULS(Unweighted Least Square)법 을 이용한 확인적 요인분석을 실시하였다.

확인적 요인분석은 LISREL 8.52 윈도우용을 이용하였으며, 양분상관 계수의 산출은 PRELIS 2.52를 이용하였고, 각 척도의 신뢰도분석은

SAS 8.01을 사용하였다.

Ⅲ. 분석결과

1. 일가치감과 직무만족 간 구성개념 타당화

일가치감과 직무만족이 서로 다른 구성개념인지를 파악하기 위해, 확인적 요인분석을 실시하였다. 일가치감의 하위요인들과 직무만족의 하위요인들을 하나의 요인으로 설정한 1요인 모형, 일가치감 척도와 직무만족 척도를 구분한 2요인 모형, 그리고 일가치감과 직무만족의 하위요인들을 모두 구분한 8요인 모형에 대한 전반적 합치도 지수들을 아래의 표 5-2에 제시하였다. 표에서 볼 수 있듯이, 1요인 모형과 2요인 모형의 RMSEA(Root Mean Square Error of Approximation)값이 0.1을 넘고 있어, 이 두 모형이 좋지 못한 모형임을 보여주고 있었다(Browne & Cudeck, 1983). 반면에, 8요인은 모형은 RMSEA의 값이 Browne과 Cudeck(1983)이 제시한 우수한 모형의 기준인 .08보다 낮은 것으로 나타났으며, NFI, NNFI 및 CFI값에서도 모두 좋은 모형의 합치도 지수 기준인 .95를 넘고 있었고(Bentler & Bonnett, 1980), 1요인 모형과 2요인 모형에 비해 모든 합치도 지수에서 우수함을 보이고 있었다. 또한, 이들 모형 간 χ^2차이검증 결과에서도, 2요인 모형이 1요인 모형에 비해 좋은 것으로 나타났으며($\chi^2(1)=371.075$, p < .0001), 8요인 모형은 1요인 모형뿐 아니라($\chi^2(28)=4488.492$, p < .0001), 2요인 모형에 비해서도 더 좋은 모형인 것으로 나타났다($\chi^2(27)=4117.417$, p < .0001).

표 5-2 일가치감과 직무만족 척도에 대한 확인적 요인분석 결과의
합치도 지수들 및 x^2검증결과

합치도 지수	x^2	df	p	RMSEA	NFI	NNFI	CFI	sRMR
1요인 모형	6470.688	377		.139	.927	.926	.931	.079
2요인 모형	6099.613	376		.124	.938	.937	.942	.071
8요인 모형	1982.196	349		.068	.979	.981	.983	.046
x^2차이검증								
(1요인-2요인)	371.075	1	p<.0001					
(1요인-8요인)	4488.492	28	p<.0001					
(2요인-8요인)	4117.417	27	p<.0001					

표 5-3 일가치감과 직무만족 척도에 대한 확인적 요인분석 결과에서의
1요인, 2요인, 및 8요인 모형의 요인부하량

문 항	요인부하량		
	1요인	2요인	8요인
일가치감 1요인(가치관련 정서)			
1. 나는 업무를 하면서 내가 가치 있는 존재라는 느낌을 갖는다.	.796	.824	.820
2. 나는 업무를 하면서 나 자신이 성장하고 있다는 느낌을 갖는다.	.734	.745	.744
3. 나는 내 업무를 수행하면서 즐겁다는 느낌을 경험한다.	.743	.750	.753
4. 나는 지금 내가 하고 있는 업무들에 대해 자부심을 느낀다.	.852	.868	.876
5. 나는 업무를 수행하면서, 스스로에 대한 유능감을 경험한다.	.720	.727	.719
6. 나는 현재 내가 하는 업무들을 통해서 보람을 느낀다.	.838	.861	.866
7. 나는 현재 내가 하는 업무들을 통해서 성취감을 느낀다.	.840	.859	.860
8. 나는 지금의 업무들을 수행하면서 더 잘해야겠다는 도전감을 느낀다.	.719	.740	.748
일가치감 2요인(일관련 가치)			
1. 나는 현재 내가 하고 있는 업무들이 가치 있다고 생각한다.	.789	.812	.819
2. 나는 현재 내가 하고 있는 업무들이 중요한 일이라고 생각한다.	.713	.736	.774
3. 내가 하고 있는 업무는 우리 회사에 없어서는 안 될 일이다.	.479	.502	.540
일가치감 3요인(자기관련 가치)			
1. 나는 우리 회사에서 꼭 필요한 존재이다.	.653	.672	.870
2. 내가 회사를 그만두려 해도 회사는 나를 절대 놓아주려 하지 않을 것이다.	.443	.467	.664
3. 내가 회사를 그만두게 된다면, 회사 전체에 큰 피해가 있게 될 것이다.	.390	.405	.675

문 항	요인부하량		
	1요인	2요인	8요인
직무만족 1요인(전반적 직무만족)			
1. 전반적으로 나는 내 직무에 대해 매우 만족한다.	.807	.836	.865
2. 전반적으로 나는 같은 회사 내 동료들에 비해서 직무에 대해 더 만족하고 있다.	.749	.788	.829
3. 전반적으로 나는 다른 회사 직원들에 비해서 직무에 대해 더 만족하고 있다.	.744	.791	.831
4. 전반적으로 나는 내가 하는 일들에 대해 매우 만족한다.	.826	.853	.887
5. 나와 같은 직무를 수행하는 사람들의 대부분은 이 직무에 대해 매우 만족한다.	.704	.738	.722
직무만족 2요인(직무안정성에 대한 만족)			
1. 나는 현재 맡고 있는 직무의 안정성에 대해 매우 만족한다.	.603	.650	.734
2. 나는 나의 미래를 이 회사의 미래와 함께 상상한다.	.690	.705	.823
직무만족 3요인(임금 / 보상에 대한 만족)			
1. 내가 받고 있는 임금과 상여금은 매우 만족할 만하다.	.518	.571	.946
2. 나는 이 회사에 기여하고 있는 만큼 충분히 보상받고 있다.	.497	.556	.900
직무만족 4요인(사회성에 대한 만족)			
1. 나는 직장에서 함께 근무하고 있는 사람들에 대해 매우 만족한다.	.516	.549	.592
2. 나는 업무를 수행하며, 다른 사람들을 많이 알 수 있는 기회가 있다는 것이 매우 만족스럽다.	.577	.573	.831
3. 나는 업무를 수행하며, 다른 사람들을 도울 수 있는 기회가 있다는 것이 매우 만족스럽다.	.631	.619	.869
직무만족 5요인(상사에 대한 만족)			
1. 상사는 나를 존중해 주며 공정하게 대해준다.	.592	.631	.882
2. 상사는 나를 많이 지지해 주고, 잘 인도해 준다.	.607	.645	.940
3. 나는 상사의 업무 관리에 대해 전반적으로 만족한다.	.564	.623	.826

또한, 표 5-3에 제시된 각 모형들에서의 이론변수(latent variable)에 대한 측정변수(indicator)의 표준화된 경로계수들을 살펴보면, 8요인 모형이 1요인 모형과 2요인 모형에 비해 모든 측정변수들의 경로계수가 높은 것을 볼 수 있다.

이러한 결과들은 일가치감 척도와 직무만족 척도가 서로 잘 구분되며, 일가치감과 직무만족의 하위 요소들 또한 서로 잘 변별됨을 의미하는 것이라 할 수 있다.(이들 모형의 확인적 요인분석에 이용한 공분산 행렬은 <부록 2>에 제시하였다.)

2. 일가치감 결정요인, 일가치감 및 조직 효과성 척도에 대한 확인적 요인분석 결과

본 연구에서 사용된 척도들에 대하여 확인적 요인분석을 실시하였으며, 그 결과 얻어진 모형의 전빈적 합치도를 아래의 표 5-4에 제시하였다. 표를 통해 볼 수 있듯이, 표집자료로 전집자료를 추정할 때의 오차를 나타내는 지수인 RMSEA(Root Mean Square Error of Approximation)값이 좋은 적합도의 기준인 .08보다 낮은 것으로 나타났으며(Browne & Cudeck, 1983; Steiger, 1990), 표준화된 RMR값 또한 일반적으로 좋은 합치도의 기준으로 제시되는 .08(이순묵, 1990)보다 낮은 것으로 나타났고, 대표적인 전반적 합치도 지수들인 NFI, NNFI, CFI의 값이 Bentler와 Bonett(1980)이 제시한 좋은 모형의 부합도 지수 기준이 .90을 훨씬 넘고 있었다.

표 5-4 일가치감 결정요인, 일가치감, 및 조직효과성의 14개 하위요인에 대한
확인적 요인분석 결과의 전반적 합치도 지수들

합치도 지수	x^2	RMSEA	NFI	NNFI	CFI	sRMR
검증모형	8575(df=1861)	.061	.959	.966	.969	.053

표 5-5 일가치감 결정요인, 일가치감 및 조직효과성의 14개 하위요인에 대한
확인적 요인분석 결과의 요인부하량과 신뢰도 계수

문 항	Lisrel 추정치		문항 총점 상관	자기문항 제거 시 α계수
	경로 계수	T값		
제1요인: 업무의 중요성(현재상태)				
1. 전문적 역량(능력, 지식, 기술, 경험)이 요구되는 일을 한다.	.787	—	.701	.810
2. 정체성이 있는(처음부터 끝까지 진행되는, 전체적이고 완전한) 일을 한다.	.673	21.77	.630	.822
3. 팀 내에서 주변업무(sidejob)가 아닌 주요업무(mainjob)의 일을 한다.	.672	21.69	.635	.822
4. 성과가 명확히 드러나는 일을 한다.	.599	18.93	.532	.843
5. 반복적이거나 일상적이지 않은, 창의성이 요구되는 일을 한다.	.685	22.23	.605	.828
6. 난이도가 높은 일을 한다.	.781	26.03	.695	.811
			α=.848	
제2요인: 과정의 효율성(현재상태)				
1. 일에 대한 권한과 책임이 주어진다.	.633	—	.501	.764
2. 일을 수행하는 과정에서 원활한 피드백이 이루어진다.	.732	17.22	.606	.713
3. 불필요한 과정 없이 효율적으로 일이 진행된다(불필요한 일이 없다).	.697	17.15	.621	.703
4. 일하는 과정에서 원칙과 기준이 지켜진다.	.667	16.61	.604	.712
			α=.778	
제3요인: 결과의 유용성(현재상태)				
1. 많은 사람들에게 영향을 많이 미치는 일을 한다.	.706	—	.655	.806
2. 실패 시 파급효과가 큰 일을 한다.	.609	17.85	.585	.827
3. 조직에 기여하는 바가 큰(조직의 성과와 연결된 일) 일을 한다.	.809	23.43	.720	.790
4. 결과의 활용도가 큰 일을 한다.	.805	23.31	.705	.794
5. 사회적으로 기여하는 일을 한다.	.671	19.06	.583	.827
			α=.841	
제4요인: 비전의 실현성(현재상태)				
1. 전문가로서 성장하는 데 도움이 되는 일을 한다.	.877	—	.804	.863
2. 개인적 역량(지식 / 기술 / 경험 등)이 증진되는 일을 한다.	.895	39.12	.832	.853
3. 조직에서 성장(승진)하는 데 도움이 되는 일을 한다.	.746	28.34	.704	.898
4. 개인의 장기적인 계획 / 목표달성에 도움이 되는 일을 한다.	.818	33.08	.778	.872
			α=.901	

문 항	Lisrel 추정치		문항 총점 상관	자기문항 제거 시 α계수
	경로 계수	T값		
제5요인: 사회적 인정(현재상태)				
1. 상사로부터 업무와 관련하여 칭찬과 인정을 받는다.	.841	—	.695	.653
2. 동료들로부터 업무와 관련하여 칭찬과 인정을 받는다.	.863	28.49	.719	.631
3. 사회적 지위를 인정받을 수 있는 일을 한다.	.627	20.13	.513	.866
		α=.791		
제6요인: 업무의 중요성(중요도)				
1. 전문적 역량(능력, 지식, 기술, 경험)이 요구되는 일을 한다.	.583	—	.485	.750
2. 정체성이 있는(처음부터 끝까지 진행되는, 전체적이고 완전한) 일을 한다.	.545	13.51	.452	.758
3. 팀 내에서 주변업무(sidejob)가 아닌 주요업무(mainjob)의 일을 한다.	.633	15.03	.583	.724
4. 성과가 명확히 드러나는 일을 한다.	.603	14.54	.531	.738
5. 반복적이거나 일상적이지 않은, 창의성이 요구되는 일을 한다.	.608	14.62	.535	.737
6. 난이도가 높은 일을 한다.	.613	14.70	.535	.737
		α=.775		
제7요인: 과정의 효율성(중요도)				
1. 일에 대한 권한과 책임이 주어진다.	.709	—	.481	.619
2. 일을 수행하는 과정에서 원활한 피드백이 이루어진다.	.756	19.01	.599	.553
3. 불필요한 과정 없이 효율적으로 일이 진행된다(불필요한 일이 없다).	.548	14.70	.429	.654
4. 일하는 과정에서 원칙과 기준이 지켜진다.	.465	12.65	.408	.669
		α=..689		
제8요인: 결과의 유용성(중요도)				
1. 많은 사람들에게 영향을 많이 미치는 일을 한다.	.655	—	.616	.751
2. 실패 시 파급효과가 큰 일을 한다.	.481	13.21	.469	.803
3. 조직에 기여하는 바가 큰(조직의 성과와 연결된 일) 일을 한다.	.790	19.84	.664	.736
4. 결과의 활용도가 큰 일을 한다.	.757	19.30	.633	.747
5. 사회적으로 기여하는 일을 한다.	.628	16.78	.554	.770
		α=.800		

문 항	Lisrel 추정치		문항 총점 상관	자기문항 제거 시 α계수
	경로 계수	T값		
제9요인: 비전의 실현성(중요도)				
1. 전문가로서 성장하는 데 도움이 되는 일을 한다.	.801	—	.653	.709
2. 개인적 역량(지식 / 기술 / 경험 등)이 증진되는 일을 한다.	.795	24.80	.669	.704
3. 조직에서 성장(승진)하는 데 도움이 되는 일을 한다.	.563	16.91	.496	.797
4. 개인의 장기적인 계획 / 목표달성에 도움이 되는 일을 한다.	.656	20.22	.596	.738
		α=.789		
제10요인: 사회적 인정(중요도)				
1. 상사로부터 업무와 관련하여 칭찬과 인정을 받는다.	.874	—	.729	.647
2. 동료들로부터 업무와 관련하여 칭찬과 인정을 받는다.	.839	26.39	.687	.696
3. 사회적 지위를 인정받을 수 있는 일을 한다.	.623	19.86	.545	.842
		α=.804		
제11요인: 일가치감				
1. 일관련 가치	.830	—	.774	.739
2. 자기관련 가치	.625	2148	.630	.881
3. 가치관련 정서	.957	40.39	.768	.751
		α=.851		
제12요인: 직무만족				
1. 전반적 직무만족	.881	—	.745	.784
2. 직무 안정성에 대한 만족	.773	29.73	.714	.787
3. 임금과 보상에 대한 만족	.578	19.62	.573	.832
4. 사회성에 대한 만족	.685	24.72	.627	.812
5. 상사에 대한 만족	.664	23.63	.595	.820
		α=.839		
제13요인: 직무몰입				
1. 나는 나의 일에 있어서만큼은 철저하게 수행하려 한다.	.546	—	.507	.860
2. 나는 내가 달성한 업무 실적에 대해 인정을 받을 수 있다.	.692	16.15	.622	.845
3. 우리 회사의 성공을 위해서라면, 나는 나에게 일반적으로 기대되는 것 이상의 노력을 기꺼이 투여할 것이다.	.707	16.37	.675	.838
4. 내 생활에서 일어나는 가장 중요한 일들은 현재 나의 일과 연관되어 있다.	.709	16.39	.666	.839
5. 나는 나의 직무에 상당히 몰두해 있다.	.849	18.07	.775	.824
6. 나는 나의 직무가 나의 생활에서 가장 중요한 것이라고 생각한다.	.655	15.61	.609	.847
7. 나는 내 시간의 대부분을 현재의 직무에 몰두하고 있다.	.664	15.76	.583	.851
		α=.863		

문 항	Lisrel 추정치		문항 총점 상관	자기문항 제거 시 α계수
	경로 계수	T값		
제14요인: 직무동기				
1. 나는 현재 내가 맡고 있는 직무에 많은 노력을 기울이고 있다.	.881	—	.749	.777
2. 나는 최근 나의 직무성과를 높이기 위해 많은 노력을 기울이고 있다.	.870	36.08	.735	.780
3. 나는 현재 맡고 있는 직무를 잘하고 못하고에 의해 기분이나 행복감에 영향을 받지 않는다.	.447	14.34	.411	.871
4. 나는 같은 회사 내 다른 동료에 비해서 더 열심히 일하고 있다.	.662	23.44	.667	.802
5. 나는 다른 회사의 직원들과 비교할 때 더 열심히 일하고 있다.	.710	25.97	.690	.795
			α=.840	

또한, 확인적 요인분석 결과와 신뢰도분석 결과를 표 5-5에 제시하였다. 표에서 볼 수 있듯이, 각 측정변수의 경로계수들 중 한 문항을 제외한 모든 문항의 경로계수가 .5를 넘고 있었다. 직무동기를 측정하기 위한 '나는 현재 맡고 있는 직무를 잘하고 못하고에 의해 기분이나 행복감에 영향을 받지 않는다.' 문항의 경로계수만이 .411로 나타났는데, 이는 이 문항이 부정적인 방향으로 작성됨으로 인해 나타난 문항형식 효과 때문인 것으로 판단되었다. 그럼에도 불구하고, 모든 문항의 경로 계수가 유의한 것으로 나타났으며, 각 척도의 내적 일치도 또한 과정의 효율성에 대한 중요도 판단 척도만이 .689로 0.7에 다소 못 미치고 있을 뿐, 대부분의 문항이 .775에서 0.901의 높은 신뢰도를 보이고 있었다. 따라서 이러한 결과들은 본 연구에서의 일가치감 결정요인들에 대한 중요도 및 현재상태 척도들과, 일가치감 척도, 그리고 조직효과성 척도들이 서로 잘 변별되며, 아울러 각 구성개념을 측정하기 위해 사용된 척도가 타당함을 보여주는 것이라 할 수 있다. 또한 표 5-6에서 볼 수 있듯이, 전반적으로 일가치감 결정요인들 간의 상관은 현재상태 척도의 경우 r=5.17에서 r=.729의 상관을 보이고 있었으며, 중요도 척도의 경우에는 r=.257에서 r=.586까지의 상관을 보이고 있었다. 일가치

감 결정요인의 현재상태에 대한 척도들 간에 비교적 높은 상관을 보이고 있었으나, 이들 요인이 서로 변별되지 않을 정도의 상관크기는 아니며, 따라서 이러한 결과는 본 연구에서 사용한 척도들이 서로 잘 변별됨을 의미하는 것이라 할 수 있다.(확인적 요인분석에 이용된 공분산 행렬과 프로그램은 <부록 3>에 제시하였다.)

3. 내 / 외 보상 지향성에 대한 확인적 요인분석 결과

내 / 외 보상 지향성 척도에 대한 확인적 요인분석 결과 얻어진 모형의 합치도 지수들은 표 5-7에 제시하였다. 모형의 추정방식으로 UL법을 이용할 경우 χ^2를 신뢰할 수 없으므로, χ^2를 이용하지 않는 지표인 GFI와 NFI의 값만을 이용하여, 모형의 합치도를 보게 된다. 그러나 표 5-7에는 Lisrel에서 측정변수의 다변량 정규분포 가정하에 계산한 합치도 지수들을 참고로 제시하였다. 표에서 볼 수 있듯이, GFI와 NFI의 값이 좋은 모형의 합치도 지수 기준인 .95를 넘고 있었으며, 참고로 제시한 NNFI, CFI, 및 AGFI 값들 또한 좋은 .95를 넘고 있었다. RMSEA의 값은 중간 정도의 합치도 지수를 나타내는 .10보다 낮은 값을 보이고 있었으며(Browne & Cudeck, 1983), 표준화된 RMR값 또한 .06미만의 좋은 합치도를 보이고 있었다. 이러한 결과는 본 연구에서 이용한 내적 보상 지향성 및 외적 보상 지향성 척도가 타당함을 보여주는 결과라 할 수 있다.(확인적 요인분석에 이용한 공분산 행렬과 프로그램은 <부록 4>에 제시하였다.)

표 5-7 내 / 외 보상 지향성 척도에 대한 확인적 요인분석 결과의
전반적 합치도 지수들

합치도 지수	χ^2	RMSEA	NFI	NNFI	CFI	GFI	AGFI	sRMR
검증모형	613(df=53)	.0972	.954	.952	.962	.977	.966	.0596

주. χ^2, 표준오차, T값, 표준편차는 다변량 정규분포 가정하에 산출되었음

　표 5-8에는 내적 및 외적 보상 지향성 척도의 확인적 요인분석 결과 얻어진 각 측정변수들의 경로계수 및 T값을 제시하였다. 모형 추정방식으로 UL법을 이용할 경우 T값을 신뢰할 수 없으나, 문항의 정규분포 가정하에 Lisrel에서 제시한 값들을 참고로 제시하였다. 표에서 볼 수 있듯이, 내적 보상 지향성의 경우에는 전반적으로 경로계수가 모두 .5이상의 높은 부하량을 보이고 있는 반면에, 외적 보상 지향성 척도의 경우에는 3번, 12번, 9번 문항이 .4미만의 비교적 낮은 부하량을 보이고 있었다. 그러나 전체 척도의 합치도 지수가 우수하며, 참고로 제시된 각 경로들의 T값이 유의한 것으로 나타났으므로, 척도의 분산을 높이기 위해 이들 문항을 유지하기로 하였다.

표 5-8 내 / 외 보상 지향성 척도에 대한 확인적 요인분석 결과의 요인부하량

문　　　항	LISREL 추정치		
	비표준 계수	표준화 계수	T값
내적 보상 지향성			
6. A.나는 얼마나 받는가보다는 어떤 일을 하는가가 더 중요하다고 생각한다.(I) 　　B.나는 어떤 일을 하는가보다는 얼마나 받는가가 더 중요하다고 생각한다.	1.000	.746	－
8. A.사람들이 직업을 선택할 때의 첫 번째 기준은 능력발휘의 기회이다.(I) 　　B.사람들이 직업을 선택할 때의 첫 번째 기준은 급여 수준이다.	.829	.618	26.556
4. A.사람들이 직장을 옮기는 가장 큰 이유는 자신이 맡고 있는 일에 대한 불만 때문이다.(I) 　　B.사람들이 직장을 옮기는 가장 큰 이유는 급여에 대한 불만 때문이다.	.782	.583	25.833
1. A.대부분의 사람들은 시시하고 의미 없는 일이라 하더라도 돈을 많이 주는 일을 하고 싶어 한다. 　　B.대부분의 사람들은 돈은 적게 주더라도, 의미 있고 보람 있는 일을 하고 싶어 한다.(I)	.738	.550	25.274
7. A.직장에서 나의 주 관심사는 보다 많은 인센티브를 받는 것이다. 　　B.직장에서 나의 주 관심사는 상사와 동료들로부터 인정받는 것이다.(I)	.836	.624	27.029
11.A.내 직장생활 최대의 목표는 내 분야의 전문가가 되는 것이다.(I) 　　B.내 직장생활 최대의 목표는 고액 연봉자가 되는 것이다.	1.014	.756	28.340

문　　　항	LISREL 추정치		
	비표준 계수	표준화 계수	T값
외적 보상 지향성			
2. A.회사로부터 받은 것 이상으로 일할 수도 있다고 생각한다.	1.000	.543	―
B.회사로부터 받은 것 이상으로 일할 필요는 없다고 생각한다.(E)			
5. A.추가근무 수당이 주어지지 않더라도 사정상 팀장이 요구하면 야 　 근할 수 있다고 생각한다.	.896	.486	20.787
B.추가근무 수당도 없는데 팀장이 야근을 요구하는 것은 부당한 　 일이라고 생각한다.(E)			
3. A.업무성과에 대해 봉급 이외에 추가적으로 물질적 보상이 주어지 　 지 않는다면 사람들은 더 열심히 일하려 하지 않을 것이다.(E)	.670	.364	17.789
B.업무성과에 대해 봉급 이외에 추가적으로 물질적 보상이 주어지 　 지 않더라도 사람들은 계속해서 열심히 일하려 할 것이다.			
12.A.재산이 많다면 나는 더이상 일을 많이 하지 않을 것이다.(E)	.715	.388	18.446
B.재산이 아무리 많더라도 나는 계속해서 일을 할 것이다.			
9 .A.나는 다른 사람들이 받는 급여와 내 급여를 자주 비교하곤 한다.(E)	.625	.339	15.590
B.나는 다른 사람들이 받는 급여에 대해서는 별로 관심이 없다.			
10.A.임금을 아무리 많이 준다 해도 사원들의 직무만족을 높이는 데 　 는 한계가 있다.	1.174	.637	21.654
B.사원들의 직무만족을 높이는 가장 좋은 방법은 임금을 인상하는 　 것이다.(E)			

주1. T값은 다변량 정규분포(multivariate normality) 가정하에 산출하였음
주2. I는 내재적 지향성, E는 외재적 지향성이 높은 사람의 특징을 나타냄

　　아래의 표 5-9에는 내적 보상 지향성과 외적 보상 지향성 척도의 평균과 표준편차 그리고 척도 간 상관을 제시하였다. 표에서 볼 수 있듯이, 내적 보상 지향성과 외적 보상 지향성의 상관은 -0.453으로서 중간 정도의 상관을 보이고 있었다. 이러한 결과는 내적 보상 지향성이 높은 사람들은 외적 보상 지향성이 낮은 경향이 있음을 의미하나, 이 두 지향성이 단일 차원이라고 보기에는 비교적 낮은 정도의 상관이라 할 수 있다. 두 척도의 평균을 보면 내적 보상 지향성(M =3.718)이 외적 보상 지향성(M =2.266)에 비해 약 1.45점 정도 높은 것을 알 수 있다. 이러한 결과는 사람들이 전반적으로 외재적 성향보다는 내재적 성향이 강

함을 보여주는 것이다.

표 5-9 내적 및 외적 보상 지향성 척도의 평균, 표준편차 및 상호상관

요 인	문항수	평 균	표준편차	1	2
1. 내적 보상 지향성	6	3.718	1.713	1.000	
2. 외적 보상 지향성	6	2.266	1.382	-.453***	1.000

주. 각 척도의 값은 개인이 해당 척도에서 I문항(외적 보상 지향성은 E문항)을 선택
한 수를 나타냄

Ⅳ. 논 의

연구 1에서는 본 연구에서 사용한 척도들의 타당성에 대한 검증을 실
시하였다. 먼저, 일가치감의 구성개념이 직무만족과 구분됨을 입증하기
위해 확인적 요인분석을 실시하였다. 확인적 요인분석 결과, 본 연구에
서 개발한 한 일가치감 척도가 기존의 직무만족 척도와 잘 변별되며, 그
하위요인들(일관련 가치, 자기관련 가치, 가치관련 정서) 또한 직무만족
의 하위요인들(전반적 직무만족 및 직무단면들에 대한 만족)과 잘 변별
됨을 확인할 수 있었다. 이러한 결과는 본 연구에서 개념화한 일가치감
이 직무만족과 다른 구성개념임을 입증하는 것이라 할 수 있다.

특히, 2요인으로 지정했을 때와 8요인으로 지정했을 때의 일가치감
하위요인들에서의 요인부하량을 비교해 보면, 가치관련 정서 문항들의
요인부하량은 차이가 없는 반면에, 자기관련 가치와 일관련 가치 요인
의 요인부하량은 8요인 모형이 2요인 모형에 비해 상대적으로 매우 높
게 나타남을 보이고 있다. 이러한 결과는 본 연구에서 제시한 일가치감

이 개념적으로 뿐 아니라, 측정학적으로도 정서가 중심이 되는 개념임을 보여주는 결과라 할 수 있다.

두 번째로, 본 연구에서의 가설검증에 이용할 일가치감 및 그 결정요인들과 조직효과성 척도들에 대한 확인적 요인분석을 통해, 척도의 타당성을 검증하였다. 일가치감 결정요인들은 업무특성 차원의 업무의 중요성, 업무수행 과정 차원의 과정의 효율성, 업무수행 결과 차원의 결과의 유용성, 개인비전 차원의 비전의 실현성, 및 사회적 평가 차원의 사회적 인정 등 5개 요인에 대한 중요도 판단과 현재상태 판단으로 구성되어 있었으며, 조직효과성은 직무만족, 직무몰입, 직무동기로 구성되어 있었다. 확인적 요인분석 결과 이들 척도들의 전반적 합치도 지수들 모두가 좋은 합치도의 기준을 충족하고 있는 것으로 나타났으며, 구성개념들 간 상관 또한 서로 변별되는 정도의 크기를 보이고 있었다.

세 번째로, 일가치감 결정요인들에 대한 기술통계치(표 5-6 참고)를 살펴보면, 첫째, 사람들은 일가치감 결정요인들 중 과정의 효율성(M =5.725)을 가장 중요하게 여기고 있는 반면에, 결과의 유용성(M =4.801)은 상대적으로 덜 중요하게 여기고 있었다. 이러한 결과는 과정의 효율성이 사람들이 업무를 수행하면서 실질적으로 겪는 현실적인 문제들인 반면에, 결과의 유용성은 자신의 눈으로 확인할 수 없는 인식의 문제들을 나타내기 때문일 수 있다. 둘째, 일가치감 결정요인들 중 업무의 중요성에 대한 현재상태(M =4.704)가 가장 높고 사회적 인정의 현재상태(M =4.475)는 가장 낮은 것으로 나타났다. 사람들은 자신이 하는 일에 대해서는 어느 정도 중요하다고 생각하고 있지만, 상사나 동료들로부터의 칭찬이나 인정은 부족하며, 또한 자기 스스로도 사회적 지위를 인정받고 있지 못한다고 인식하고 있음을 의미한다. 셋째, 일가치감 결정요인들에 대한 중요도 판단에 비해 현재상태 판단의 값들이 약 1.0 정도 낮은 것으로 나타났다. 이것은 사람들이 일가치감 결정요인들에 대해 부여하고 있는 중요도에 비해 현재 그러한 요인들이 충족되고 있지 않음을 나타내고 있는 것이다. 넷째, 일가치감의 하위요인들 중 일관련 가치(M =4.770)는 높은 반면에, 자기관련 가치(M =3.858)는 상대적으로 낮은 것으로 나타났다. 이것은 자신의 일이 갖는 가치에 대해서는 어느 정도 인식하고 있으나, 조직 내에서 자신이 가치 있는 존재라는 인식은 부족함을 나타내는 것이다.

네 번째로, 일가치감 결정요인들에 대한 중요도 판단은 현재상태 판단에 비해 일가치감 및 직무만족, 직무몰입, 직무동기 등의 조직효과성 변수들과 상관이 낮은 것으로 나타났으며, 특히, 조직효과성 변인들 중 직무만족에 비해 직무몰입과 직무동기에 대한 상관이 상대적으로 높은 것으로 나타났다. 이러한 결과는 일가치와 직무만족 간의 낮은 상관을 보고한 기존의 연구들(Aldag & Brief, 1975; Betz, 1969; Elizur & Tziner, 1977; Rounds, Dawis, & Lofquist, 1987)과 일치하는 결과이며, 또한 일가치가 개인의 동기 수준과 상관이 있다는 기존 연구들(Allport, Vernon, & Lindsey, 1951; Feather, 1982; Herzberg, Mausner, & Snyderman, 1959)과도 일치하는 결과이다.

다섯 번째로, 개인의 일에 대한 가치를 측정하기 위해 사용한 내적 및 외적 보상 지향성 척도의 타당성을 입증하고자 확인적 요인분석을 실시하였으며, 그 결과 전반적으로 이들 척도가 타당함을 입증하고 있었다. 분석결과 내적 보상 지향성과 외적 보상 지향성 간에는 중간 정도의 상관(r = -0.453)을 보이고 있었으며, 내적 보상 지향성이 외적 보상 지향성보다 높은 것으로 나타났다. 이러한 연구결과는 직장인들이 외적 보상 지향성보다 내적 보상 지향성이 더 강함을 보여주는 것으로서, 일을 통해 얻게 되는 금전적 보상보다는 일 자체를 중시하고, 보람을 느끼고 싶어하며, 일을 통한 능력발휘의 기회와 전문가로서의 성장을 중시하고 있음을 의미하는 것이다.

또한, 일가치에 대한 많은 연구들에서의 공통적인 관심 중 하나가 성별에 따른 일가치의 차이였기 때문에, 본문 중에는 제시하지 않았으나 성별에 따라 내적 및 외적 보상 지향성에 차이가 있는지를 살펴보았다. Elizur(1994), Furnham(1984), 그리고 Lynn(1993)의 연구에서 남성은 돈이나 경제적 보상에 대해 더 많은 가치를 부여하는 반면에, 여성은 소속감, 사회적 인정, 경력목표 등에 더 많은 가치를 부여한다는 연구결과들을 제시하였으며, 이러한 연구결과들에 대해 Sagie 등(1996)은 남성은 일이 지니는 도구적 가치를 중시하는 반면에 여성은 정서적 가치를 더 중시하기 때문이라고 제안하였다. 그러나 본 연구 결과에서는 기존의 연구들과 달리, 남성과 여성 모두 내적 보상 지향성이 외적 보상 지향성에 비해 더 높은 것으로 나타났다. 이러한 연구결과는 서양에서와 달리 우리나라 직장인들은 일에 대한 내재적 가치를 중시하고 있음을 의미하는 것이라 할 수 있다. 그러나 상대적으로 내적 보상 지향성은 남성(M =3.742)과 여성(M =3.664) 간에 차이가 없는 것으로 나타난 반면에, 외적 보상 지향성은 남성(M =2.459)이 여성(M =2.176)에 비해 다소 높은 것으로 나타났다($t_{(1151)}$=3.27, p =.0011)는 점은 기존의 연구결과들(Elizur, 1994; Furnham, 1984; Lynn, 1993)과 일치한다 할 수 있다.

제 5 장 연구 2: 가설검증

Ⅰ. 연구목적

일가치감은 연구자가 산업현장에서의 경험을 토대로 개념화한 것으로서, 현재 어떠한 연구도 이루어지지 않아 왔다. 따라서 본 연구에서는 사람들로 하여금 일가치감에 영향을 미치는 결정요인들을 밝히고, 일가치감이 조직효과성 변인들에 미치는 영향을 밝히고자 한다. 이를 위하여, 일가치감의 결정요인으로 업무특성 차원의 업무의 중요성, 업무수행 과정 차원의 과정의 효율성, 업무수행 결과 차원의 결과의 유용성, 개인비전 차원의 비전의 실현성, 및 사회적 평가 차원의 사회적 인정 등의 5개 요인을 설정하고, 이러한 결정요인들이 일가치감에 미치는 영향과, 일가치감이 직무만족, 직무몰입, 및 직무동기에 미치는 영향을 검증하고자 한다.

연구 2에서 검증할 가설들을 재정리하면 다음과 같다.

가설 1. 일가치감 결정요인의 충족도가 높을수록 일가치감이 높을 것이다.

　가설 1-1. 자신이 하는 업무의 중요성이 높다고 지각할수록 일가치감이 높을 것이다.

가설 1-2. 자신이 하는 업무의 과정이 효율적이라고 지각할수록 일가치감이 높을 것이다.

가설 1-3. 자신이 하는 업무의 결과가 유용성이 있다고 지각할수록 일가치감이 높을 것이다.

가설 1-4. 자신이 하는 업무가 자신의 비전 실현에 도움이 된다고 지각할수록 일가치감이 높을 것이다.

가설 1-5. 자신이 하2는 업무에서 사회적으로 인정받고 있다고 지각할수록 일가치감이 높을 것이다.

가설 2. 일가치감이 높을수록 조직효과성이 높을 것이다.

가설 2-1. 일가치감이 높을수록 직무만족이 높을 것이다.

가설 2-2. 일가치감이 높을수록 직무몰입이 높을 것이다.

가설 2-3. 일가치감이 높을수록 직무동기가 높을 것이다.

가설 3. 일가치감 결정요인의 충족도가 일가치감에 미치는 영향은 일가치감 결정요인에 대한 중요도 판단에 의해 조절될 것이다.

가설 3-1. 업무의 중요성을 중시하는 집단이 그렇지 않은 집단보다 업무의 중요성이 충족되었을 때 더 큰 일가치감을 느낄 것이다.

가설 3-2. 업무 과정의 효율성을 중시하는 집단이 그렇지 않은 집단보다 업무 과정의 효율성이 충족되었을 때 더 큰 일가치감을 느낄 것이다.

가설 3-3. 업무 결과의 유용성을 중시하는 집단이 그렇지 않은 집단보다 업무 결과의 유용성이 충족되었을 때 더 큰 일가치감을 느낄 것이다.

가설 3-4. 비전의 실현성을 중시하는 집단은 그렇지 않은 집단보다 비전의 실현성이 충족되었을 때 더 큰 일가치감을 느낄 것이다.

가설 3-5. 사회적 인정을 중시하는 집단은 그렇지 않은 집단보다 사회적 인정이 충족되었을 때 더 큰 일가치감을 느낄 것이다.

가설 4. 내적 보상 지향성 집단이 외적 보상 지향성 집단보다 조직효과성이 높을 것이다.

가설 4-1. 내적 보상 지향성 집단이 외적 보상 지향성 집단보다 직무만족이 높을 것이다.

가설 4-2. 내적 보상 지향성 집단이 외적 보상 지향성 집단보다 직무몰입이 높을 것이다.

가설 4-3. 내적 보상 지향성 집단이 외적 보상 지향성 집단보다 직무동기가 높을 것이다.

가설 5. 일가치감이 조직효과성에 미치는 영향은 내적 보상 지향성 집단과 외적 보상 지향성 집단에서 다르게 나타날 것이다.

가설 5-1. 일가치감이 높을 때에는 내/외 보상 지향성에 따라 직무만족에 차이가 작지만, 일가치감이 낮을 때에는 내적 보상 지향성 집단이 외적 보상 지향성 집단에 비해 직무만족이 더 높을 것이다.

가설 5-2. 일가치감이 높을 때에는 내/외 보상 지향성에 따라 직무몰입에 차이가 작지만, 일가치감이 낮을 때에는 내적 보상 지향성 집단이 외적 보상 지향성 집단에 비해 직무몰입이 더 높을 것이다.

가설 5-3. 일가치감이 높을 때에는 내/외 보상 지향성에 따라 직무동기에 차이가 작지만, 일가치감이 낮을 때에는 내적 보상 지향성 집단이 외적 보상 지향성 집단에 비해 직무동기가 더 높을 것이다.

Ⅱ. 방법 및 절차

1. 조사대상자

본 연구 2에서의 가설검증에 이용된 대상은 연구 1의 척도개발에 이용되었던 1,158명이다.

2. 조사도구

1) 일가치감 결정요인 척도

일가치감 결정요인 척도는 연구 1에서 개발한 척도들로서, 업무의 중요성, 과정의 효율성, 결과의 유용성, 비전의 실현성, 사회적 인정 등에 대한 중요도 판단(22문항)과 현재상태 판단(22문항)을 요구하는 전체 44개 문항으로 구성되어 있다. 현재상태 문항은 '전혀 그렇지 않다(1점)'에서 '매우 그렇다(7점)'의 7점 척도로 구성되어 있었으며, 중요도 판단 문항은 '전혀 중요하지 않다(1점)'에서 '매우 중요하다(7점)'의 7점 척도로 구성되어 있었다. 척도의 구성에 대한 자세한 설명은 연구 1의 조사도구에 제시되어 있다.

2) 일가치감 척도

일가치감에 대한 측정은 연구 1에서 개발한 척도를 이용하였다. 일가치감 척도는 일관련 가치(3문항), 자기관련 가치(3문항), 및 가치관련 정서(8문항)를 측정하는 전체 14개 문항으로 구성되어 있었다. 이들 각각의 문항에 대하여 자신의 현재 모습과 얼마나 일치하는지를 '전혀 그렇지 않다(1)'에서 '매우 그렇다(7)'의 7점 척도로 응답하게 하였다. 척도의 구성에 대한 자세한 설명은 연구 1의 조사도구에 제시되어 있다.

3) 조직효과성 척도

조직효과성의 변인으로는 직무만족, 직무몰입, 직무동기를 이용하였다. 이들 변인들에 대한 측정은 연구 1의 척도개발을 통해 개발된 척도들을 이용하였다. 직무만족은 Hackman과 Oldham(1974)이 개발한 직무진단조사(JDS)를 연구자가 일부 수정한 15개 문항을 이용하였으며, 직무몰입은 Cook, Hepworth, Wall, 그리고 Warr(1981)의 직무몰입 척도를 일부 수정한 7개 문항을 이용하였다. 마지막으로 직무동기는 Van de ven과 Ferry(1980)의 직무동기 척도를 수정한 5개 문항을 이용하였다. 이들 각각의 문항에 대하여 자신의 현재 모습과 얼마나 일치하는지를 '전혀 그렇지 않다(1)'에서 '매우 그렇다(7)'의 7점 척도로 응답하게 하였다. 척도의 구성에 대한 자세한 설명은 연구 1의 조사도구에 제시되어 있다.

3. 분석방법

먼저 일가치감 결정요인들이 일가치감에 미치는 영향을 검증하기에 앞서, 일가치감 결정요인들의 효과에서 인구통계적 변인들의 효과를 제거하기 위하여, 성별, 연령, 학력, 혼인여부, 직급, 근속년수, 담당업무, 직종, 직장위치, 회사규모를 독립변수로 하여 F검증을 실시하였다. 그

런 뒤, 이들 인구통계적 변수들 중 일가치감에 유의한 영향을 미치는
변인들만을 이용하여, 위계적 중다회귀 분석을 실시하였다. 분석의 1단
계에서는 일가치감에 유의한 영향을 미치는 인구통계변수들을 dummy
변수로 전환하여 회귀모형에 투입한 뒤, 2단계에서 일가치감 결정요인
들의 현재상태 판단과 중요도 판단을 예언변인으로 하여 모형에 추가
하였으며, 마지막 3단계에서 현재상태 판단과 중요도 판단의 상호작용
항을 모형에 추가한 뒤, 각 단계에서의 β계수에 대한 유의도 검증을
실시하였다.

두 번째는 일가치감이 직무만족, 직무몰입, 직무동기 등의 조직효과
성 변인에 미치는 효과를 검증하고, 그러한 효과가 내적 및 외적 보상
지향성에 의해 조절되는지를 검증하기 위해 위계적 중다회귀 분석을
실시하였다. 이를 위해 먼저, 응답자들을 내적 보상 지향성 점수와 외
적 보상 지향성 점수의 중앙값(median)을 이용하여 1) 내재적 지향성만
높은 집단, 2) 외재적 지향성만 높은 집단, 3) 둘 다 높은 집단, 4) 둘
다 낮은 집단으로 4개의 집단을 구분한 뒤, 이들 중 내적 보상 지향성
만 높은 집단과 외적 보상 지향성만 높은 집단을 대상으로 분석을 실
시하였다. 일가치감 결정요인에서와 동일한 방법으로, 1단계에서 인구
통계적 변수들을 모형에 투입한 뒤, 2단계에서 일가치감(연속변수)과
내적/외적 보상 지향성(분류변수)을 모형에 투입하였고, 3단계에서 이
두 변수의 상호작용항을 모형에 추가하였다. 그런 뒤 2단계에서의 각
항의 β계수에 대한 유의도 검증과, 3단계에서의 β계수에 대한 유의도
검증을 실시하였다.

마지막으로, 일가치감 결정요인들이 직무만족, 직무몰입, 직무동기 등
의 조직효과성 변인에 미치는 효과를 일가치감이 매개하는지를 알아보
기 위해, Baron과 Kenny(1986)가 제안한 위계적 회귀분석 방법을 이용
하여 매개효과 분석을 실시하였다. 이들이 제안한 방법에 따르면, 1단
계에서 선행요인(A)이 매개변인(B)에 미치는 효과(β_{BA})를 분석하고, 2단

계에서 매개변인(B)이 결과변인(C)에 미치는 효과(β_{CB})를 분석하며, 3단계에서 선행변인(A)이 결과변인(C)에 미치는 효과(β_{CA})를 분석하고, 4단계에서 선행변인(A)이 결과변인(C)에 미치는 효과에서 매개변수(B)의 효과를 제거했을 때의 효과($\beta_{CA,B}$)를 분석한 뒤, 3단계에서의 β_{BC}계수와 4단계에서의 $\beta_{CA,B}$에 대한 차이검증을 실시한다. 따라서 본 연구에서는 일가치감 결정요인들에 대한 중요도 판단(A_1), 현재상태 판단(A_2), 및 이들 간의 상호작용($A_1 \times A_2$)을 선행변인(A)으로 이용하였으며, 매개변인(B)으로는 일가치감(B_1), 내 / 외 보상 지향성(B_2), 및 이들 간의 상호작용($B_1 \times B_2$)을 이용하였다. 또한, 선행변인과 매개변인이 하나의 변수가 아니므로, β값이 아닌 모형의 R^2을 이용하여 각 단계에서의 R^2에 대한 유의도 검증을 실시하였으며, 최종적으로 3단계에서의 R^2과 4단계에서의 R^2에 대한 ΔR^2에 대한 유의도 검증을 통해 매개효과를 분석하였다.

가설검증에서의 모든 분석들은 SAS 8.03을 이용하였다.

Ⅲ. 분석결과

1. 일가치감 결정요인들이 일가치감에 미치는 영향

일가치감 결정요인들이 일가치감에 미치는 영향에 대한 가설검증을 위해 위계적 중다회귀 분석을 실시하였다. 먼저, 일가치감에 미치는 인구통계적 변인들의 효과를 알아보기 위해 성별, 혼인여부, 학력, 연령, 직급, 담당업무, 회사직종, 재직기간, 회사위치, 회사규모 등의 인구통계

적 변인들을 예언변인으로 하여 F검증을 실시하였다. 분석결과, 표 6-1
에 제시한 바와 같이, 이들 인구통계변수들의 전체 설명변량은 11.33%
로 통계적으로 유의하였으며, $F(31,1043)=4.30$, $p<.0001$, 이들 중 성
별, 혼인여부, 직급, 담당업무, 회사직종, 재직기간, 회사규모 등이 유의
한 것으로 나타났다. 따라서 이러한 결과를 해석하기 위하여 Duncan의
중다범위검증(multiple range test)을 이용한 사후분석을 실시하였으며,
그 결과는 표 6-2에 제시하였다.

표 6-1 일가치감에 미치는 인구통계변수들의 효과에 대한 F - 검증결과

독립변인	df	SS	MS	F	p
성 별	1	9.128	9.128	9.66	.0019
혼인여부	1	6.474	6.474	6.85	.0090
학 력	3	1.784	0.594	0.63	.5962
연 령	3	3.122	1.040	1.10	.3476
직 급	5	36.923	7.384	7.81	.0001
담당업무	4	13.430	3.357	3.55	.0069
회사직종	4	9.857	2.464	2.61	.0344
재직기간	4	9.376	2.344	2.48	.0424
회사위치	3	1.362	0.454	0.48	.6959
회사규모	3	9.720	3.240	3.43	.0166

$R^2=0.1133$, $F(31,1043)=4.30$, $p<.0001$

표 6-2 일가치감에 대한 인구통계변수들의 집단 간 차이검증 결과

변수	수준	평균	사례수	Duncan 검증결과	변수	수준	평균	사례수	Duncan 검증결과
성별	남	4.587	734	a	담당 업무	지원(관리)	4.342	478	b
	여	4.185	341	b		영 업	4.558	156	ab
						기 술	4.590	170	a
혼인 여부	기혼	4.572	546	a		연 구	4.559	68	ab
	미혼	4.343	529	b		기 타	4.517	203	ab

변수	수준	평균	사례수	Duncan 검증결과	변수	수준	평균	사례수	Duncan 검증결과
직급	사원	4.299	566	c	재직 기간	1-3년	4.433	460	b
	대리	4.538	252	bc		4-5년	4.520	138	b
	과장	4.557	136	bc		6-10년	4.457	254	b
	차장	4.821	48	b		11-15년	4.337	149	b
	부장	4.877	43	ab		16년 이상	4.769	74	a
	임원	5.204	30	a					
직종	금융	4.425	122	a	회사 규모	300명 미만	4.407	208	ab
	제조	4.303	209	a		500명 미만	4.283	50	b
	유통	4.513	60	a		1000명 미만	4.209	40	b
	서비스	4.555	440	a		1000명 이상	4.563	361	a
	기타	4.425	244	a					

주. a>b, p<.05

검증결과, 남성이 여성에 비해, 기혼자가 미혼자에 비해 일가치감이 높은 것으로 나타났으며, 직급이 높을수록 일가치감이 높은 것으로 나타났다. 담당업무별로는 지원(관리)직이 다른 업무들에 비해 상대적으로 일가치감이 낮은 것으로 나타났으며, 기술직과의 차이가 통계적으로 유의한 것으로 나타났다. 재직기간별로는 전반적으로 재직기간이 길수록 일가치감이 높아지다가 11~15년 사이의 재직기간일 때 일가치감이 떨어졌다가 다시 16년 이상이 되면 일가치감이 높아지는 것으로 나타났다. 회사규모에서는 1000명 이상의 조직이 300명에서 1000명 미만의 조직에 비해 일가치감이 높은 것으로 나타났다. 직종별로는 세부직종들 간에 차이가 없는 것으로 나타났다.

이러한 분석을 통해 일가치감에 대한 성별, 혼인여부, 직급, 직종, 담당업무, 재직기간, 회사규모의 영향이 유의한 것으로 나타났으므로, 이들 인구통계적 변수들의 효과에 추가적으로 설명하는 일가치감 결정요인들의 효과를 검증하기 위하여, 1단계에서 이들 인구통계적 변수들을

dummy 변수로 하여 회귀모형에 투입한 뒤, 2단계에서 일가치감 결정요인들 각각의 현재상태와 중요도 판단을 모형에 추가하였고, 3단계에서 두 변인 간의 상호작용을 모형에 포함하였다.

분석결과, 아래의 표 6-3에 제시한 바와 같이, 2단계에서 5개 결정요인들 모두의 증분설명변량(ΔR^2)이 유의한 것으로 나타났으나 각 결정요인에 대한 현재상태 판단만이 유의하고 중요도 판단은 유의하지 않은 것으로 나타났다. 마지막 3단계에서는 업무의 중요성($\Delta R^2 = 0.006$, $F(1, 1063) = 12.91$, $p < .001$), 결과의 유용성($\Delta R2 = 0.005$, $F(1, 1063) = 1141$, $p < .01$), 및 비전의 실현성($\Delta R2 = 0.002$, $F(1, 1063) = 4.68$, $p < .05$) 등 3개 결정요인들에서만 현재상태와 중요도의 상호작용($A \times B$)에 의한 증분설명변량이 유의한 것으로 나타났다.

이러한 결과는 일가치감 결정요인들의 주 효과에 대한 가설 1-1, 1-2, 1-3, 1-4, 및 1-5가 입증되었음을 의미하는 것으로서, 자신이 하는 업무의 중요성이 높을수록, 업무과정이 효율적으로 진행될수록, 업무결과의 유용성이 클수록, 현재의 업무가 개인비전의 실현에 도움이 될수록, 그리고 자신의 업무수행에 대해 사회적 인정이 주어질수록 사람들은 자신의 일에 대한 일가치감이 높아짐을 의미하는 것이며, 특히 일가치감 결정요인들 중 업무의 중요성, 결과의 유용성, 비전의 실현성 등에서는 이들 결정요인들을 중요시하는 사람들일수록 그러한 결정요인들이 충족되었을 때 일가치감이 더욱 높아짐을 의미하는 것이다. 이들 조절효과에 대한 해석을 용이하게 하기 위해 업무의 중요성, 결과의 유용성, 및 비전의 실현성에 대한 각각의 현재상태와 중요도 판단의 중앙값을 이용하여 집단을 나눈 뒤, 각 집단의 평균값을 아래의 그림 6-1에 제시하였다.

표 6-3 인구통계변수를 통제한 후, 일가치감에 대한 결정요인의 중요도 판단,
현재상태 판단 및 상호작용 효과에 대한 위계적 중다회귀 분석결과

단계	예언변인	B계수	β계수	표준오차	t	p
	성 별	-.230	-.105**	.077	-2.98	.0029
	혼인여부	-.167	-.082*	.077	-2.16	.0309
		.233	.097**	.083	2.79	.0053
		.305	.099**	.106	2.87	.0042
	직 급	.533	.107**	.164	3.24	.0012
		.539	.103**	.175	3.07	.0022
		.874	.140***	.189	4.62	.0001
		.152	.052	.095	1.60	.1108
	담당업무	.253	.091**	.091	2.77	.0057
		.275	.065*	.129	2.12	.0339
		.256	.098**	.086	2.97	.0031
1		-.078	-.030	.120	-0.65	.5126
	직 종	.245	.055	.162	1.52	.1295
		.210	.101*	.105	2.00	.0462
		.125	.051	.123	1.02	.3066
		.026	.008	.099	0.27	.7904
	재직기간	-.194	-.080*	.093	-2.08	.0380
		-.349	-.119**	.109	-3.19	.0015
		-.157	-.038	.152	-1.03	.3030
		-.141	-.039	.113	-1.25	.2116
	회사규모	-.143	-.032	.135	-1.06	.2889
		.148	.072	.077	1.92	.0553
	R^2=.1071, F(22,1066)=5.81, p<.0001					
	현재상태(A)	.698***	.539***	.693***	.715***	.655***
2	중요도(B)	-.041	.038	-.015	-.015	.017
	ΔR^2	.393***	.272***	.422***	.435***	.393***
	R^2	.500***	.379***	.529***	.542***	.510***
	A×B	.666***	.198	.473**	.384*	-.120
3	ΔR^2	.006***	.001	.005**	.002*	.000
	R^2	.506***	.379***	.534***	.544***	.510***

* p<.05, ** p<.01, *** p<.001

　　그림을 통해 볼 수 있듯이, 업무의 중요성, 결과의 유용성, 및 비전의 실현성 모두에서 이들 결정요인들을 중시하는 사람들은 그렇지 않는 사람들에 비해, 이들 결정요인이 충족되지 않았을 때에는 오히려 일가치감을 더 낮게 느끼는 반면에, 그 결정요인이 충족되었을 때에는 일가치감을 더 높게 느끼는 것으로 나타났다. 이러한 결과는 본 연구에서 설정한 일가치감 결정요인들을 중시하는 사람들일수록 그것의 충족정도가 일가치감에 미치는 영향이 클 것이라는 가설들 중 3-1, 3-3, 및 3-4가 지지된 반면에, 가설 3-2와 3-5는 기각되었음을 의미하는 것이라 할 수 있다.

그림 6-1 일가치감 결정요인의 현재상태(고 / 저) × 중요도(고 / 저)
집단별 일가치감 평균

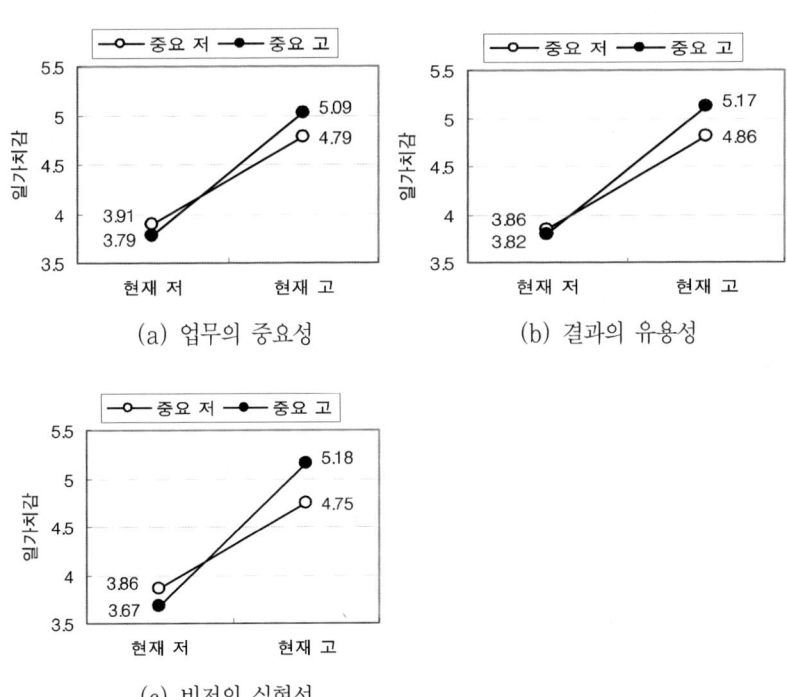

마지막으로, 가설에는 설정하지 않았으나, 일가치감에 미치는 5가지 결정요인들의 영향에 대한 상대적 중요성을 알아보기 위해 위계적 중다회귀 분석을 실시하였다. 앞에서와 마찬가지로, 일가치감에 대한 인구통계 변인들의 효과를 통제하기 위해 1단계에서 인구통계변인들을 dummy변수로 바꾸어 모형에 투입한 뒤, 2단계에서 5가지 일가치감 결정요인들의 현재상태를 추가로 모형에 투입하였다. 분석결과 아래의 표 6-4와 같이 이들 5가지 결정요인의 현재상태가 설명하는 추가설명변량은 58.65%로 유의하였으며, $F(5,1061)=406.18$, $p<.0001$, 각 결정요인들의 현재상태가 갖는 β값들 또한 모두 유의한 것으로 나타났다. β값을 기준으로 이들 결정요인의 현재상태가 일가치감에 미치는 영향의 상대적 강도를 비교해 보면, 사회적 인정(β=.268)이 가장 크고, 결과의 유용성 (β=.245)과 비전의 실현성 (β=.243), 업무의 중요성(β=.161)이 다음으로 높았으며, 과정의 효율성(β=.063)이 가장 낮은 것으로 나타났다.

표 6-4 인구통계변수를 통제한 후, 일가치감 결정요인들의 충족도가 일가치감에 미치는 효과에 대한 위계적 중다회귀 분석결과

단 계	예언변인	B계수	β계수	표준오차	t	p
	성 별	-.230	-.105	.077	-2.98	.0029
	혼인여부	-.167	-.082	.077	-2.16	.0309
	직 급	.233	.097	.083	2.79	.0053
		.305	.099	.106	2.87	.0042
		.533	.107	.164	3.24	.0012
		.539	.103	.175	3.07	.0022
		.874	.140	.189	4.62	.0001
1	담당업무	.152	.052	.095	1.60	.1108
		.253	.091	.091	2.77	.0057
		.275	.065	.129	2.12	.0339
		.256	.098	.086	2.97	.0031
	직 종	-.078	-.030	.120	-0.65	.5126
		.245	.055	.162	1.52	.1295
		.210	.101	.105	2.00	.0462
		.125	.051	.123	1.02	.3066

단 계	예언변인	B계수	β계수	표준오차	t	p
1	재직기간	.026	.008	.099	0.27	.7904
		-.194	-.080	.093	-2.08	.0380
		-.349	-.119	.109	-3.19	.0015
		-.157	-.038	.152	-1.03	.3030
	회사규모	-.141	-.039	.113	-1.25	.2116
		-.143	-.032	.135	-1.06	.2889
		.148	.072	.077	1.92	.0553
	R^2=.1071, F(22,1066)=5.81, p<.0001					
2	업무의 중요성	.162	.161	.028	5.67	.0001
	과정의 효율성	.067	.063	.024	2.74	.0062
	결과의 유용성	.250	.245	.027	8.96	.0001
	비전의 실현성	.208	.243	.024	8.57	.0001
	사회적 인정	.290	.268	.025	11.22	.0001
	ΔR^2=.5865, F(5,1061)=406.18, p<.0001					
	R^2=.6936, F(27, 1061)=88.97, p<.0001					

2. 일가치감이 조직효과성에 미치는 영향

일가치감이 직무만족, 직무몰입, 직무동기 등의 조직효과성 변인에
미치는 영향을 알아보고, 이러한 영향이 내적 보상 지향성의 사람들과
외적 보상 지향성의 사람들에게서 다르게 나타나는지를 검증하기 위해
위계적 중다회귀 분석을 실시하였다.

이를 위해 먼저 내적 보상 지향성 점수의 중앙치(Mdn=3.94)를 이용
하여 내적 보상 지향성이 높은 집단과 낮은 집단을 구분하였고, 외적
보상 지향성 점수의 중앙치(Mdn=2.14)를 이용하여 외적 보상 지향성
이 높은 집단과 낮은 집단을 구분하여 4개의 집단(외적 보상 지향성
집단, 내적 보상 지향성 집단, 둘 다 낮은 집단, 둘 다 높은 집단)을

구분하였다. 4개 집단의 사례수는 표 6-5에 제시하였다. 이 중 내적 보상 지향성은 높고 외적 보상 지향성은 낮은 514명(44.39%)의 내적 보상 지향성 집단과, 외적 보상 지향성은 높고 내적 보상 지향성은 낮은 289명(24.96%)의 외적 보상 지향성 집단만을 분석에 포함하였다.

일가치감과 내/외 보상 지향성이 직무만족에 미치는 영향에 대한 위계적 중다회귀 분석결과를 아래의 표 6-6에 제시하였다. 1단계에서는 본 연구에서 사용한 인구통계적 변수들을 모두 dummy변수로 전환하여 모형에 투입한 결과(직무동기에 미치는 인구통계변수의 효과는 관심의 대상이 아니므로 F검증과 사후분석을 생략하였으며, 인구통계 변인의 각 수준별 일가치감, 직무만족, 직무몰입, 직무동기의 평균과 표준편차는 <부록 5>에 제시하였음), 이들 인구통계변수에 의한 직무만족의 설명변량은 16.88%로 통계적으로 유의하였다(F(31,719)=4.71, p〈.0001). 그런 뒤, 2단계에서 일가치감과 내/외 보상 지향성의 주 효과를 모형에 투입한 결과 이들 두 변인이 인구통계변수의 효과에 추가적으로 직무만족을 설명하는 증분설명변량은 42.70%로 유의하였으며, F(2,717)=378.72, p〈.0001, 또한 두 변수의 주 효과가 모두 α=.0001 수준에서 유의한 것으로 나타났다. 이러한 결과는 일가치감이 직무만족에 정적인 영향을 미칠 것이라는 가설 2-1과, 내적 보상 지향성 집단이 외적 보상 지향성 집단에 비해 직무만족이 높을 것이라는 가설 4-1을 지지하는 결과이다. 그러나 3단계에서 일가치감과 내/외 보상 지향성의 상호작용항(A × B)을 모형에 투입했을 때의 증분설명변량(ΔR^2)은 통계적으로 유의하지 않았으며, 이러한 결과는 내/외 집단 간 직무만족에서의 차이가 일가치감이 높을 때보다 낮을 때 더 클 것이라는 가설 5-1이 기각되었음을 의미하는 것이다.

표 6-5 내적 및 외적 보상 지향성의 고 / 저에 따른 사례수 분포

내적 보상 지향성	외적 보상 지향성		전 체
	저	고	
저	179(15.46%)	289(24.96%)	468(40.41%)
고	514(44.39%)	176(15.20%)	690(59.59%)
전체	693(59.84%)	465(40.16%)	1158(100.0%)

표 6-6 인구통계변수 통제 후, 일가치감과 내 / 외
보상 지향성이 직무만족에 미치는 영향

단계	예언변인	B계수	β계수	표준오차	t	p
1	성 별	-0.234	-0.115	.085	-2.73	.0065
	혼인여부	-0.156	-0.083	.090	-1.72	.0852
	직 급	0.091	0.040	.100	0.91	.3649
		0.406	0.149	.122	3.32	.0010
		0.378	0.078	.194	1.95	.0519
		0.435	0.093	.201	2.17	.0306
		0.547	0.095	.212	2.58	.0101
	직 무	0.054	0.020	.103	0.52	.6002
		-0.067	-0.025	.101	-0.66	.5099
		0.131	0.032	.156	0.84	.3998
		0.154	0.064	.094	1.63	.1025
	직 종	-0.250	-0.104	.135	-1.85	.0649
		-0.007	-0.001	.178	-0.04	.9662
		0.136	0.070	.114	1.19	.2344
		0.089	0.040	.131	0.68	.4966
	재직기간	-0.099	-0.035	.110	-0.91	.3653
		-0.225	-0.102	.110	-2.05	.0412
		-0.252	-0.096	.127	-1.98	.0484
		-0.270	-0.069	.202	-1.34	.1811
	회사규모	-0.011	-0.003	.125	-0.09	.9298
		0.327	0.089	.135	2.42	.0159
		0.509	0.270	.085	5.96	.0001
	연 령	-0.145	-0.076	.247	-0.59	.5573
		-0.261	-0.138	.236	-1.11	.2683
		-0.122	-0.038	.219	-0.56	.5763
	회사위치	-0.392	-0.199	.236	-1.66	.0973
		-0.498	-0.170	.249	-2.00	.0460
		-0.368	-0.160	.243	-1.52	.1300

단계	예언변인	B계수	β계수	표준오차	t	p
1	학 력	0.074	0.031	.154	0.48	.6296
		0.092	0.038	.153	0.61	.5453
		0.055	0.029	.132	0.42	.6766
	$R^2=.1688$, F(31,719)=4.71, p<.0001					
2	일가치감(A)	.610	.667	.023	25.67	.0001
	내/외 보상 지향성(B)	.229	.117	.049	4.65	.0001
	$\Delta R^2=.4270$, F(2,717)=378.72, p<.0001					
	$R^2=.5958$, F(33,717)=32.02, p<.0001					
3	A×B	.004	.014	.046	0.10	.9215
	$\Delta R^2=.0000$, F(1,716)=0.0, n.s					
	$R^2=.5958$, F(34,716)=31.04, p<.0001					

일가치감과 내 / 외 보상 지향성이 직무몰입에 미치는 영향에 대한 위계적 중다회귀 분석결과를 아래의 표 6-7에 제시하였다. 1단계에서 10가지 유형의 인구통계변수들을 투입한 결과 전체 설명변량은 18.95%로 유의하였다(F(31,719)=5.42, p〈.0001).

그런 뒤 2단계에서, 일가치감과 내 / 외 보상 지향성의 주 효과를 모형에 투입한 결과 이들 두 변인이 직무몰입을 추가로 설명하는 증분설명변량(ΔR^2)은 39.55%로 유의하였으며, F(2,717)=341.65, p〈.0001, 또한 두 변수의 주 효과가 모두 α=.0001 수준에서 유의한 것으로 나타났다. 이러한 결과는 일가치감이 직무몰입에 정적인 영향을 미칠 것이라는 가설 2-2와, 내적 보상 지향성 집단이 외적 보상 지향성 집단에 비해 직무몰입이 높을 것이라는 가설 4-2를 지지하는 결과이다. 또한, 3단계에서 일가치감과 내 / 외 보상 지향성의 상호작용항(A × B)을 모형에 투입했을 때의 증분설명변량(ΔR^2)은 0.17%로 α=0.1 수준에서 가까스로 유의한 것으로 나타났다, F(1,716)=2.94, p〈0.1. 따라서 이러한 조절효과를 해석하기 위해 일가치감 점수의 중앙치(Mdn=4.43)를 기준으로 집단을 2

등분한 뒤, 내 / 외 보상 지향성에 따른 일가치감이 높은 집단과 낮은 집
단에서의 직무몰입 평균을 아래의 그림 6-2에 제시하였다.

표 6-7 인구통계변수 통제 후, 일가치감과 내 / 외 보상 지향성이
직무몰입에 미치는 영향

단 계	예언변인	B계수	β계수	표준오차	t	p
	성 별	-0.234	-0.117	.083	-2.81	.0051
	혼인여부	-0.084	-0.045	.088	-0.95	.3408
		0.303	0.136	.097	3.10	.0020
		0.408	0.151	.119	3.42	.0007
	직 급	0.535	0.112	.189	2.83	.0048
		0.364	0.079	.195	1.86	.0630
		0.712	0.126	.206	3.45	.0006
		0.107	0.041	.100	1.06	.2882
	직 무	0.143	0.055	.098	1.44	.1490
		0.393	0.097	.152	2.58	.0101
		0.296	0.125	.092	3.21	.0014
		-0.146	-0.061	.131	-1.11	.2689
	직 종	0.024	0.005	.174	0.14	.8882
		0.154	0.081	.111	1.38	.1674
		0.074	0.034	.128	0.58	.5596
1		-0.126	-0.045	.107	-1.17	.2405
	재직기간	-0.127	-0.058	.107	-1.19	.2340
		-0.100	-0.038	.124	-0.80	.4214
		-0.064	-0.016	.196	-0.33	.7438
		-0.058	-0.017	.121	-0.48	.6315
	회사규모	-0.108	-0.030	.131	-0.83	.4093
		0.405	0.218	.083	4.87	.0001
		-0.259	-0.138	.240	-1.08	.2816
	연 령	-0.406	-0.217	.230	-1.77	.0776
		-0.044	-0.014	.213	-0.21	.8349
		-0.522	-0.268	.230	-2.27	.0237
	회사위치	-0.601	-0.208	.242	-2.48	.0135
		-0.456	-0.201	.236	-1.93	.0544
		0.164	0.071	.150	1.09	.2764
	학 력	0.246	0.104	.149	1.65	.0989
		0.181	0.097	.128	1.41	.1590
R^2=.1895, F(31,719)=5.42, p<.0001						

단 계	예언변인	B계수	β계수	표준오차	t	p
2	일가치감(A)	.575	.637	.023	24.19	.0001
	내 / 외 보상 지향성(B)	.244	.126	.049	4.95	.0001
	$\Delta R^2 = .3955$, F(2,717)=341.65, p<.0001					
	$R^2 = .5850$, F(33,717)=30.62, p<.0001					
3	A × B	-.081	-.261	.046	-1.75	.0806
	$\Delta R^2 = .0017$, F(1,716)=2.94, p<0.1					
	$R^2 = .5867$, F(34,716)=29.90, p<.0001					

그림 6-2 내 / 외 보상 지향성 × 일가치감(고 / 저) 집단별 직무몰입 평균

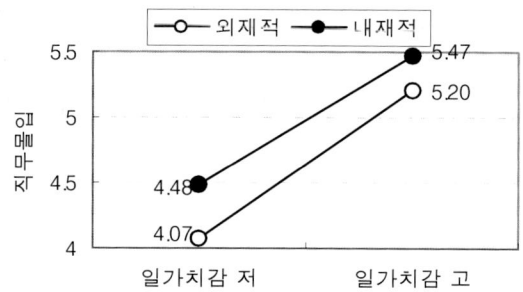

그림 6-2에서 볼 수 있듯이, 일가치감이 낮은 경우에는 내적 보상 지향성 집단과 외적 보상 지향성 집단 간의 직무몰입의 차이가 큰 반면에, 일가치감이 높은 경우에는 이 두 집단 간 직무몰입의 차이가 작은 것으로 나타났다. 이러한 결과는 내 / 외 보상 지향성 집단 간 직무몰입에서의 차이가 일가치감이 높을 때보다 낮을 때 더 클 것이라는 가설 5-2를 부분적으로 지지하는 결과이다.

마지막으로, 일가치감과 내 / 외 보상 지향성이 직무동기에 미치는 영향에 대한 위계적 중다회귀 분석결과를 아래의 표 6-8에 제시하였다. 1단계에서 인구통계변수들을 모두 투입한 결과, 이들이 직무동기를 설명하는 설명변량은 15.10%로 유의하였다, F(31,719)=4.12, p<.0001. 그런 뒤, 2단계에서 일가치감과 내 / 외 보상 지향성의 주 효과를 모형에

투입한 결과 이들 두 변인이 직무동기를 설명하는 추가설명변량은 27.74%로 유의하였고, $F_{(2,717)} = 341.65$, $p < .0001$, 일가치감의 주 효과는 $\alpha = .0001$ 수준에서 유의하였고 내 / 외 보상 지향성의 주 효과는 $\alpha = .05$ 수준에서 유의한 것으로 나타났다. 이러한 결과는 일가치감이 직무동기에 정적인 영향을 미칠 것이라는 가설 2-3과, 내적 보상 지향성 집단이 외적 보상 지향성 집단에 비해 직무동기가 높을 것이라는 가설 4-3을 지지하는 결과이다. 또한, 3단계에서 일가치감과 내 / 외 보상 지향성의 상호작용항(A × B)을 모형에 투입했을 때의 증분설명변량($\Delta R^2 = .0048$)이 유의한 것으로 나타났다, $F_{(1,716)} = 6.07$, $p < .05$. 따라서 직무몰입에서와 동일한 방법으로 일가치감 점수의 중앙치(Mdn = 4.43)를 기준으로 집단을 2등분한 뒤, 내 / 외 보상 지향성에 따른 일가치감이 높은 집단과 낮은 집단에서의 직무동기 평균을 아래의 그림 6-3에 제시하였다. 그림에서 볼 수 있듯이, 일가치감이 낮은 경우에는 내적 보상 지향성 집단이 외적 보상 지향성 집단에 비해 직무동기 높은 반면에, 일가치감이 높은 경우에는 내적 보상 지향성 집단과 외적 보상 지향성 집단의 직무동기 수준이 거의 차이가 없는 것으로 나타났다. 이러한 결과는 일가치감이 높을 때에는 내 / 외 보상 지향성에 따라 직무동기에 차이가 없지만, 일가치감이 낮을 때에는 내재적 집단이 외재적 집단보다 직무동기가 높을 것이라는 가설 5-3을 지지하는 결과이다.

표 6-8 인구통계변수 통제 후, 일가치감과 내 / 외 보상
지향성이 직무동기에 미치는 영향

단 계	예언변인	B계수	β계수	표준오차	t	p
	성 별	-0.105	-0.057	.078	-1.35	.1771
	혼인여부	-0.074	-0.043	.083	-0.90	.3710
		0.310	0.152	.091	3.38	.0008
		0.375	0.152	.112	3.35	.0009
	직 급	0.552	0.125	.179	3.08	.0021
		0.679	0.161	.183	3.70	.0002
		0.778	0.150	.193	4.02	.0001

단 계	예언변인	B계수	β계수	표준오차	t	p
		0.051	0.021	.094	0.54	.5865
	직 무	0.136	0.057	.092	1.47	.1426
		0.466	0.126	.142	3.26	.0012
		0.299	0.138	.086	3.46	.0006
		−0.271	−0.125	.124	−2.18	.0295
	직 종	0.050	0.013	.163	0.31	.7591
		0.028	0.016	.105	0.27	.7888
		−0.121	−0.060	.120	−1.00	.3163
		−0.003	−0.001	.100	−0.03	.9756
	재직기간	−0.105	−0.052	.100	−1.05	.2955
		−0.065	−0.027	.116	−0.56	.5764
		−0.011	−0.003	.185	−0.06	.9514
1		−0.105	−0.035	.114	−0.92	.3559
	회사규모	−0.063	−0.019	.124	−0.51	.6112
		0.273	0.160	.078	3.49	.0005
		0.148	0.085	.226	0.65	.5129
	연 령	0.066	0.038	.216	0.31	.7592
		0.158	0.054	.200	0.79	.4314
		−0.456	−0.255	.216	−2.11	.0351
	회사위치	−0.440	−0.166	.227	−1.93	.0537
		−0.319	−0.153	.222	−1.44	.1509
		0.375	0.176	.141	2.65	.0082
	학 력	0.334	0.153	.140	2.39	.0172
		0.258	0.151	.120	2.14	.0331
	$R^2 = .1510$, $F(31,719) = 4.12$, $p < .0001$					
	일가치감(A)	.451	.545	.025	17.62	.0001
2	내／외 보상 지향성(B)	.136	.077	.053	2.57	.0103
	$\Delta R^2 = .2774$, $F(2,717) = 341.65$, $p < .0001$					
	$R^2 = .4284$, $F(33,717) = 173.98$, $p < .0001$					
3	A × B	−.123	−.431	.050	−2.46	.0140
	$\Delta R^2 = .0048$, $F(1,716) = 6.07$, $p < .05$					
	$R^2 = .4332$, $F(34,716) = 16.07$, $p < .0001$					

그림 6-3 내 / 외 보상 지향성×일가치감(고 / 저) 집단별 직무동기 평균

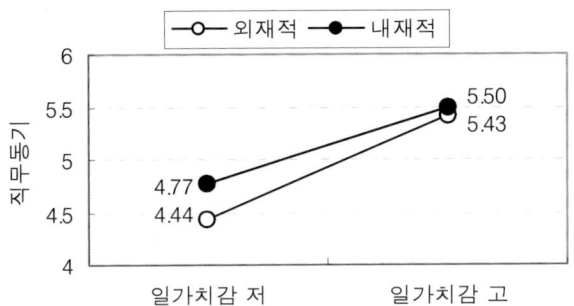

3. 일가치감의 매개효과 검증

일가치감 결정요인들이 직무만족, 직무몰입, 직무동기 등의 조직효과성 변인들에 미치는 영향이 일가치감을 통해 매개되는지를 살펴보기 위해 Baron과 Kenny(1986)가 제안한 위계적 회귀분석 방식을 이용하여 매개효과 검증을 실시하였다.

먼저 일가치감이 직무만족에 대해 갖는 매개효과에 대한 검증결과를 표 6-9에 제시하였다. 표에서 볼 수 있듯이, 모든 결정요인들에서 선행변인들이 매개변인에 미치는 효과(A→B 효과), 매개변수가 직무만족에 미치는 효과(B→C 효과), 및 선행변수가 직무만족에 미치는 효과(A→C 효과)가 유의한 것으로 나타났다. 또한, 4단계에서 매개변인의 효과를 제거했을 때의 선행변수에서 매개변수에 미치는 직접효과가, 업무의 중요성을 제외하고는 모두 유의미한 것으로 나타났다. 이러한 결과는 본 연구에서 제시한 매개변수(즉, 일가치감과 내 / 외 보상 지향성 및 이들 간의 상호작용)가 일가치감 결정요인들 중 업무의 중요성이 직무만족에 미치는 영향에 대해서만 완전매개할 뿐, 다른 결정요인들이

직무만족에 미치는 영향에 대해서는 완전매개하고 있지 않음을 의미하는 것이다. 그러나 3단계에서의 R^2(총효과)와 4단계에서의 R^2(직접효과)에 대한 차이(ΔR^2)에 대한 유의도 검증결과 일가치감 결정요인들 모두에서 유의하였으며, 따라서 이러한 결과는 과정의 효율성, 결과의 유용성, 비전의 실현성, 및 사회적 인정이 직무만족에 미치는 효과가 일가치감에 의해서 부분매개됨을 의미하는 것이라 할 수 있다. 결과에서 볼 수 있듯이, 일가치감 결정요인들이 직무만족에 미치는 직접효과에 비해 일가치감을 통해 미치는 간접효과가 훨씬 더 큰 것으로 나타났으며, 이러한 결과는 일가치감 결정요인들이 일가치감을 통해 직무만족에 영향을 미친다는 본 연구의 모형이 타당함을 입증하는 것이라 할 수 있다.

표 6-9 직무만족에 대한 일가치감의 매개효과 분석결과(N=750)

모 형	예언변인	R^2(C: 직무만족)				
		업무의 중요성	과정의 효율성	결과의 유용성	비전의 실현성	사회적 인정
D→B	인구통계변수(D)	R^2=.1329, F(31,719)=3.56(p<.0001)				
D→C	인구통계변수(D)	R^2=.1686, F(31,719)=4.71(p<.0001)				
1단계: A→B (D통제)	현재상태(A_1) 중요도(A_2) $A_1 \times A_2$	.386***	.231***	.404***	.442***	.382***
2단계: B→C (D통제)	일가치감(B1) 내/외 보상 지향성(B2) $B_1 \times B_2$			.427***		
3단계: A→C (D통제)	현재상태(A1) 중요도(A2) $A_1 \times A_2$	.195***	.267***	.238***	.266***	.254***
4단계: A→C (D,B통제)	현재상태(A1) 중요도(A2) $A_1 \times A_2$	.003	.053***	.009**	.009**	.011**
3단계−4단계	ΔR^2(간접효과)	.192***	.213***	.229***	.257***	.243***
	매개효과	●	○	○	○	○

† p<.1, *p<.05, **p<.01, ***p<.001
● : 완전매개, ○ : 부분매개

　직무만족에서와 마찬가지의 방법으로 직무몰입에 대한 일가치감 결정요인들이 직무몰입에 미치는 영향에서의 일가치감이 갖는 매개효과에 대해 분석하였으며, 그 결과를 표 6-10에 제시하였다. 분석결과, 모든 결정요인들에서 선행변인들이 매개변인에 미치는 효과(A →B 효과), 매개변수가 직무몰입에 미치는 효과(B →C 효과), 및 선행변수가 직무몰입에 미치는 효과(A →C 효과)가 유의한 것으로 나타났다. 또한, 4단계에서 매개변인의 효과를 제거했을 때의 선행변수에서 매개변수에 미치는 직접효과가 모두 유의미한 것으로 나타났다. 이러한 결과는 본 연구에서 제시한 매개변수(즉, 일가치감과 내 / 외 보상 지향성 및 이들 간의 상호작용)가, 모든 결정요인들이 직무몰입에 미치는 영향에 대해서 완전매개하고 있지 않음을 의미하는 것이다. 그러나 3단계서의 R^2(총효과)와 4단계에서의 R^2(직접효과) 간의 차이(ΔR^2)가 일가치감 결정요인들 모두에서 유의하였다. 이것은 일가치감 결정요인들 모두가 직무몰입에 미치는 영향을 일가치감이 부분매개함을 의미하는 것이라 할 수 있다. 결과에서 볼 수 있듯이, 직무만족에서와 마찬가지로 일가치감 결정요인에서 직무몰입으로 가는 직접효과는 매우 작은 반면에, 일가치감을 통해서 가는 간접효과는 매우 큰 것으로 나타났으며, 이러한 결과는 일가치감 결정요인들이 일가치감을 통해 직무몰입에 영향을 미친다는 본 연구의 모형이 타당함을 입증하는 것이라 할 수 있다.

표 6-10 직무몰입에 대한 일가치감의 매개효과 분석결과(N = 750)

모　형	예언변인	R^2(C: 직무몰입)				
		업무의 중요성	과정의 효율성	결과의 유용성	비전의 실현성	사회적 인정
D→B	인구통계변수(D)	R^2=.1329, F(31.719)=3.56(p<.0001)				
D→C	인구통계변수(D)	R^2=.1895, F(31.719)=5.42(p<.0001)				
1단계: A→B (D통제)	현재상태(A₁) 중요도(A₂) A₁×A₂	.386***	.231***	.404***	.442***	.382***

모 형	예언변인	R^2(C: 직무몰입)				
		업무의 중요성	과정의 효율성	결과의 유용성	비전의 실현성	사회적 인정
2단계: B→C (D통제)	일가치감(B1) 내/외 보상 지향성(B2) B1 × B2			.454***		
3단계: A→C (D통제)	현재상태(A1) 중요도(A2) A1 × A2	.252***	.165***	.270***	.301***	.244***
4단계: A→C (D, B통제)	현재상태(A1) 중요도(A2) A1 × A2	.019***	.014***	.021***	.027***	.016***
3단계−4단계	ΔR^2(간접효과)	.232***	.152***	.250***	.275***	.228**
매개효과		○	○	○	○	○

† p<.1, *p<.05, **p<.01, ***p<.001
○: 부분매개

마지막으로 직무동기에 대해서도 앞에서와 동일한 방법으로 일가치감의 매개효과에 대한 분석을 실시하였으며, 그 결과를 표 6-11에 제시하였다. 표를 통해 볼 수 있듯이, 분석결과 선행변인이 직무동기에 미치는 총효과와 직접효과가 일가치감 결정요인들 모두에서 유의한 것으로 나타났으며, 선행변인이 매개변수를 통해 직무동기로 가는 간접효과 또한 모두 유의한 것으로 나타났다. 이러한 결과는 일가치감 결정요인들이 직무동기에 미치는 영향을 일가치감이 부분매개하고 있음을 의미하는 것이라 할 수 있다. 또한, 직무만족 및 직무몰입에서와 마찬가지로, 일가치감 결정요인들이 직무동기에 미치는 직접효과에 비해 일가치감을 통한 간접효과의 크기가 매우 큰 것을 볼 수 있으며, 따라서 이러한 결과는 일가치감 결정요인들이 직무동기에 미치는 영향을 일가치감이 잘 매개하고 있음을 의미하는 것이라 할 수 있다.

표 6-11 직무동기에 대한 일가치감의 매개효과 분석결과(N=750)

모 형	예언변인	R^2(C: 직무동기)				
		업무의 중요성	과정의 효율성	결과의 유용성	비전의 실현성	사회적 인정
D→B	인구통계변수(D)	R^2=.1329, F(31,719)=3.56(p<.0001)				
D→C	인구통계변수(D)	R^2=.1510, F(31.719)=4.12(p<.0001)				
1단계: A→B (D통제)	현재상태(A_1) 중요도(A_2) $A_1 \times A_2$	.386***	.231***	.404***	.442***	.382***
2단계: B→C (D통제)	일가치감(B1) 내/외 보상 지향성(B2) $B_1 \times B_2$			.282***		
3단계: A→C (D통제)	현재상태(A1) 중요도(A2) $A_1 \times A_2$	.173***	.099***	.184***	.204***	.203***
4단계: A→C (D,B통제)	현재상태(A1) 중요도(A2) $A_1 \times A_2$	.013***	.015***	.016***	.024***	.027***
3단계−4단계	ΔR^2(간접효과)	.160***	.084***	.169***	.180***	.176***
매개효과		○	○	○	○	○

† p<.1, * p<.05, ** p<.01, *** p<.001
○: 부분매개

Ⅳ. 논 의

연구에서 설정한 가설들을 검증하기 위해 위계적 중다회귀 분석과 매개효과 분석을 실시하였다. 본 연구에서 밝혀진 결과들과 그 의미를 살펴보면 다음과 같다.

첫째, 일가치감에 미치는 인구통계적 변수들의 효과에 대한 분석결과, 성별, 혼인여부, 직급, 재직기간, 담당직무, 회사규모의 효과가 유의한 것으로 나타났다. 사후분석 결과, 우선 남성이 여성에 비해, 그리고 기혼자가 미혼자에 비해 일가치감이 높은 것으로 나타났다. 이러한 결과는 우리나라의 경우 남성이 여성에 비해 조직 내에서 보다 중요하고 전문성이 요구되는 업무를 수행하게 되고, 보다 많은 능력발휘와 성장의 기회가 주어진다는 점과, 기혼자들은 업무수행이 개인뿐 아니라 가족의 행복과 삶의 질 향상에 기여한다고 느끼게 되고 직장뿐 아니라 가정에서도 사회적 인정의 기회가 주어지게 된다는 점에서 이해될 수 있을 것이다.

또한, 담당업무별로는 지원(관리)직이 다른 업무들에 비해 상대적으로 일가치감이 낮은 것으로 나타났으며, 기술직과의 차이가 통계적으로 유의한 것으로 나타났다. 지원(관리)직의 경우 대부분의 업무들이 업무 특성상 성과가 명확히 드러나지 않으며, 조직 전체적으로 볼 때, 주요 업무라기보다는 지원업무들이며, 많은 경우 루틴하고 반복적인 일들이라는 점에서 일가치감이 낮아지기 쉬울 수 있을 것으로 해석되었다.

재직기간별로는 전반적으로 재직기간이 길수록 일가치감이 높아지다가 11~15년 사이의 재직기간일 때 일가치감이 떨어졌다가 다시 16년 이상이 되면 일가치감이 높아지는 것으로 나타났다. 이것은 대개의 경우 재직기간이 길어질수록 조직 내에서의 영향력이 높아지게 되고, 중요도가 높은 업무들을 담당하게 됨으로써 일가치감이 증가하게 되지만, 재직기간이 10년에서 15년 정도가 되면, 조직 내 차장 또는 부장 정도의 위치에 있게 되므로, 따라서 더이상 조직 내에서의 성장이나 승진을 기대하기 어려워지게 되고 빠른 변화에 대한 적응력이 낮아지게 되면서 유능감을 느끼기 어렵게 되기 때문일 수 있다. 그러나 이 시기를 넘기고 재직기간이 16년 이상이 되면 대개의 경우 팀장이나 임원의 위치에 있게 되므로, 조직 내 영향력이 높아지게 되고, 권한과 책임이 높아지게 되며, 조직 내에서 비중 있는 역할을 담당하게 됨으로써 일가치감이 증가하게 된다 할 수 있을 것이다. 실제로, 본 연구에서 제시한 5가지의 일가치감 결정요인들 모두에서 재직기간 16년 이상인 응답자들의 현재상태 충족도가 다른 집단들에 비해 전반적으로 높은 것으로 나타났다. 또한, 직급이 높을수록 일가치감이 높은 것으로 나타났는데, 이러한 결과는 재직기간에 대한 결과와 마찬가지로, 직급이 높아질수록 조직 내에서 보다 전문성이 요구되는 업무를 수행하게 되고, 업무수행 과정에서 자율성과 책임이 높아지게 되며, 조직 내 기여도가 높아지기 때문인 것으로 그 이유를 해석할 수 있을 것이다.

마지막으로 회사규모에서는 1000명 이상의 조직이 300명에서 1000명 미만의 조직에 비해 일가치감이 높은 것으로 나타났다. 직종별로는 세부직종들 간에 차이가 없는 것으로 나타났다. 이러한 결과는 대규모 조직의 구성원들이 중간규모 조직의 구성원들에 비해 자신의 일에 대한 가치를 높게 지각하고 있는 반면에, 대규모 조직과 소규모 조직의 구성원들 간에는 차이가 없음을 의미하는 것이다. 이러한 결과는 우리나라의 경우 대부분의 사람들이 대기업을 선호하고 있으며, 따라서 대기업 직원이라는 것이 자신과 자신의 업무에 대한 자부심을 높일 수 있다는 점과, 대기업 종사자들의 경우 자신의 업무가 보다 많은 사람들에게 영향을 미치게 되고, 사회적 지위를 인정받을 수 있는 기회가 커지게 되며, 조직 내에서의 승진과 성장의 기회 또한 많아지게 된다는 점에서 자신의 일에 대한 가치를 높게 지각할 수 있을 것으로 해석되었다.

둘째, 연구결과 일가치감 결정요인들 모두가 일가치감에 유의한 영향을 미치는 것으로 나타났으며, 인구통계변수들의 효과를 제거하고도 이 결정요인들에 의한 추가설명변량이 매우 높게 나타났다. 이러한 결과는 일가치감이 그 결정요인들에 의해서 잘 설명됨을 의미하는 것이다. 즉, 사람들은 자신이 하는 일이 조직 내에서 중요도가 높은 일이라고 생각하고(업무특성 차원), 일을 수행하는 과정에서 권한과 책임이 주어지며 효율적이고 일관성 있게 업무를 수행할 수 있으며(업무수행 과정 차원), 업무수행의 결과가 타인들에게 중요한 영향을 미치거나 조직 또는 사회의 발전에 기여한다고 생각하고(업무수행 결과 차원), 현재 하고 있는 업무가 자신의 역량의 증진이나 조직 내에서의 성장에 기여하거나 장기적인 계획이나 비전에 도움이 된다고 생각하며(개인비전 차원), 자신의 업무수행에 대해 조직 내 또는 조직 외부의 타인들로부터 인정을 받을 때(사회적 평가 차원) 자신이 하는 일에 대해 가치를 느끼고 자신이 조직 내에서 필요한 존재라고 느끼게 되며, 긍정적인 정서들을 경험하게 된다는 것을 의미한다. 특히, 이들 결정요인들의 현재상태가 갖는 β값의 크기가 사회적 인정이 가장 높고, 과정의 효율성이 가장 낮은 것으로 나타났다. 이러한 결과는 사람들의 일가치감 결정에 있어서 자신의 일과 자신에 대한 사회적 인정의 충족도가 가장 중요하며, 과정의 효율성의 충족도가 상대적으로 가장 덜 중요함을 의미하는 것이라 할 수 있다.

그러나 일가치감 결정요인들의 현재상태(충족도)와 달리 중요도 판단의 주 효과는 모두 유의하지 않은 것으로 나타났다. 이러한 결과는 본 연구에서 제시한 일가치감 결정요인들이 예비연구를 통해 사람들이 자신의 일에 대해 가치를 느끼는 데 있어서 중요하게 여기는 항목들만을 추출하였기 때문이라 할 수 있다. 즉, 모든 결정요인들 모두에서 중요도 판단이 현재상태 판단에 비해 월등히 높은 것으로 나타났고(표 5-6 참조), 결과의 중요성 요인을 제외한 4개 결정요인들의 중요도 판단이 5.3을 넘는 것으로 나타났으며, 또한 모든 결정요인들의 표준편차가 1.0이하인 것으로 나타났다. 이러한 결과들은 본 연구에서 제안한 일가치감 결정요인들이 대부분의 사람들이 일가치를 느끼는 데 중요하게 여기는 요인들이며, 그러한 정도가 사람들 간에 차이가 적음을 입증하는 것이라 할 수 있다.

셋째, 일가치감 결정요인들 중 업무의 중요성, 결과의 유용성, 및 비전의 실현성에서, 이러한 결정요인들을 중시하는 사람들은 그것이 충족되지 않았을 때에는 일가치감이 매우 낮아져서 그러한 결정요인들을 중시하지 않는 사람들과 일가치감의 수준이 유사하거나 오히려 더 떨어지는 것으로 나타났고, 그것이 충족되었을 때에는 일가치감이 매우 높아져서 그러한 결정요인들을 중시하지 않는 사람들보다 일가치감을 훨씬 더 많이 느끼는 것으로 나타났다. 이러한 결과는 본 연구에서 제시한 일가치감 결정요인들이 모두 내재적인 요소들이라는 점과, 추가분석 결과 내적 보상 지향성의 사람들이 외적 보상 지향성의 사람들에 비해 일가치감 결정요인들 중, 업무의 중요성($t(801)=2.10$, $p<.05$), 과정의 효율성($t(801)=2.30$, $p<.05$), 결과의 유용성($t(801)=2.69$, $p<.01$), 비전의 실현성($t(801)=3.12$, $p<.01$)에 대해 그 중요성을 높게 평가하는 것으로 나타났다는 측면에서 이해될 수 있을 것이다. 즉, 내적 보상 지향성의 사람들은 업무에서의 내재적 요소들을 중시하고 더 많은 관심을 기울이게 되므로(Amabile, Hill, & Hennessey, 1994; Saleh & Grygier, 1969), 자신의 업무수행을 통해 내재적인 요소들이 충족되었을 때 내적 보상을 경험하게 되고 따라서 일가치감이 높아지게 되는 반면에 내재적 요소들이 충족되지 않았을 때에는 내적보상을 느끼지 못하게 되므로 일가치감이 많이 낮아지게 된다. 그러나 외적 보상 지향성의 사람들의 경우에는 내재적 요소들에 대해 상대적으로 덜 중시하게 되고 관심 또한 많지 않게 되므로, 내재적 요소들의 충족 정도에 따른 일가치감의 변화가 상대적으로 작게 된다. 따라서 일가치감 결정요인들이 충족되지 않았을 때에는 내적 보상 지향성의 사람들이 외적 보상 지향성의 사람들에 비해 일가치감이 낮아지거나 차이가 없는 반면에, 일가치감 결정요인들이 충족되었을 때에는 내적 보상 지향성의 사람들이 외적 보상 지향성의 사람들에 비해 일가치감이 더 높아지게 되는 것이라 할 수 있다.

그러나 일가치감 결정요인들 중 과정의 효율성과 사회적 인정의 경우에는, 일가치감 결정요인들의 중요도와 현재상태 판단 간에 상호작용 효과가 없는 것으로 나타났다. 즉, 과정의 효율성이나 사회적 인정 모두에서, 이들 결정요인들을 얼마나 중시하는가와 관계없이 현재상태가 높을수록 일가치감이 높았다. 이러한 결과는 몇 가지 측면에서 그 이유를 찾을 수 있을 것이다.

먼저, 과정의 효율성의 경우를 살펴보면, 그 내용이 현업에서 일상적으로 부닥치는 매우 현실적인 이슈들이라는 점에서, 다른 결정요인들과 달리 중요성 판단과 현재상태 판단의 성격이 다를 수 있다고 할 수 있다. 즉, 자신의 일이 얼마나 중요도가 높은 업무인지, 자신의 업무결과가 얼마나 조직 내외에서 영향력이 있는지, 현재의 업무들이 개인의 비전실현에 얼마나 도움이 되는지 등에 대한 중요성 판단과 현재상태 판단을 위해서는 이들 결정요인들에 대한 가치판단과 현재 자신이 수행하는 업무들에 대한 의미부여가 요구되는 반면에, 과정의 효율성은 과정이 효율적으로 운영되는 것이 얼마나 중요한지에 대한 중요도 판단이 개인의 가치판단을 요구하는 반면에, 현재상태 판단은 자신의 현재 업무수행 과정에 대한 의미부여가 아닌 매우 경험적인 판단일 수 있게 된다. 일가치감 결정요인들에 대한 중요성 판단과 현재상태 판단 간의 상관을 보면(표 5-6 참조), 다른 결정요인들의 경우에는 중요도 판단과 현재상태 판단이 $r = .300$에서 $r = .375$가지의 중간 정도의 상관을 보이고 있는 반면에, 과정의 효율성에 대해서는 $r = .187$의 낮은 상관을 보이고 있다는 점도, 중요도 판단과 현재상태 판단이 다른 결정요인들에서와는 달리 상대적으로 더 독립적임을 입증하는 것이라 할 수 있다. 즉, 과정의 효율성을 중요하지 않게 생각했던 사람들조차도, 업무수행의 과정에서 권한과 책임이 주어지지 않고, 원활한 의사소통과 피드백이 이루어지지 않으며, 불필요한 업무들이 많아지게 되고, 원칙과 기준이 지켜지지 않게 된다면, 그것을 중요하다고 생각했던 사람들만큼이나 일가치감이 떨어지게 되기 때문일 수 있을 것이다.

과정의 효율성에 대한 중요도와 현재상태 판단 간의 상호작용이 유

의하지 않은 것에 대한 또 다른 이유는 과정의 효율성이 다른 결정요
인들과 달리 그것을 중시하는 사람뿐 아니라 중시하지 않는 사람에게
도 중요한 요소일 수 있다는 가능성이다. 중요도 판단의 경우 평균(M
=5.725)이 결정요인들 중 가장 높았으며, 표준편차(SD =0.797)는 가장
작았다는 것은, 대부분의 사람들이 과정의 효율성을 일가치감 결정의
가장 중요한 요소로 보고 있음을 의미하며, 이러한 사실은 과정의 효율
성이 일가치감 결정에 있어서 모두에게 기본적으로 요구되는 요건임을
의미하는 것이라 할 수 있다.

 두 번째로, 사회적 인정에 대한 중요성 판단과 현재상태 판단 간의
상호작용 효과가 나타나지 않은 것은 내적 보상 지향성의 사람들과 외
적 보상 지향성의 사람들이 사회적 인정의 중요성에 대해 차이가 없었
다는 데서 그 이유를 찾을 수 있을 것이다. 분석결과, 내적 보상 지향성
의 집단(M =5.328)과 외적 보상 지향성의 집단(M =5.327) 간에 사회적
인정의 중요성 판단에 차이가 없는 것으로 나타났다. 그러나 그럼에도
불구하고, 사회적 인정의 충족도는 결정요인들 중 가장 낮게 나타났으며
(M =4.475), 특히 사회적 인정의 중요도와 현재상태를 모두 낮게 평가
한 집단의 사회적 인정에 대한 충족도(M =3.76)는 결정요인들 중 가장
낮고, 사회적 인정의 중요도와 현재상태를 모두 높게 평가한 집단의 사
회적 인정에 대한 충족도(M =5.44) 또한 다른 결정요인들에 비해 가장
낮게 나타남으로써, 중요도와 현재상태 간의 상호작용 효과를 낮추었기
때문으로 해석되었다.

 넷째, 본 연구를 통해 일가치감이 직무만족, 직무몰입, 직무동기 등
의 조직효과성에 영향을 미치며, 직무몰입과 직무동기의 경우에는 이러한
효과가 개인의 내/외 보상 지향성에 의해서 조절된다는 것이 입증되었다.
구체적으로, 직무몰입과 직무동기에 대해서는 일가치감의 효과가 내적 보
상 지향성의 사람들보다는 외적 보상 지향성의 사람들에게서 더 큰 것으
로 나타났다. 즉, 일가치감이 낮을 때에는 내적 보상 지향성의 사람들(직

무몰입: M =4.47, 직무동기: M =4.78)이 외적 보상 지향성의 사람들(M =4.05)과 직무동기(M =4.42)에 비해 조직효과성이 높은 반면에, 일가치감이 높을 때에는 내적 보상 지향성의 사람들(직무몰입: M =5.45, 직무동기: M =5.47)과 외적 보상 지향성의 사람들(직무몰입: M =5.16, 직무동기: M =5.40)이 조직효과성에서 큰 차이가 없는 것으로 나타났다. 이러한 결과는 일을 통해 일가치감을 경험하게 되는 것이, 개인이 일을 통해 금전적 가치를 추구하느냐 아니면 내재적 가치를 추구하느냐보다 중요하다는 것을 의미하는 것이며, 더 나아가 개인이 어떠한 가치를 추구하는 사람인가와 관계없이 일가치감을 증진시킴으로써 업무에 대한 몰입과 동기를 높일 수 있음을 밝혔다는 점에서 그 의의가 크다 하겠다.

그러나 직무만족에 대해서는 일가치감과 개인의 내 / 외 보상 지향성의 주 효과만이 유의한 것으로 나타나고, 두 변인 간 상호작용은 유의하지 않은 것으로 나타났다. 이러한 결과는 일가치의 충족이 직무만족에 미치는 영향에 있어서, 개인의 가치가 조절효과를 가질 것으로 예측하였으나, 유의하지 않은 것으로 나타났던 Mikes와 Hulin(1968), Blood(1971), Wanous와 Lawler(1972)의 연구결과와 일치하는 것이다. Mobley와 Locke(1970)는 이들 연구에서의 직무만족에 대한 측정이, 직무만족의 정도를 직접적으로 평정하지 않고(즉, "~에 대해 만족한다") 자신의 직무를 기술하도록 함으로써(즉, "내 직무는~이 제공된다"), 직무에 대한 개인의 태도 강도를 민감하게 반영하지 못했기 때문이라고 해석하였다. 그러나 본 연구에서 사용한 직무만족 척도(JDS)는 직무에 대한 만족 정도를 직접적으로 측정하고 있으므로, Mobley와 Locke(1970)가 제시한 직무만족 척도 자체의 민감성 부족에서 그 원인을 찾을 수는 없을 것이다. 그보다는 오히려 직무만족의 평균(M =4.229)이 직무몰입(M =4.701)과 직무동기(M =4.961)에 비해 매우 낮음으로 인해서, 일가치감과 내 / 외 보상 지향성에 따른 직무만족의 변화를 명확히 드러내지 않았을 수 있다는 점이다.

또 다른 이유로는 일가치감과 직무만족 간의 개념적 관련성에서 그 원인을 찾을 수 있을 것이다. 즉, 직무만족은 직무에 대한 인지적 평가와 정서적 평가를 포함하는 대표적인 태도변수이며(Locke, 1976), 본 연구에서 제시한 일가치감 또한 자신이 하는 일과 자신에 대한 인지적 및 정서적 평가를 포함하는 태도변수이다. 이 두 변수가 모두 일에 대한 개인의 태도를 나타내므로, 개인의 내／외 보상 지향성에 관계없이 자신의 일에 대해 가치를 느끼지 못하게 되면 곧바로 직무만족이 떨어지게 되고, 이와 반대로 자신의 일에 대해 가치를 느끼게 되면 곧바로 직무만족은 올라가게 된다고 할 수 있다. 그러나 이와 달리 직무몰입이나 직무동기는 상당부분 행동적 요소를 포함하는 변수들로서, 보다 현실적인 업무수행의 문제이므로, 내적 보상 지향성의 사람들은 일가치감이 낮다 하더라도 그것에 의미를 부여하고 열심히 일하려 노력하는 반면에, 외적 보상 지향성의 사람들은 일가치감이 낮아지게 되면 자신의 관심을 일에서 금전적인 측면으로 돌리게 되고 따라서 일에 대한 몰입이나 동기는 저하되게 되는 것이라 할 수 있을 것이다.

다섯째, 일가치감 결정요인이 직무만족, 직무몰입, 직무동기 등의 조직효과성 변인에 미치는 영향이 일가치감을 통해 매개되는지에 대한 위계적 회귀분석을 실시하였다. 분석결과 직무만족에 미치는 업무의 중요성 요인에 대해서만 일가치감이 완전매개할 뿐, 다른 경로들에 대해서는 일가치감이 모두 부분매개효과를 갖는 것으로 나타났다. 이러한 결과는 일가치감 결정요인들이 모두 일의 내재적 측면들만을 포함하고 있으므로, 내재적 측면을 중시하는 사람들에게는 매개효과가 잘 나타날 수 있는 반면에 외재적 측면을 중시하는 사람들에게는 매개효과가 잘 나타나지 않았을 수 있다. 즉, 본 연구에서 제시한 일가치감 결정요인들 및 일가치감이 모두 내재적 측면을 강조하는 요인들이므로, 외재적 측면을 중시하는 사람들이 내재적 측면을 중시하는 사람들에 비해 이들 결정요인들에 대한 중요도 수준을 낮게 평가할 것이며 일가치감 또한 상대적으로 낮게 되므로, 내재적 측면을 중시하는 사람들은 일가치감 결정요인들의 충족도에 따라 일가치감이 결정되고 그에 따라 조직효과성이 영향을 받는 반면에, 내재적 측면을 중시하지 않는 사람들은 일가치감 결정요인들의 충족도가 일가치감과 조직효과성을 결정하는 데 부족할 수 있기 때문이다(Brief & Aldag, 1975; Katzell, 1964; Wood, 1981). 즉, 현재의 조직효과성과 일가치감 수준이 내재적 요소뿐 아니라 외재적인 요소들에 의해서도 영향을 받았을 수 있게 되므로(Knoop, 1991; 1993), 일가치감 결정요인들이 조직효과성에 미치는 영향이 일가치감을 통해 잘 매개되지 않았을 수 있을 것이다. 그럼에도 불구하고, 일가치감 결정요인이 조직효과성에 미치는 직접효과의 설명변량은 간접효과(매개효과)에 의한 설명변량에 비해 매우 작은 것으로 나타났으며, 따라서 이러한 결과는 일가치감 결정요인이 조직효과성 변인들에 미치는 영향이 일가치감이 잘 매개하고 있음을 보여주는 것이라 할 수 있을 것이다.

 직장인들에게 있어서 자신이 하고 있는 일과 자신에 대한 가치감이 매우 중요함에도 불구하고, 지금까지 어떠한 연구도 이루어진 바가 없으며, 그 개념 또한 정립되지 않아 왔다. 그러한 의미에서, 본 연구에서 개념화한 일가치감과 그 결정요인들에 대한 발견은 일가치감이 무엇이고, 어떠한 변인들에 의해서 결정되는지를 보여주었다는 데에 그 의미가 있으며, 또한 본 연구를 통해 일가치감이 사람들의 직무만족, 직무몰입, 직무동기 등의 조직효과성 변인에 미치는 영향이 크다는 것이 입증되었다는 점에서 그 의미가 크다 하겠다.

제6장 연구 3: 현장실험

I. 연구목적

본 연구에서 제시한 일가치감 모형이 실제 현장에서 효과가 있는지를 밝히기 위해서는 현장실험이 요구된다. 이를 위해 일가치감 모형을 이용하여 '업무가치증진(TVC)' 활동을 개발하였다. 본 현장실험 연구에 사용되는 TVC 프로그램은 이영석(2000)이 불필요한 업무의 제거와 비효율적인 업무의 개선을 목적으로 1993년에 최초 개발하여 많은 기업에 적용해 오다가, 최근 일가치감의 결정요인들을 반영할 수 있도록 수정을 가한 것이다(이영석, 오동근, 2003). 따라서 본 현장실험을 통해 TVC 활동을 통한 일가치감 결정요인들에서의 변화가 일가치감에 어떠한 영향을 미치는지를 검증하고자 한다.

연구 2에서의 현장조사 결과, 일가치감 결정요인들 모두의 현재상태 판단이 일가치감에 유의미한 영향을 미치는 것으로 나타났으며, 업무의 중요성, 결과의 유용성, 및 비전의 실현성에서는 이들 결정요인을 중시하는 사람들이 그렇지 않은 사람들보다 충족도(현재상태)에 의해 더 많은 영향을 미치는 것으로 나타났다. 그러나 조절변수의 효과보다는 현재상태의 주 효과가 매우 큰 것으로 나타났으므로, 본 현장실험에서는 일가치감 결정요인들의 충족도에 따른 일가치감의 변화에 대해서만 다루기로 한다.

본 현장실험 연구에서 검증할 가설들을 재정리하면 다음과 같다.

가설 1. 일가치감 결정요인의 충족도가 높을수록 일가치감이 높을 것이다.

　　가설 1-1. 자신이 하는 업무의 중요성이 높다고 지각할수록 일가치감이 높을 것이다.

　　가설 1-2. 자신이 하는 업무의 과정이 효율적이라고 지각할수록 일가치감이 높을 것이다.

　　가설 1-3. 자신이 하는 업무의 결과가 유용성이 있다고 지각할수록 일가치감이 높을 것이다.

　　가설 1-4. 자신이 하는 업무가 자신의 비전 실현에 도움이 된다고 지각할수록 일가치감이 높을 것이다.

　　가설 1-5. 자신이 하는 업무에서 사회적으로 인정받고 있다고 지각할수록 일가치감이 높을 것이다.

II. 방법 및 절차

1. 실험설계

본 연구는 현장실험으로서, 일가치감 모형을 이용하여 개발한 '업무가치증진(TVC)' 프로그램을 실시한 집단(실험집단)과 실시하지 않은 집단(통제집단) 간에 처치 전후의 차이를 비교하는 '통제집단 사전사후

측정 실험설계(pretest-posttest design with control group)'이다.

2. 참여자

본 현장실험은 국내 L정유회사의 현업 팀들 중 사무기술직의 11개 팀 74명을 대상으로 실시되었다. 이 팀들 중 5개 팀 36명이 실험집단 이었으며, 나머지 6개 팀 38명이 통제집단으로 참여하였다. 이들 참가자들 중 남성은 62명 여성은 7명이었으며 무응답은 5명이었다. 이들 중 부장이 10명, 차장이 13명, 과장이 15명, 대리가 18명, 사원이 15명, 무응답이 3명이었다. 익명성이 보장되지 않으므로, 응답자들의 거짓응답 가능성을 고려하여 자세한 인구통계적 특성은 설문에 포함하지 않았다.

3. 실험절차

먼저, L정유회사의 사무기술직 팀들에게 TVC 활동을 사내 인트라넷을 이용하여 소개한 뒤, 참가를 희망하는 팀들의 신청을 받는다. TVC 활동은 개발자가 직접 프로그램을 진행하는 방식이 아닌 각 팀에서 선발된 촉진자(facilitator)들에 의해 자체적으로 실시하도록 하는 프로그램이다. 따라서 각 팀에서 선발된 촉진자들을 대상으로 2박 3일에 걸쳐 TVC 활동의 진행에 대한 교육과 실습을 실시한 후, 각 촉진자가 자신의 팀에 돌아가서 3개월간의 TVC 활동을 진행하게 된다. 촉진자 교육은 4월과 6월 두 차례에 걸쳐 실시되었으며, 이들 촉진자들에게 교육 후, 소속팀으로 돌아간 뒤 의무적으로 TVC 사전진단과 사후진단을 실시하도록 하였다. 사전진단은 6월과 7월에 실시되었으며, 사후진단은 10월에 실시되었다.

TVC 활동은 사전 모임, 여는 모임, 다지는 모임, 닫는 모임의 4단계로 이루어진다.

첫 번째는 사전모임 단계이다. TVC 활동은 교육을 받은 각 촉진자가 자신의 팀에 돌아가 '사전모임'을 갖는 것에서부터 시작한다. '사전모임'에서는 TVC 프로그램에 대한 설명을 통해 팀장 및 팀원들로부터 TVC 활동에 대한 참가 동의를 이끌어내고, TVC 진단지(여는 모임용)를 작성하게 된다. TVC 진단지에는 팀풍토, 팀만족도, 직무만족, 직무몰입, 직무동기 등의 팀활성도와, 일가치감, 일가치감 결정요인, 리더의 업무스타일에 대한 Likert식의 척도들이 제시되고, 이 외에 지금까지 직장생활을 하면서 자신이 하는 일이 가치 있다고 느꼈던 경험 및 가치 없다고 느꼈던 경험을 작성하게 된다. 또한, 여는 모임에서의 활발한 논의가 가능하도록 하기 위해 사전에 준비해야 할 과제들을 설명한다.

두 번째, 여는 모임 단계에서는 사외에서 1박2일 동안 다음과 같은 총 8단계의 활동을 실시한다.

1 단계-들어가며: 이 단계의 목적은 실험 참가자들의 참여동기를 높이기 위한 것으로서, 참가자들과 팀장의 기대소감을 발표하도록 한다.

2 단계-우리모습 보기: 이 단계의 목적은 자신들의 현재모습에 대한 이해를 높이기 위한 것으로서, 사전조사결과를 피드백 한다.

3 단계-TVC 이해: 이 단계의 목적은 TVC에 대한 이해를 높이기 위한 것으로서, TVC 활동의 목적과 기본사상, TVC 활동에서 지켜야 할 원칙에 대해 설명한다.(TVC 활동이 현장실험 자료로 이용될 것임에 대해서는 언급하지 않았음.)

4 단계-나의 업무가치 알리기: 이 단계의 목적은 자신의 업무가치에

　　　　대한 인식의 변화를 가져오기 위한 단계로서, 참가자들이
　　　　사전 과제로 작성해 온 양식(1)을 각자 발표하고, 발표내용
　　　　에 대해 다른 참가자들이 피드백 하도록 한다.

5 단계 - 나의 업무가치 올리기: 이 단계의 목적은 각자의 업무가치를
　　　　증진시키기 위한 개선계획 수립의 단계로서, 사전 과제로
　　　　작성해 온 양식(2)을 발표하고, 팀장 및 관련 팀원들과의 협
　　　　의를 통해 업무가치 개선을 위한 개선계획에 대해 합의를
　　　　도출한다.

6 단계 - 리더 업무스타일 도움주기: 이 단계의 목적은 일가치감을 저
　　　　해하는 리더의 업무스타일을 개선하기 위한 것이다. 팀장의
　　　　업무스타일에 대한 진단결과를 발표하고, 팀원들의 피드백을
　　　　통해 팀장의 변화계획에 대한 계획을 수립한다.

7 단계 - 가치 없는 팀업무 함께 풀기: 이 단계의 목적은 팀원들의
　　　　일가치감을 저해하는 공통적인 문제들을 개선하기 위한 것
　　　　으로서, 팀 전체 구성원들의 일가치감을 저해하는 문제들에
　　　　대한 토론과 합의를 통해 변화계획을 수립한다.

8 단계 - 마무리: 이 단계의 목적은 여는 모임 동안의 변화계획들에
　　　　대해 각자의 맡은 역할과 변화계획을 작성하고 발표와 참가
　　　　소감에 대한 발표가 이루지게 된다.

　세 번째는 다지는 모임 단계이다. 매달 사내에서 2시간에서 4시간 정
도의 회합을 통해, 여는 모임에서 도출된 개선방안들이 계획대로 실행되
어 가고 있는지를 점검해 보고 필요 시 보완작업을 토의하여 합의를 이
루게 된다.

　네 번째는 닫는 모임 단계이다. 닫는 모임은 여는 모임에서 업무가
치증진을 위해 계획된 실행계획이 마무리되는 3개월 후에 사외에서 1
박 2일 동안 진행된다. 닫는 모임 7일 전 작성한 진단결과를 발표하고

3개월 전과 어떤 차이가 있는지를 피드백 한다. 그런 뒤, 3개월 동안의 업무가치증진을 위해 각자가 해 왔던 노력들에 대해 작성하고 발표함으로써 성과를 공유한다. 마지막으로, 보다 더 업무가치를 증진하기 위해 각자가 개인비전을 수립하고 보람 있는 일을 계획한 뒤, 그 내용을 공유하는 시간을 갖는다. 그런 뒤, TVC 활동을 종합정리하고 지속적으로 업무가치증진을 위해 노력할 것을 결의하는 시간을 갖는다.

4. 독립변인

본 현장실험에서는 TVC 활동의 실시가 독립변인이 된다. 즉, TVC 활동 중 제시되는 일가치 특성요인들에 대한 개입활동(intervention)이 독립변인이 되는 것이다. TVC 활동에서의 개입활동은 인식의 변화와 행동의 변화라는 2가지 유형으로 이루어지게 된다. 인식의 변화는 주로 여는 모임에서의 활동을 통해 이루어지게 되며, 행동의 변화는 여는 모임 후 3개월간의 변화계획의 실행을 통해 이루어진다. 이들 각각을 인식의 변화와 행동의 변화로 나누어 살펴보면 다음과 같다.

첫째, 인식의 변화는 주로 여는 모임 단계에서의 '나의 업무가치 알리기'와 '나의 업무가치 올리기' 과정을 통해서 이루어지게 된다. 먼저 '나의 업무가치 알리기' 단계에서는 1) 자신의 일이 행해지지 않았을 때 일어날 상황들, 2) 후임자가 와서 자신의 일을 하게 된다면 그 일에서 어떤 가치와 보람을 느낄 수 있으며 그러기 위해 어떠한 업무자세가 요구되는지, 3) 업무를 수행하면서 느끼는 애로사항들이 무엇이며 자신의 '일가치감' 증진을 위해 팀장이나 동료들이 도와주었으면 하는 사항들 등에 대해 발표하도록 하고, 발표에 대한 팀장과 동료들의 피드백이 이루어지게 된다. 이러한 과정을 통해 업무의 중요성과 결과의 효용성에 대해 새롭게 인식하게 되고, 자신의 일이 전문가로서의 성장 및 조직 내 성장에서 어떠한 의미를 갖는지 인식하게 됨으로써 비전의 실현성에서의 인식의 변화가 이루어지게 되며, 동료들과 팀장의 피드백을 통해 자신의 일에 대하여 팀장과 동료들이 가치를 인정하고 있음을 인식하게 됨으로써 사회적 인정이 충족되게 된다.

'나의 업무가치 올리기' 단계에서는 필요하다는 것은 알지만 개인이 가치를 못 느끼고 있는 일들, 예를 들면 남들이 알아주지 않는 일, 팀 내의 허드렛일, 팀운영을 위해 어쩔 수 없이 해야 할 일, 타 팀원들의 업무에 대한 지원업무 등에 대하여 팀장과 동료들의 인정과 감사의 표현을 통해 사회적 인정에 대한 지각을 높이게 된다.

둘째, 행동의 변화는 주로 여는 모임 후 다지는 모임의 단계에서 이루어지게 된다. 먼저 과정의 효율성 차원에서 살펴보면, 여는 모임의 과정에서의 '나의 업무가치 올리기'를 통해 불필요한 일과 비효율적인 일에 대한 논의를 통해 정말로 불필요한 일은 팀장의 동의를 얻어 제거하기로 결정하고, 비효율적으로 이루어지고 있는 일에 대해서는 개선 방안을 도출하게 되며, 명확하지 않은 업무기준이나 불분명한 역할들에 대한 개선계획을 도출하고 이를 3개월간의 TVC 활동을 통해 실행함으로써 과정의 효율성 차원에서의 변화가 이루어지게 된다.

또한, 업무의 중요성 차원에서는 업무특성상 가치를 느끼기 어려운 부분들에 대해서는 팀장과 팀원들 간의 논의를 통해 직무순환, 직무확충 등의 개선 계획을 수립하거나, 팀원들 간의 업무 재분장이 이루어지게 됨으로써, 업무의 중요성에 대한 변화를 가져오게 한다.

또한 여는 모임에서의 리더 워킹스타일 도움주기 과정에서, 리더의 업무스타일(working style) 중 개선할 점들이 도출되고 팀장이 변화계획을 세우게 되면, 이후의 3개월간의 실행 과정에서 팀장 스스로가 변화를 위해 노력하게 된다. 리더의 워킹스타일은 팀원관리 스타일, 의사소통 스타일, 팀운영 스타일, 코칭 스타일, 업무처리 스타일, 업무지시 스타일, 회의 스타일, 보고 스타일, 의사결정 스타일 등의 9가지로 범주화되어 있으며, 따라서 이러한 영역들에서의 리더의 행동개선은 주로 과정의 효율성과 사회적 인정에서의 변화를 가져오게 된다.

구체적으로 본 실험연구에서의 실험집단들에서 도출되었던 행동변화 계획들을 아래의 표 7-1에 제시하였다. 표를 살펴보면, 도출된 내용은 정보공유 관련된 항목이 가장 많이 도출되었다. 정보공유는 업무수행과 관련된 사항들을 팀 내 구성원들 간에 공유하는 것으로 공유방법의 변경, 공유항목의 확대, 공유시기 조정등과 관련된 항목들이었다. 업무 타 부서 이관은 부서 간 업무갈등을 초래하는 업무들을 관련부서와 조정하는 내용이었고, 업무분장은 팀 내 구성원 간에 업무효율화를 위하여 상호 업무를 재조정하는 내용이었다. 권한위임은 업무전결권의 조정, 기술적 문제 처리에 대한 범위를 확대하자는 내용들이 도출되었다. 불필요한 업무를 제거하는 내용도 많이 도출되었다. 기타 업무기준 수립, 업무기준 메뉴얼화, 업무절차개선, 중복업무제거, 업무에 대한 피드백 등이 도출되었다. 개선계획들의 대부분이 업무수행 과정 차원의 과정의 효율성을 증진하기 위한 방법들이라 할 수 있으며, 이들 중 교육기회의 제공은 보다 비중 있는 업무를 맡을 수 있도록 하기 위한 동시에, 개인의 역량 증진을 목적으로 한다는 점에서 업무의 중요성 및 비전의 실현성과 관련된 항목이라 할 수 있으며, 권한위임은 보다 중요한 업무를 맡긴다는 측면에서의 업무의 중요성과, 권한과 책임의 강화를 통해 빠른 업무진행을 돕는다는 측면에서 과정의 효율성에도 해당한다고 할 수 있다. 상사의 워킹스타일 제거는 과정의 효율성뿐 아니라, 인정과 칭찬의 적극적 발휘라는 측면에서의 사회적 인정 차원의 항목이라고도 할 수 있다.

표 7-1 TVC 활동을 통한 개선 항목 목록

개선항목 구분	결정요인	건 수
교육기회 제공	업무의 중요성 / 비전의 실현성	1
권한위임	업무의 중요성 / 과정의 효율성	4
반복업무 메뉴얼화	업무의 중요성 / 과정의 효율성	1
업무재분장	업무의 중요성	5
업무타부서 이관	업무의 중요성	6
업무기준 수립	과정의 효율성	2
불필요한 일제거	과정의 효율성	3
불필요한 회의 제거	과정의 효율성	2
업무양식개정	과정의 효율성	1
업무절차 개선	과정의 효율성	2
중복업무제거	과정의 효율성	2
업무에 대한 피드백	과정의 효율성 / 비전의 실현성	1
회의방법 개선	과정의 효율성 / 결과의 유용성	1
상사의 워킹스타일 개선	과정의 효율성 / 사회적 인정	4
정보공유	과정의 효율성	7
기 타		2
합 계		44

이러한 인식과 행동의 변화 정도는 여는 모임과 닫는 모임의 사전 모임에서 작성하게 되는 'TVC 진단지'의 일가치감 결정요인들에 대한 진단을 통해 이루어지게 된다. 이 진단지에서 일가치감 결정요인들에 대한 척도는 연구 1의 척도개발에서 개발된 문항들로서, 모든 문항들은 5점 척도(1: 전혀 그렇지 않다~5: 매우 그렇다)로 이루어져 있으며, 일가치감 결정요인들에 대한 측정문항들을 평균하여 업무의 중요성, 과정의 효율성, 결과의 유용성, 비전의 실현성, 사회적 인정 각각에 대한 요인점수를 산출하여 이용한다.

5. 종속변인

본 현장실험의 종속변인은 3개월간의 TVC 활동 후 측정한 개인의 일가치감이다. 일가치감이란, 일을 통해서 경험하는 심리적 상태로서, 자신이 하는 일이 가치 있고 자신이 조직 내에서 필요한 존재라는 인지적 평가, 및 그에 따른 긍정적 정서 반응을 포함하는 개념이다. 일가치감에 대한 측정은 연구 1의 척도개발에서 개발된 문항들을 이용하였다. 일가치감 척도는 3개의 하위요소로 구성되어 있다: 1) 일관련 가치(3문항): 자신이 하는 일이 가치 있고 중요하다는 인식, 2) 자기관련 가치(3문항): 자신이 조직 내에서 가치 있고 필요한 존재라는 인식, 3) 가치관련 정서(8문항): 일관련 가치 및 자기관련 가치인식을 통한 긍정적 정서 반응. 일가치감 척도는 전체 14개 문항으로 구성되어 있으며, 모두 5점 척도(1: 전혀 그렇지 않다~5: 매우 그렇다)로 이루어져 있다.

III. 분석결과

1. 일가치감 결정요인(독립변인)의 변화

TVC 프로그램의 실시가 일가치감에 미친 효과를 검증하기에 앞서, TVC를 실시한 실험집단과 TVC를 실시하지 않은 통제집단 간에 일가치감 결정요인들에서 차이가 있는지를 밝히기 위해 조작점검을 실시하였다. 이를 위해 각각의 일가치감 결정요인들을 종속측정치로 하는, 2(TVC 실시: 실험 / 통제) × 2(사전 / 사후 - 피험자 내 변인) 이원변량분

석을 실시하였다. 분석에 사용된 각 실험조건별 일가치 특성요인들의
평균과 표준편차를 아래의 표 7-2에 제시하였다.

표 7-2 실험조건별 일가치감 결정요인의 평균(표준편차)

조작변인	실험조건(A)			
	실험집단(a1)		통제집단(a2)	
	사전(b1)	사후(b2)	사전(b1)	사후(b2)
업무의 중요성	3.26(0.51)	3.40(0.57)	3.51(0.60)	3.55(0.59)
과정의 효율성	3.38(0.46)	3.69(0.52)	3.46(0.45)	3.52(0.51)
결과의 유용성	3.32(0.51)	3.63(0.50)	3.50(0.49)	3.53(0.54)
비전의 실현성	3.31(0.57)	3.54(0.46)	3.36(0.56)	3.30(0.62)
사회적 인정	3.11(0.57)	3.67(0.37)	3.17(0.50)	3.32(0.49)

1) 업무특성 차원: 업무의 중요성

업무특성 차원의 업무의 중요성 지각에 대한 혼합이원변량분석을 실시
하였다. 앞의 표 7-2에서 볼 수 있듯이, 실험집단은 TVC 프로그램을 실시
하기 이전(M=3.26, SD=0.51)에 비해 실시한 이후(M=3.40, SD=0.57)에
자신의 업무에 대한 중요성 지각이 높아진 것으로 나타난 반면에, 통제
집단에서는 사전측정치(M=3.51, SD=0.60)와 사후측정치(M=3.55, SD
=0.59) 간 업무의 중요성 지각에서 거의 차이가 없는 것으로 나타났다. 그러
나 분석결과, 표 7-3에 제시한 바와 같이, 실험/통제의 주 효과, 사전/사후
주 효과, 및 상호작용 효과가 모두 유의하지 않은 것으로 나타났다. 이
러한 결과는 TVC 실시를 통해 업무특성 차원의 업무의 중요성 지각에
대한 조작이 효과가 없음을 의미하는 것이라 할 수 있다.

표 7-3 업무의 중요성 지각에 대한 혼합이원변량분석 결과

변량원	자유도	자승합	평균자승화	F	p
실험 / 통제(A)	1	1.474	1.474	2.85	.0956
사전 / 사후(B)	1	0.264	0.264	1.92	.1704
A × B	1	0.090	0.090	0.66	.4199
S(A)	72	37.219	0.516	—	—
B*S(A)	72	9.943	0.138	—	—

2) 업무수행 과정 차원: 과정의 효율성

업무수행 과정의 효율성 지각에 대한 혼합이원변량분석 결과는 표 7-4
에 제시하였다. 분석결과 사전 / 사후의 주 효과 및 상호작용 효과가 유
의한 것으로 나타났으며, 따라서 상호작용 효과를 해석하기 위해 실험집
단과 통제집단별 사전 / 사후 측정치에 대한 단순주효과 분석을 실시하였
다. 표 7-5에서 볼 수 있듯이, 실험집단에서는 TVC 프로그램을 실시하
기 이전(M =3.38, SD =0.46)에 비해 실시한 이후(M =3.69, SD =0.52)에
과정의 효율성 지각이 높아진 반면에, $F(1,72)=13.39$, $p < .001$, 통제집단
에서는 사전측정치(M =3.46, SD =0.45)와 사후측정치(M =3.52, SD =
0.51) 간 과정의 효율성 지각에서 차이가 없는 것으로 나타났다. 이러한
결과는 TVC 프로그램을 통해 실험참가자들의 업무수행 과정의 효율성
지각에 대한 조작이 효과적이었음을 의미하는 것이라 할 수 있다.

표 7-4 과정의 효율성 지각에 대한 혼합이원변량분석 결과

변량원	자유도	자승합	평균자승화	F	p
실험 / 통제(A)	1	0.073	0.073	0.21	.6464
사전 / 사후(B)	1	1.228	1.228	9.79	.0025
A × B	1	0.560	0.560	4.47	.0379
S(A)	72	24.937	0.346	—	—
B*S(A)	72	9.034	0.125	—	—

표 7-5 과정의 효율성 지각에 대한 실험 / 통제와 사전 / 사후 간
상호작용의 단순주효과 분석결과

변량원	자유도	자승합	평균자승화	F	p
사전 / 사후 at 실험	1	1.681	1.681	13.39	.0005
사전 / 사후 at 통제	1	0.067	0.067	0.53	.4686

3) 업무수행 결과 차원: 결과의 유용성

업무수행 결과의 유용성 지각에 대한 혼합이원변량분석 결과는 표 7-6
에 제시하였다. 분석결과 사전 / 사후의 주 효과 및 상호작용 효과가 유
의한 것으로 나타났으며, 따라서 상호작용 효과를 해석하기 위해 실험집
단과 통제집단별 사전 / 사후 측정치에 대한 단순주효과 분석을 실시하였
다. 표 7-7에서 볼 수 있듯이, 실험집단에서는 TVC 프로그램을 실시하
기 이전($M = 3.32$, $SD = 0.51$)에 비해 실시한 이후($M = 3.63$, $SD = 0.50$)에
결과의 유용성 지각이 높아진 반면에, $F(1,72) = 16.76$, $p < .001$, 통제집단
에서는 사전측정치($M = 3.50$, $SD = 0.49$)와 사후측정치($M = 3.53$, $SD = 0.54$) 간 결과의 유용성 지각에서 차이가 없는 것으로 나타났다. 이러한
결과는 TVC 프로그램을 통해 실험참가자들의 업무수행 결과의 유용성
지각에 대한 조작이 효과적이었음을 의미하는 것이라 할 수 있다.

표 7-6 결과의 유용성 지각에 대한 혼합이원변량분석 결과

변량원	자유도	자승합	평균자승화	F	p
실험 / 통제(A)	1	0.061	0.061	0.15	.6988
사전 / 사후(B)	1	1.119	1.119	10.39	.0019
A × B	1	0.751	0.751	6.97	.0101
S(A)	72	29.356	0.407	—	—
B*S(A)	72	7.756	0.107	—	—

표 7-7 결과의 유용성 지각에 대한 실험 / 통제와 사전 / 사후 간
상호작용의 단순주효과 분석결과

변량원	자유도	자승합	평균자승화	F	p
사전 / 사후 at 실험	1	1.805	1.805	16.76	.0001
사전 / 사후 at 통제	1	0.018	0.018	0.18	.6762

4) 개인비전 차원: 비전의 실현성

개인비전 차원의 비전의 실현성 지각에 대한 혼합이원변량분석 결과
는 표 7-8에 제시하였다. 분석결과 실험 / 통제 조건과 사전 / 사후 측정
치 간 상호작용 효과가 유의한 것으로 나타났으며, 따라서 상호작용 효
과를 해석하기 위해 실험집단과 통제집단별 사전 / 사후 측정치에 대한
단순주효과 분석을 실시하였다. 표 7-9에서 볼 수 있듯이, 실험집단에
서는 TVC 프로그램을 실시하기 이전(M =3.31, SD =0.57)에 비해 실시
한 이후(M =3.54, SD =0.46)에 비전의 실현성 지각이 높아진 반면에,
F(1,72)=7.94, p〈.01, 통제집단에서는 사전측정치(M =3.36, SD =0.56)
와 사후측정치(M =3.30, SD =0.62) 간 비전의 실현성 지각에서 차이가
없는 것으로 나타났다. 이러한 결과는 TVC 프로그램을 통해 실험참가
자들의 비전의 실현성 지각에 대한 조작이 효과적이었음을 의미하는
것이라 할 수 있다.

표 7-8 비전의 실현성 지각에 대한 혼합이원변량분석 결과

변량원	자유도	자승합	평균자승화	F	p
실험 / 통제(A)	1	0.331	0.331	0.67	.4145
사전 / 사후(B)	1	0.267	0.267	2.12	.1501
A × B	1	0.842	0.842	6.66	.0119
S(A)	72	35.418	0.491	—	—
B*S(A)	72	9.101	0.126	—	—

표 7-9 비전의 실현성 지각에 대한 실험 / 통제와 사전 / 사후 간
상호작용의 단순주효과 분석결과

변량원	자유도	자승합	평균자승화	F	p
사전 / 사후 at 실험	1	1.003	1.003	7.94	.0062
사전 / 사후 at 통제	1	0.082	0.082	0.65	.4226

5) 사회적 평가 차원: 사회적 인정

개인의 사회적 인정 지각에 대한 혼합이원변량분석을 실시하였으며, 그 결과를 표 7-10에 제시하였다. 분석결과 사전 / 사후의 주 효과와 상호작용 효과가 유의한 것으로 나타났으며, 따라서 상호작용 효과를 해석하기 위해 실험집단과 통제집단별 사전 / 사후 측정치에 대한 단순주효과 분석을 실시하였다. 표 7-11에서 볼 수 있듯이, 실험집단에서는 TVC 프로그램을 실시하기 이전(M =3.11, SD =0.57)에 비해 실시한 이후(M =3.67, SD =0.37)에 사회적 인정 지각이 높아진 반면에, $F(1,72) =$ 34.92, p < .01, 통제집단에서는 사전측정치(M =3.17, SD =0.50)와 사후측정치(M =3.32, SD =0.49) 간 사회적 인정 지각에서 차이가 없는 것으로 나타났다. 이러한 결과는 TVC 프로그램을 통해 실험참가자들의 사회적 인정 지각에 대한 조작이 효과적이었음을 의미하는 것이라 할 수 있다.

표 7-10 사회적 인정 지각에 대한 혼합이원변량분석 결과

변량원	자유도	자승합	평균자승화	F	p
실험 / 통제(A)	1	0.735	0.735	2.34	.1308
사전 / 사후(B)	1	4.643	4.643	29.19	.0001
A × B	1	1.494	1.494	9.39	.0031
S(A)	72	22.680	0.315	—	—
B*S(A)	72	11.455	0.159	—	—

표 7-11 사회적 인정 지각에 대한 실험 / 통제와 사전 / 사후 간
상호작용의 단순주효과 분석결과

변량원	자유도	자승합	평균자승화	F	p
사전 / 사후 at 실험	1	5.555	5.555	34.92	.0001
사전 / 사후 at 통제	1	0.447	0.447	2.81	.0978

2. 일가치감(종속변인)의 변화

지금까지 TVC를 실시한 집단과 실시하지 않은 집단 간에 일가치감 결정요인들에 대한 사전측정치와 사후측정치가 차이가 있는지를 살펴보았다. 분석결과 실험조건에서는 업무특성 차원의 업무의 중요성을 제외한 과정의 효율성, 결과의 유용성, 비전의 실현성, 및 사회적 인정 등이 TVC 프로그램의 실시를 통해 증가한 반면에, TVC를 실시하지 않은 채 실험집단과 같은 시기에 사전측정과 사후측정을 실시한 통제집단에서는 모든 일가치감 결정요인에서 어떠한 변화도 없는 것으로 나타났다.

따라서 이러한 조작점검 결과를 토대로, TVC의 실시를 통해 조작된 과정의 효율성, 결과의 유용성, 비전의 실현성, 및 사회적 인정의 증진이 일가치감에 미친 효과를 밝히기 위해, 일가치감을 종속변인으로 하고 2(TVC 실시: 실험 / 통제) × 2(사전 / 사후 – 피험자내) 이원변량분석을 실시하였다.

각 조건별 일가치감의 평균과 표준편차는 표 7-12에, 그리고 혼합이원변량분석 결과는 표 7-13에 제시하였다. 분석결과 사전 / 사후의 주 효과와 상호작용 효과가 유의한 것으로 나타났으며, 따라서 상호작용 효과를 해석하기 위해 실험집단과 통제집단별 사전 / 사후 측정치에 대한 단순주효과 분석을 실시하였다. 표 7-14에서 볼 수 있듯이, 실험집단에서는 TVC 프로그

램을 실시하기 이전(M =3.39, SD =0.52)에 비해 실시한 이후(M =3.82, SD =0.42)에 일가치감 지각이 높아진 반면에, F(1,72) =43.22, p<.0001, 통제집단에서는 사전측정치(M =3.49, SD =0.44)와 사후측정치(M =3.56, SD =0.50) 간 일가치감 지각에서 차이가 없는 것으로 나타났다. 이러한 결과는 본 연구의 가설 1-2, 1-3, 4-4, 및 1-5를 지지하는 것이라 할 수 있다.

표 7-12 실험조건별 일가치감 평균(표준편차)

사전 / 사후	실험조건		전체
	실험집단	통제집단	
사 전	3.39(0.52)	3.49(0.44)	3.44(0.48)
사 후	3.82(0.42)	3.56(0.50)	3.68(0.48)
전 체	3.60(0.52)	3.52(0.47)	3.56(0.49)

표 7-13 일가치감에 대한 실험 / 통제와 사전 / 사후 간 혼합이원변량분석 결과표

변량원	자유도	자승합	평균자승화	F	p
실험 / 통제(A)	1	0.223	0.223	0.60	.4396
사전 / 사후(B)	1	2.213	2.213	29.13	.0001
A × B	1	1.228	1.228	16.17	.0001
S(A)	72	26.651	0.370	—	—
B*S(A)	72	5.470	0.075	—	—

표 7-14 일가치감에 대한 실험 / 통제와 사전 / 사후 간
상호작용의 단순주효과 분석결과

변량원	자유도	자승합	평균자승화	F	p
사전 / 사후 at 실험	1	3.283	3.283	43.21	.0001
사전 / 사후 at 통제	1	0.074	0.074	0.98	.3263

Ⅳ. 논 의

연구 3에서는 현장실험을 통해 일가치감 결정요인들이 일가치감에 미치는 효과를 검증하고자 하였다. 이를 위해 일가치감 모형을 토대로 '업무가치증진(TVC)' 프로그램을 개발하여, TVC 프로그램의 실시를 통해 일가치감 결정요인들에서의 변화를 위한 3달간의 활동들을 실시한 실험집단과 TVC 프로그램의 실시 없이 실험집단과 동일한 시기에 사전측정과 사후측정을 실시한 통제집단 간 일가치감에서 변화가 있는지를 검증하고자 하였다.

TVC 프로그램의 실시를 통한 일가치감 결정요인들에서의 변화가 효과적인지를 밝히기 위해 조작점검을 실시하였으며, 분석결과 실험집단에서는 TVC 실시이전에 비해 TVC를 실시한 이후에, 업무수행 과정 차원의 과정의 효율성, 업무수행 결과 차원의 결과의 유용성, 개인비전 차원의 비전의 실현성 및 사회적 평가 차원의 사회적 인정 등이 통계적으로 유의하게 높아진 반면에, 통제집단에서는 실험집단과 통제집단 간에 일가치감 결정요인들 모두에서 유의한 차이가 없는 것으로 나타났다. 이러한 결과는 TVC 활동을 통한 일가치감 결정요인들에 대한 조작이 효과적임을 의미하는 것이라 할 수 있다.

그러나 업무특성 차원의 업무의 중요성에서는 실험집단과 통제집단 모두에서 사전측정치와 사후측정치 간 차이가 유의하지 않은 것으로 나타났다. 이러한 결과는 업무 자체의 특성에 대한 중요성 지각이 다른 일가치감 결정요인들에 비해 비교적 안정적임을 의미하는 것이라 할 수 있다. TVC 활동은 팀 단위의 자율적 변화 활동으로서, 리더십의 변화와 불필요한 업무의 제거 및 업무효율성 개선을 통한 업무수행 과정의 효율성 증진 활동, 자신의 업무가 수행되지 않았을 때의 결과들에 대한 상상과 자신의 업무가 갖는 중요성에 대한 스스로의 재평가 등을 통한 각자의 업무수행 결과가 갖는 유용성 지각 증진 활동, 서로의 업무에 대한 상호 피드백 및 각자의 업무가 개인의 조직 내 성장과 개인 비전에서 갖는 의미 등에 대한 재인식 등을 통한 비전의 실현성 지각 증진 활동, 그리고 서로의 업무 애로사항에 대한 인정과 격려 및 개개인의 담당업무에 대한 상호칭찬과 관심 표현 등을 통한 사회적 인정의 증진 활동이 주를 이룬다. 반면에, 업무의 중요성에 대해서는 팀장과 팀원 간의 논의를 통한 직무순환이나 직무확충 등을 권고하고 있으나, 직무순환과 직무확충은 팀 자체의 자율적 변화 노력에 의해서 변화되기가 상대적으로 힘든 더 큰 단위의 조직(부문, 본부, 회사) 차원의 노력이 요구되며, 다른 일가치 특성요인들에 비해 상대적으로 시스템적 변화가 요구된다는 측면에서 3개월간의 TVC 활동을 통해 변화되기에는 쉽지 않았던 것으로 해석될 수 있었다. 또한, 업무의 중요성에 대한 변화가 효과적인 못했던 또 다른 이유는, 본 연구가 주로 엔지니어들을 대상으로 이루어졌기 때문일 수 있다. 엔지니어들의 경우 자신의 전문 분야에 따라 업무 자체가 고정되기 때문에, 공장의 설비나 기계를 바꾸기 전에는 업무 자체의 변화가 어려울 수 있게 되며, 직무순환이나 담당업무의 변경이 쉽지 않기 때문에, 업무의 중요성에 대한 변화가 어려울 수 있게 된다.

그러나 업무의 중요성을 제외한 4가지의 일가치감 결정요인들이 효과적으로 조작되었으므로, 이러한 결정요인들의 변화가 일가치감에 미친 효과를 검증하고자, 실험집단과 통제집단에서 사전측정치와 사후측정치 간 일가치감의 차이에 대한 혼합이원변량분석을 실시하였다. 분석 결과 TVC를 실시한 실험집단에서는 사전측정치에 비해 사후측정치에서 일가치감이 유의하게 증가한 것으로 나타난 반면에, 통제집단에서는 사전측정치와 사후측정치 간 차이가 유의하지 않은 것으로 나타났다. 이러한 결과는 TVC 실시를 통한 과정의 효율성, 결과의 유용성, 비전의 실현성, 및 사회적 인정의 증진으로 인해 실험참가자들의 일가치감이 높아지게 되었음을 의미하는 것이라 할 수 있다.

이러한 연구결과는 두 가지 측면에서 의미를 갖는다 할 수 있다. 첫째는, 본 연구에서 제시한 일가치감 모형을 현장실험을 통해 입증하였다는 데 그 의미가 있다 하겠다. 이미 본 연구에서의 사례연구와 현장조사를 통해 사람들이 자신의 일에 대해 가치를 느끼는 것이 조직효과성에 중요하다는 것과, 사람들의 일가치감이 업무의 중요성, 과정의 효율성, 결과의 유용성, 비전의 실현성, 및 사회적 인정 등의 5가지 일가치감 결정요인들에 의해 결정된다는 것을 입증하였다. 본 연구 3의 현장실험 결과는 일가치감 결정요인들의 증가를 통해 사람들의 일가치감이 증진됨을 실험을 통해 입증함으로써, 본 연구에서 제시한 일가치감 모형의 타당성을 보다 확고하게 입증할 수 있었다는 데 그 의미가 있다 하겠다.

두 번째는 업무가치증진(TVC) 프로그램의 개발을 통해, 일가치감 결정요인들을 증진하기 위해 기업현장에서 활용할 수 있는 개입활동을 개발하였다는 데서 그 의미를 찾을 수 있을 것이다. 기존의 직무확충 모형이나 직무확대 모형들에서는 개인의 직무만족, 직무몰입, 직무동기, 직무수행 등의 조직효과성 변인들의 증진을 위해 일 자체 특성의 변화에 초점을 두어 왔으나, 본 연구에서는 이러한 일 자체의 특성 외에도, 업무수행 과정과 결과 차원 및 개인의 비전과 사회적 평가 차원에서의 변화가 개인의 일가치감의 변화를 통해 조직효과성에 영향을 미침을 입증하였다. 그러나 본 연구 2의 현장조사 결과들에서도 나타났듯이, 현재 개개인이 담당한 업무 자체의 특성이 얼마나 중요성을 요구하는가가 개인의 일가치감 및 이를 통한 조직효과성 변인에 중요한 영향을 미치기는 하지만, 현장실험 결과에서 볼 수 있듯이 현장에서의 개입활동을 통해 업무 자체 특성의 변화를 가져오기는 쉽지 않다는 것을 알 수 있었다. 그러나 본 현장실험 결과, TVC 프로그램은 업무수행 과정

의 효율성, 업무수행 결과의 유용성, 개인비전의 실현성, 및 사회적 인
정의 증진에 효과적인 것으로 나타났으며, 이를 통해 일가치감이 증진
됨이 입증되었다. 따라서 이러한 의미에서 볼 때, 일가치감의 증진을
위해 현장에서 일가치감 결정요인들에 변화를 가져올 수 있는 현장 개
입 프로그램으로서의 TVC 프로그램의 개발은 그 의미가 크다 하겠다.

제 7 장   전체 논의

Ⅰ. 연구결과들에 대한 논의 및 시사점

본 연구는 일가치감의 개념을 정립하고, 그 결정요인들과 효과를 밝히기 위해 실시되었다. 먼저, 현장에서의 자료들을 토대로 '일가치감(Perceived Value of Work)'의 개념을 정립하였다. 또한, 예비연구를 통해 일가치감을 결정하는 5가지 결정요인들을 추출하고, 이를 토대로 가설을 설정하였으며, 현장조사와 현장실험을 통해 가설의 타당성을 검증하였다. 본 연구를 통해 밝혀진 중요한 결과들에 대한 논의 및 그 시사점은 다음과 같다.

1. 일가치감에 대한 논의 및 시사점

본 연구의 첫 번째 시사점은 새로운 준거로서의 일가치감에 대한 개념적 정립이다. 많은 산업 및 조직심리학자들은 조직행동 연구에서의 준거를 찾고자 노력해 왔다. 일가치감의 정립은 사람들은 누구나 자신이 가치 있는 존재라고 느끼고 싶어 한다(Alderfer, 1972; Baumeister & Wilson, 1996; Herzberg, Mausner, & Snyderman, 1959; Maslow, 1943; McGregor, 1960;

Rogers, 1959)는 인간의 기본욕구에 바탕을 두고 있다. 직장인들에게 있어서 가장 중요한 것은 자신이 맡은 업무이며, 따라서 조직에서의 개인의 가치는 담당업무의 가치에 의해서 결정된다(김명언, 1995). 그럼에도 불구하고, 지금까지 이에 대한 연구가 이루어지지 않아 왔다.

일가치감은 자신이 하는 일이 가치 있다는 일에 대한 가치인식(일관련 가치), 자신이 조직 내에서 꼭 필요한 가치 있는 존재라는 자신의 가치에 대한 인식(자기관련 가치), 그리고 이러한 가치들이 충족됨으로써 경험하게 되는 긍정적 정서(가치관련 정서)들을 포함하는 개념이다. 본 연구에서 제안한 일관련 가치, 자기관련 가치, 및 가치관련 정서들은 조직의 활성화를 위해 요구되는 가장 기본적인 인지와 정서들일 뿐 아니라, 직장인들의 직장생활의 질과 삶의 질에 필수적이라 할 수 있다. 자신이 하는 일이 가치 없고 자기자신도 가치 없다고 느껴질 때 사람들은 자신에 대한 무가치감과 열등감을 경험하게 되고, 좌절감과 패배감을 경험하게 될 것이며, 성장감보다는 정체감을 느끼게 되고, 즐겁게 일하기보다는 마지못해 일하게 될 것이다. 일가치감의 개념적 정립은 향후 연구자들과 현장의 실무자들이 관심을 가져야 할 새로운 개념을 제시하였다는 점에서 그 의의가 크다 하겠다.

또한, 본 연구를 통해 일가치감 척도를 제시하였다는 점은 산업 및 조직심리학 분야에서의 연구적 측면과, 현장에서의 조직개발의 측면에서 그 의의가 크다 하겠다. 더욱이 본 연구를 통해, 일가치감이 지금까지 대표적인 준거로서 사용되어 왔던 '직무만족'과 구분되는 개념임을 입증하였다는 점 또한 그 의미가 크다 하겠다. 직무만족은 '만족'의 개념적 포괄성으로 인해 개인의 심리적 상태에 대한 구체적인 설명에 한계를 가지고 있으며, 또한 현장의 실무자들뿐 아니라 연구자들 사이에서도 그 의미에 대한 명확한 이해에 어려움을 겪고 있다. 특히, 직무만족을 측정하고자 할 때, 전반적 직무만족을 측정하여야 할지 아니면 직무단면에 대한 만족을 측정해야 할지에 대한 판단에 어려움이 있으며,

직무단면에 대한 만족을 측정하고자 할 때에는 직무의 다양한 단면들 중 어떠한 측면들을 포함하여야 할 것인가에 대한 혼란을 겪고 있다. 간혹 전반적 직무만족에 대한 측정문항으로 '내가 하는 일은 가치 있는 일이다.' '하루 일과를 마쳤을 때 뭔가 가치 있는 일을 했다는 생각을 자주 갖는다.' 등과 같은 문항들을 이용함으로써, 일가치감을 일부 포함하는 경우가 있었으나, 이는 일가치감이 전반적 직무만족의 구성요소로서 측정되었다기보다는 직무만족의 측정에 대한 일치된 견해가 없기 때문에 나타난 현상이라 할 수 있으며, 그보다 더 근본적으로는 일가치감이라는 구성개념에 대하 명확한 개념적 정립과 이해가 없었기 때문이라 할 수 있다. 그러나 본 연구에서의 개념적 정립을 통해 직무만족과 구분되는 일가치감 척도를 개발하였으며, 확인적 요인분석을 통해 두 구성개념 간 변별타당도가 입증되었다는 점은, 향후 새로운 준거로서의 일가치감 연구의 가능성을 열었다는 점에서 그 의의가 있다 하겠다.

또한, 일가치감의 개발은 조직효과성 변인들에 대한 일차적인 준거로서도 그 의미를 갖는다고 할 수 있다. 본 연구를 통해, 일가치감 결정요인들이 직무만족, 직무몰입, 직무동기 등의 조직효과성 변인에 미치는 영향이 일가치감을 통해 매개됨이 입증되었다. 이러한 연구 결과는 조직 내에서의 일과 관련된 다양한 현상들이 자신의 일에 대한 가치감을 형성함으로써, 직무에 대해 전반적으로 만족하게 되고 그러한 자신에 대한 긍정적인 평가와 긍정적 정서를 지속적으로 유지하고 강화하기 위해 직무에 보다 더 몰입하고 열심히 일하려는 동기 또한 높아지게 됨을 설명하고 있다. 따라서 본 연구의 결과는 조직 내의 많은 직무관련 변인들이 조직효과성(특히, 직무관련 조직효과성 변인들)에 미치는 영향에 대한 보다 풍부한 설명력을 제공할 수 있게 될 것이다.

2. 일가치감 결정요인에 대한 논의 및 시사점

본 연구의 가장 큰 목적은 일가치감을 결정하는 요인들을 규명하고, 이들 요인이 일가치감에 미치는 영향을 검증하는 것이었다. 예비연구에서의 사례수집과 탐색적 요인분석을 통해 사람들의 일가치감을 결정하는 5가지의 일가치감 결정요인을 추출하였다. 또한 연구 1에서의 확인적 요인분석을 통해 결정요인들의 구성개념 타당도를 입증하였으며, 연구 2에서의 가설검증을 통해 일가치감 및 조직효과성 변인들에 대한 준거타당도를 입증하였다. 이러한 결과들은 본 연구에서 개발한 일가치감 결정요인 척도가 타당하며, 이들 결정요인이 일가치감을 결정하는 요인으로서도 매우 우수함을 의미하는 것이라 할 수 있다.

이들 결정요인을 살펴보면, 첫 번째 요인은 업무특성 차원의 업무의 중요성 요인으로서, 전문성이 요구되는 업무, 정체성이 높은 업무, 성과가 명확한 업무, 팀 내 주변업무가 아닌 주요업무, 반복적이거나 루틴하지 않은 창의성이 요구되는 업무, 난이도가 높은 업무를 한다고 지각할 때 등이었다. 두 번째 요인은 업무수행 과정 차원의 과정의 효율성 요인으로서, 개인에게 권한과 책임이 주어지고, 상사나 동료로부터 업무수행과 관련하여 원활한 피드백이 이루어지며, 불필요한 업무 없이 효율적으로 업무가 진행되고, 서로가 합의한 원칙과 기준이 지켜질 때 등이었다. 세 번째 요인은 업무수행 결과 차원의 결과의 유용성 요인으로서, 자신의 업무가 회사 내·외의 타인들에게 영향을 미친다고 생각될 때, 자신의 업무수행 결과가 조직의 성과에 기여한다고 생각될 때, 업무수행 결과의 활용도가 클 때, 자신의 업무수행 실패 시의 파급효과가 크다고 지각될 때, 자신의 업무수행 결과가 사회적 및 국가적으로 기여한다고 생각될 때 등이었다. 네 번째 요인은 개인비전 차원의 비전의 실현성 요인으로서, 현재의 업무가 전문가로의 경력발달에 기여한다

고 생각될 때, 자신의 역량증진에 도움이 될 때, 조직 내에서의 승진에
도움이 될 때, 그리고 개인의 장기적 계획 / 목표달성에 도움이 될 때
등이었다. 마지막으로, 다섯 번째 요인은 사회적 평가 차원의 사회적
인정 요인으로서, 상사로부터 인정이 주어질 때, 동료들로부터 인정이
주어질 때, 그리고 자신의 업무를 통해 사회적으로 지위를 인정받을 때
등이었다.

먼저, 본 연구에서 제시한 이러한 일가치감 결정요인들은 Hackman
등(Hackman, et. al., 1976; Hackman & Lawler, 1971; Herzberg, et. al.,
1957; Steers & Porter, 1974)이 제시한 직무확충을 확장시켰다는 데 그
의미가 있다 하겠다. 즉, 본 연구에서 제시한 업무특성 차원의 정체성과
창의성은 Hackman 등의 직무확충 모형에서 제시하고 있는 정체성 및
기술의 다양성과 유사하고, 본 연구에서의 과정 효율성 요인에 포함되어
있는 권한과 책임 및 원활한 피드백은 기존의 자율성 및 피드백과 유사
하다 할 수 있다. 그러나 그 내용을 구체적으로 살펴보면, 정체성을 제
외한 나머지 3개 요인들은 다소 차이가 있다. 먼저 본 연구에서 제시한
창의성은 "루틴하고 반복적이지 않은 창의성이 요구되는 업무"를 나타
내고 있는 반면에, 기존의 기술다양성은 다양한 기술이 요구되는 업무만
을 나타내고 있다. 즉, 다양한 기술을 요구한다 할지라도 그러한 기술들
을 반복적이고 기계적으로 사용하게 될 수 있다는 점과, 창의성이 요구
된다는 것은 다양한 기술들의 활용이 아닌 창의적인 사고를 요구하는
업무라는 점에서 이들 간에 차이가 있다 할 수 있다. 또한, 본 연구에서
제안한 권한과 책임은 자율성을 증진하기 위한 중요한 방법이라 할 수
있으며, 본 연구에서 제시한 피드백이 업무수행 과정에서의 상하 간 및
동료 간의 업무관련 피드백을 나타내는 반면에, Hackman 등이 제안한
피드백은 업무 자체가 그 진행과정과 성공적 수행에 대해 쉽게 알 수
있는 업무인가를 나타내고 있다는 점에서 차이가 있다 하겠다. 마지막으
로, 본 연구에서 제시한 업무 중요성 요인은 Hackman 등이 제시한 과

제 중요성을 보다 세분하고 있다고 할 수 있다.

특히, Hackman 등의 모형이 직무 자체의 특성에 초점을 둔 반면에, 본 연구에서 제시한 일가치감 결정요인들은 업무 자체의 특성 이외에도 업무수행 과정, 업무수행 결과, 업무와 개인비전과의 연계성, 사회적 평가 등의 다양한 업무관련 차원들을 포함하고 있다. 즉, 업무 자체뿐 아니라, 업무수행 과정이 얼마나 효율적으로 이루어지고 있는가, 자신의 업무수행 결과가 조직과 사회에 기여하는 정도에 대한 인식, 자신이 현재 수행하고 있는 업무가 개인의 성장과 발전에 기여하고 있다는 느낌, 그리고 업무수행을 통해 직장 상사와 동료들로부터의 긍정적인 평가와 인정 등을 포함하고 있다. 이러한 차이로 인해, 기존의 직무확충이나 직무확대가 개인의 업무에 대한 심리적 유의미성 증진을 위해 직무재설계를 요구함으로 인해 조직 내 적용상에 많은 어려움과 제약을 갖는 반면에, 일가치감 결정요인들은 직무재설계의 노력 없이도 업무의 중요성에 대한 인식의 변화, 업무수행 과정에서의 효율성 증가, 업무수행 결과의 유용성에 대한 인식의 변화, 현재의 업무와 개인비전 간의 연계성 인식, 상사나 동료들로부터의 긍정적 피드백 등을 통해서도 일가치감이 증가될 수 있음을 입증하였다는 데 의미가 있다 하겠다.

또한, 본 연구에서 밝힌 일가치감 결정요인들은 기존의 일가치에 대한 연구들(Nord, Brief, Atieh, & Doherty, 1988; Sagie, Elizur, & Koslowsky, 1996; Wollack, Goodale, Wijting, & Smith, 1971)에서의 일가치 또는 일의 의미 요인과 구분되는 것이라 할 수 있다. 물론, 일가치나 일의 의미 연구들에서 밝히는, 사람들이 중요시하는 일의 측면들 자체는 본 연구에서의 일가치감 결정요인들과 크게 다르지 않다. 그 대표적인 예로서 장형석(2000)이 밝힌 개인적 성장과 미래에 대한 희망적 전망은 일가치감 결정요인 중 비전의 실현성과 유사하며, 일의 보람은 결과의 유용성의 사회적 기여와 유사하며, Seaburg 등(1976)의 지위와 자율성은 각각 일가치감 결정요인 중 사회적 인정 및 과정의 효율성 중 권한과 책임의 위임과 유사하다. 그러나 과정의 효율성은 지금까지의 일가치 척도들에서는 밝혀지지 않았던 요인으로서, 직장인들의 일가치감에 영향을 미치는 매우 현실적인 요소들을 담고 있다는 점에서 기존의 일가치 척도와 일가치감 결정요인 척도의 차이를 잘 나타내준다 할 수 있다. 또한, 기존의 일가치 척도가 일의 여러 측면들을 나열한 뒤 개인으로 하여금 어떤 측면을 더 중시하는지를 평정하도록 함으로써, 사람들의 일가치를 측정하는 데 초점을 두는 반면에, 일가치감 결정요인 척도는 사람들이 자신과 자신의 일에 대해 가치를 느끼기 위해 필요한 결정요인들로 구성되어 있으며, 따라서 사람들의 일가치감을 증진시키기 위해 개인, 조직, 또는 팀 차원에서의 어떠한 노력이 요구되는지를 명확히 하였다는 점에서 그 의의가 크다 하겠다.

또한, 본 연구에서 제안한 일가치감 결정요인 척도는 Amabile 등(1994)이 제안한 일선호도항목표(work preference inventory; WPI)와도 구분된다. Amabile 등(1994)이 제시한 WPI는 사람에 따라 내적 동기가 잘 유발되는 사람과 외적 동기가 잘 유발되는 사람이 있다고 보고, 개인 스스로가 자신의 행동을 내적으로 동기부여되어 있다고 지각하는 정도와 외적으로 동기부여되어 있다고 지각하는 정도를 통해, 내적-외적 동기에 대한 개인의 지향성을 직접적으로 측정한다. 이들에 따르면, 내적 동기 지향성의 사람들은 선택과 자율을 선호하며(자기결정), 완성 지향적이고 도전적인 일을 선호하고(유능), 과제 수행 시 그 자체에 전념하고(높은 과제 관여), 복잡하고 어려운 과제를 선호하며(호기심), 과제 수행에서 재미와 흥미를 느끼기 좋아하는 특성을 지니고, 외적 동기 지향성의 사람들은 과제 자체보다는 타인들의 평가와 인정에 대해 관심이 높고, 타인들과 비교하기 좋아하고 경쟁적이며, 과제 자체보다는 돈이나 기타 물질적 인센티브에 더 관심이 많은 특성을 지지며, 이러한 내적-외적 동기 지향성은 상호독립적이다. 이렇듯, WPI가 동기적 지향성에서의 개인차를 다루고 있고, 그 내용 또한 개인이 내적 만족을 제공하는 활동을 선호하는 정도 및 어떤 활동을 할 때의 관심의 초점이 개인 외적인 것에 있는 정도를 측정하고 있으며, 자신이 현재 수행하고 있는 직무에 한정하지 않은 채 포괄적인 상황들을 다루고 있는 반면에, 본 연구에서 제안한 일가치감 결정요인은 개인차 변수가 아닌 상황적인 변수이며, 그 내용 또한 현재 업무수행을 통해 자신이 하는 일과 자신에 대한 가치를 인식하는 데 중요한 결정요인들이 얼마나 충족되고 있는지를 측정하고 있으며, 자신의 현재 직무와 직접적으로 연결되어 있는 상황들에 초점을 두고 있다는 점에서 차이가 있다 하겠다. 이러한 이유에서, Amabile 등(1994)도 WPI의 사용이 개인의 직업선택이나 경력이동, 다양한 환경적 사건들에 대한 개인의 반응을 예언하는 데 적합하다고 제안하였으며, 따라서 학교장면에서의 학생들의 학업 배치, 직장에서의 직무배치, 및 학생들과 직장인들의 진로선택에 대한 상담에 적합하다고 제안하였다. 그러나 이와 달리 본 연구에서 제안한 일가치감 결정요인들은 직장인들이 자신의 일과 자신에 대해 가치를 느낄 수 있도록 하고, 이를 통해 보다 긍정적인 정서들을 경험할 수 있도록 하기 위해, 어떠한 측면들에 초점을 두어야 하는지를 밝힘으로써, 바람직한 조직문화 구축을 위한 개인과 조직 차원의 진단과 변화에 활용할 수 있다는 점에서 차이가 있다 하겠다.

3. 내 / 외 보상 지향성의 조절효과에 대한 논의 및 시사점

본 연구에서는 또한, 일가치감 결정요인들이 일가치감에 미치는 영향과 일가치감이 조직효과성 변인들에 미치는 영향이 개인의 가치에 의해 조절되는지를 살펴보고자 하였다. 특히, 일가치감 결정요인들이 일가치감에 미치는 영향에 대한 개인이 지닌 가치의 조절효과는, 일가치감 결정요인들에 대한 중요도 판단을 이용하여 이루어졌다. 이것은, 본 연구에서 제시한 일가치감 결정요인들 모두가 일의 내재적 측면들이므로, 이러한 내재적 측면을 중시하는 사람들은 외재적 측면을 중시하는 사람들에 비해 이러한 결정요인들을 보다 중요하게 생각할 것이고, 따라서 이들 결정요인을 중시하는 사람들은 그것의 충족 정도에 대해 보다 민감하게 반응할 것이라는 가정에 근거한 것이다. 연구 결과, 일가치감 결정요인들 중 업무특성 차원의 업무의 중요성, 업무수행 결과 차원의 결과의 효용성, 및 개인비전 차원의 비전의 실현성 요인에서 이들 일가치감 결정요인들을 중시하는 사람들이 그렇지 않은 사람들에 비해 이러한 결정요인들이 충족되지 않았을 때에는 일가치감을 더 못 느끼는 반면에, 이러한 결정요인들이 충족되었을 때에는 일가치감을 더 많이 느끼는 것으로 나타났다. 이러한 결과는 Brief와 Aldag(1975), Burter(1983), Knoop(1991), 그리고 Katzel(1964) 등의 연구에서와 유사한 결과로서, 사람들이 일의 측면들 중 자신이 중요시하지 않는 측면들보다는 중요시하는 측면들에 대해 사람들이 상대적으로 더 민감하게 반응하기 때문이라 할 수 있다 (Wood, 1981).

또한, 일가치감이 직무만족, 직무몰입, 직무동기 등에 미치는 영향이 개인의 내 / 외 보상 지향성에 따라 어떻게 달라지는지를 살펴본 결과, 직무만족을 제외한 직무몰입과 직무동기에서 내적 보상 지향성의 집단은 일가치감이 충족되지 않았을 때에도 외적 보상 지향성의 집단에 비해 상대적으로 높은 직무몰입과 직무동기를 나타내다가, 일가치감이 충족되었을 때에는 직무몰입과 직무동기가 증가하는 것으로 나타났다. 반면에, 외적 보상 지향성의 집단은 일가치감이 충족되었을 때에는 내적 보상 지향성의 집단에 비해 매우 낮은 직무몰입과 직무동기를 보이다가 일가치감이 충족되었을 때에는 내적 보상 지향성 집단과 직무몰입과 직무동기에서 큰 차이를 보이지 않는 것으로 나타났다. 이러한 결과는 외적 보상 지향성의 집단이 외적인 보상을 중시한다 할지라도, 일가치감을 높여주면 자신의 일에 몰입하고 열심히 일하게 됨을 의미하는 것으로서, 일가치감의 증진이 갖는 중요성을 다시 한번 보여주는 것이라 할 수 있다. 또한, 이러한 결과는 개인의 성향보다 일가치감이 개인의 조직효과성 발휘에 더 중요함을 나타내는 것이라 해석할 수 있을 것이다. 즉, 내/외 보상 지향성이 개인이 가진 일가치를 나타내는 비교적 안정적이고 지속적인 성향이지만, 개인이 자신의 일과 자신에 대해 가치를 느끼고 긍정적 정서를 경험할 수 있도록 함으로써, 그와 일치하는 방향으로 일에 대한 태도와 행동이 변화될 수 있음을 의미한다는 점에서 조직장면에서의 시사점이 크다 할 수 있을 것이다.

4. 현장실험 결과에 대한 논의 및 시사점

본 연구에서는 또한 현장실험을 통해 일가치감 결정요인들의 증가가 일가치감에 미치는 영향을 입증하고자 하였다. 이를 위해, 일가치감 결정요인들을 토대로 '업무가치증진(TVC)' 프로그램을 개발한 뒤, TVC 프로그램을 실시한 실험집단과 이를 실시하지 않은 통제집단 간에 일가치감 결정요인들에서의 변화에 이에 따른 일가치감에서의 변화를 분석하였으며, 분석결과 실험집단은 사전측정에 비해 사후측정에서 업무의 중요성을 제외한 과정의 효율성, 결과의 유용성, 비전의 실현성, 및 사회적 인정에 대한 지각이 높아지고, 그에 따라 일가치감 또한 높아진 것으로 나타난 반면에, 통제집단에서는 일가치감 결정요인들 및 일가치감 중 어떤 것도 달라지지 않은 것으로 나타났다.

이러한 연구결과는, 구성원들의 일가치감 증진을 위한 구체적인 방법을 제시하였다는 점에서, 현장에서의 조직활성화에 대해 갖는 시사점이 크다 하겠다. 그 구체적인 예로서, 최근 국내의 많은 기업들이 기업의 지속적 경쟁 우위의 원동력은 구성원들에게 있으며(Pfeffer, 1994), 조직의 발전을 위한 구성원들의 자발적 참여와 노력을 이끌어내기 위해서는 구성원 중시의 조직문화가 중요함을 인식하고, 이를 위해 많은 시간과 비용을 투자하고 있다. 이들 기업이 추구하는 것은 구성원들이 자신의 업무를 통해 보람과 자부심을 느끼고, 즐겁게 열심히 일하는 조직문화의 구축이라 할 수 있으며, 따라서 그 핵심은 구성원들 모두가 자신의 일에서 가치를 느낄 수 있도록 하는 데 있다 하겠다. 또한 그 일환으로 제시되고 있는 최근의 '재미있는 일터 만들기'는 사람들이 즐겁게 일할 수 있도록 하기 위한 노력이라 할 수 있을 것이다. 일부 기업들이 이를 단순히 생일 파티, 칭찬카드 발급, 커피 브레이크 등과 같은 다양한 이벤트의 필요성으로 받아들이고 있으나, 그 근본적인 의미는 이벤트 자체가 갖는 즐거움이 아닌, 그러한 이벤트들을 통해 서로가 서로에게 관심을 갖고 상대방에게 인정과 칭찬을 제공하며, 원활한 커뮤니케이션과 피드백을 통해 불필요한 업무를 줄이고 업무의 효율성을 높일 수 있도록 함으로써, 각자가 자신의 업무에 대해 가치를 느낄 수 있도록 하는 데 있다 할 수 있을 것이다. 이러한 의미에서 본 연구에서 제시한 5가지의 일가치 특성요인들은 구성원들이 자신의 업무에 대해 가치를 인식할 수 있도록 하기 위해, 조직의 리더와 구성원들이 어떠한 노력을 해야 할 것인가에 대한 해답을 제시하였으며, TVC 프로그램의 개발을 통해 이를 현장에 적용할 수 있도록 하였다는 점에서 중요한 의미를 갖는다 할 수 있을 것이다.

Ⅱ. 연구의 제한점 및 제언

본 연구의 제한점으로는 첫째, 샘플 수집 방법의 제약으로 인해 전체 1159명의 조사대상자들 중 약 88%가 20대(약 43%)와 30대(약 45%)라는 샘플에서의 한계를 들 수 있다. 본 연구의 샘플 수집 방법은 세 가지 방법으로 이루어졌으며, 그러한 과정에서 예상치 못하게 20대와 30대가 많은 비율로 표집된 것이다. 첫 번째는 심리학 강좌 수강생들에게 주변의 직장인들을 대상으로 1부씩 설문조사를 실시하도록 과제를 부여하였으며, 그 결과 학생들이 자신의 선배나 형제들을 주요 조사대상으로 삼은 것으로 나타났다. 두 번째는 기업의 인사 또는 교육 담당자들을 통해 개별적으로 설문을 배포하고 수거하거나 교육 중 단체로 설문을 실시하였으며, 그 결과 인사담당자들은 상위직급보다는 하위직급의 친분 있는 동료들을 대상으로 하였으며, 교육담당자들 또한 고위직급보다는 하위직급을 대상으로 하는 교육에서 조사를 실시함으로써 응답자들의 연령이 낮아지게 된 것으로 파악되었다. 세 번째는 인터넷 조사업체의 패널들을 대상으로 한 인터넷 설문조사를 실시하였으며, 인터넷의 주요 사용자들이 젊은 층이라는 인터넷 설문조사의 특성상 응답자들이 주로 20대와 30대에 분포해 있었다. 연구 2의 위계적 중다회귀 분석결과 인구통계학적 변인들 중 연령에 의한 효과는 유의하지 않은 것으로 나타났다는 점에서, 이러한 조사대상자 분포가 본 연구의 일반화에는 영향을 미치지 않은 것으로 나타났으나, 향후 연구방법론으로서 이러한 연구방법들을 선택하고자 할 때 조사대상자의 연령분포 편중가능성에 대해 고려해야 할 것이다.

두 번째 한계는, 본 연구의 예비연구에서 일가치감 결정요인으로서 수집된 사례들에 대해, 본 연구자와 산업심리박사과정을 수료한 1명만이 사례분

류를 실시하였다. 따라서 전문가의 평가가 이루어지지 않음으로 인해 사례
분류가 정확하게 이루어지지 않았을 수 있다는 한계가 있다 하겠다.

세 번째 한계는 현장실험이 갖는 방법론적 한계이다. 구체적으로, 본
연구에서는 일가치감 결정요인이 일가치감에 미치는 효과를 현장실험
을 통해 검증하고자, 일가치감 결정요인들의 변화를 위해 업무가치증진
(TVC) 프로그램을 개발하고, 현장의 실제 팀들을 대상으로 TVC 프로
그램을 실시한 실험집단과 이를 실시하지 않은 통제집단을 대상으로
일가치감 결정요인들의 변화와 이를 통한 일가치감에서의 변화를 검증
하고자 하였다. 그러나 본 현장실험은 세 가지 측면에서 한계를 지적할
수 있다.

첫째, 조사대상의 한계이다. 본 현장실험은 L정유회사만을 대상으로
이루어짐으로써, 이러한 연구결과가 대상 기업에서만의 특징이 아닌 보
다 일반화 가능한 결과임을 입증하기 위해서는 여러 기업에서의 TVC
프로그램의 적용과 그 효과에 대한 보다 검증이 요구된다 하겠다.

둘째, 실험집단과 통제집단 간 특성에서의 차이이다. 연구 3의 표
7-1과 7-11에 제시된 바와 같이, 실험집단과 통제집단의 사전측정치에
서 실험집단에 비해 통제집단이 5가지의 일가치감 결정요인들 및 일가
치감에서 다소 높은 것으로 나타났다. 이러한 사전측정치에서의 차이는
현장실험이 갖는 실험조건별 무선배치(random assignment)의 한계에 의
한 것이라 할 수 있다. 본 현장실험은 TVC 촉진자 교육 후 일괄적으
로 사전조사를 실시한 뒤, 자체적으로 TVC 활동이 필요하다고 생각하
는 팀들에 대해서만 활동을 실시하도록 하였으며, 따라서 이들 중
TVC 활동을 실시한 팀은 사전조사 결과 자신들의 팀에 더 문제가 있
다고 생각되는 팀들일 가능성이 있기 때문에 실험집단이 통제집단에
비해 일가치감 결정요인들 및 일가치감에서 그 수준이 낮았을 가능성
이 높았을 수 있을 것이다. 이들 모든 변인들에서 실험집단과 통제집단
간 차이가 통계적으로 유의하지 않은 것으로 나타났으나, 사전측정치가

낮았던 실험집단이 통제집단에 비해 TVC의 효과가 더 크게 나타났을 가능성이 있다는 점에서, 본 연구의 한계로서 지적할 수 있을 것이다. 특히, 조직활성화를 위한 현장 개입 프로그램의 경우에는 문제 있는 팀들을 대상으로 하게 되므로, 향후 조직활성화 개입 프로그램에 대한 현장실험을 실시할 때에는 이러한 실험집단과 통제집단 간 사전측정치에서의 차이 가능성을 고려해야 할 것이다.

셋째, TVC 프로그램을 통한 일가치감 결정요인들의 조작이 갖는 한계이다. 현장실험에 대한 조작점검 결과 일가치감 결정요인들 중 업무특성 차원의 업무의 중요성의 경우에는 실험집단과 통제집단 모두에서 변화가 없는 것으로 나타났다. 이러한 결과는 TVC 프로그램을 통한 변화 노력이 업무 자체의 중요성에 대한 지각의 변화를 가져오지 못하였음을 의미하며, 따라서 본 현장실험을 통해 업무특성 차원의 중요성의 효과에 대해서는 검증할 수 없었다. 이러한 결과는 세 가지 측면에서 그 이유를 찾을 수 있을 것이다. 첫 번째는, 본 현장실험의 대상이 L정유업의 엔지니어들을 대상으로 이루어졌기 때문일 수 있을 것이다. 엔지니어들의 경우 자신의 전문분야에 따라 업무 자체가 고정되기 때문에, 공장의 설비나 기계를 바꾸기 전에는 업무 자체의 변화가 어려울 수 있게 된다. 두 번째는, 실험대상자들이 주로 엔지니어들이므로, 이들의 담당업무의 변화를 위해서는 개인의 역량증진이 뒷받침 되어야 하며, 3개월의 본 현장실험 기간이 이를 위한 자기개발의 시간으로는 부족했을 수 있을 것이다. 세 번째는 본 TVC 프로그램이 업무의 중요성에 대한 변화에 대해서는 효과적이지 않았기 때문일 수 있다. 만일 업무의 중요성에 대한 조작의 실패가 앞의 두 가지 이유에서 밝힌 샘플의 특성 때문이 아닌 실제 TVC 프로그램의 한계 때문이라면, 직무재설계나 직무순환 등을 통한 업무특성 자체의 변화나 업무특성의 인식변화를 통해 업무의 중요성에 대한 지각의 변화를 가져올 수 있도록 TVC 프로그램이 수정되어야 할 것이다.

본 연구의 네 번째 한계는, 본 연구에서의 현장실험에서 나타난 일
가치감 결정요인들의 변화와 일가치감의 변화가 호손효과에 의한 일시
적인 변화일 가능성에 대한 한계이다. 본 연구에서, 사전측정 후 3개월
이 지난 시점에서의 사후측정만이 이루어졌고, 그 후 다시 1년 후에
측정이 이루어지지 않았기 때문에 호손효과일 가능성을 완전히 배제할
수는 없을 것이다. 그러나 호손효과와 달리 3개월 이후에도 각 집단에
서 자율적으로 TVC 과정에서 계획한 활동들(예, 지속적 정보공유, 지
속적 조직학습을 통한 팀원들의 역량증진 노력 등)을 지속하고 있음이
사내에서 보고 되고 있다는 점은 TVC를 통해 참가 팀들에서의 변화가
지속적으로 이루어지고 있음을 의미한다 할 수 있을 것이다.

향후 연구방법과 관련하여, 첫 번째는 본 연구에서의 일가치감 결정
요인으로 산출된 차원들 및 5가지 결정요인들이 사람들이 자신의 일에
서 가치를 느끼도록 하는 데 중요한 영향을 미치는 모든 요인들을 포
함하고 있지 않을 수 있으며, 따라서 향후 연구에서는 본 연구에서 제
외한 5가지 결정요인 이외의 다른 결정요인들의 가능성에 대해 살펴볼
필요가 있을 것이다. 예를 들어, 본 연구의 예비연구에서, 사례수집 결
과 "동료애를 느낄 때" 자신의 일에 대해 가치를 느끼게 된다는 사례
가 추출되었으나, 본 연구에서는 결정요인에 포함하지 않았다. 그러나
조직에서의 업무수행이 개인 혼자에 의해서만 이루어지는 것이 아니라,
관련업무를 수행하는 다른 동료들과의 관계를 통해서 이루어지거나, 또
는 여러 동료들과의 팀워크를 통해 이루어지는 경우들이 많으므로, 이
러한 업무에서의 관계적 측면이 사람들의 일가치감을 결정하는 결정요
인으로서의 가능성에 대해서도 살펴볼 필요가 있을 것이다.

두 번째는 개인의 직무에 따라 일가치감에 미치는 일가치감 결정요
인들의 상대적 강도가 다를 수 있다는 점이다. 본 연구에서 제시한 일
가치감 결정요인들은 업무의 서로 다른 측면들에 대한 것이라는 점에
서, 직무의 특성에 따라 일가치감 결정요인들의 효과 크기가 서로 달라

질 수 있게 되는 것이다. 예를 들어, 의사나 변호사 등과 같은 전문직의 경우에는 이미 업무의 중요성이 갖춰져 있으며, 반면에 제조업무나 생산업무와 같은 단순 노동직의 경우에는 업무의 중요성을 기대하기 어려우므로, 업무 자체의 중요성에 따른 지각에서의 차이가 상대적으로 적을 것이다. 또 다른 예로서, 컴퓨터 프로그래머나 디자이너 등과 같이 팀이 아닌 개인이 독립적으로 업무를 수행하는 직무의 경우에는 업무수행 과정에서의 효율성이 보장되므로, 업무수행 과정의 효율성의 차이에 따른 일가치감의 차이가 적을 것으로 예측할 수 있을 것이다. 이러한 연구는 일가치감의 증진을 위해 각 직무별로 어떠한 차원에서의 변화노력이 요구되는가에 대한 답을 제시해 줄 수 있을 것이라는 점에서 향후 현장에서의 개입활동에 많은 시사점을 제공해 줄 수 있을 것이다.

세 번째는 일가치감과 다른 개인 및 조직효과성 변인들과의 관련성에 대한 연구의 필요성이다. 이미 앞에서 여러 차례에 걸쳐 언급했듯이, 일가치감은 직장인들에게 충족되어야 할 가장 근본적인 욕구들 중 하나라는 점에서 개인의 측면에서 중요한 의미를 가지며, 또한 본 연구의 결과에서도 밝혀졌듯이 사람들은 자신의 일에 대해 가치를 느낄 때 직무에 대해 더 만족하게 되고 몰입하게 되며, 보다 더 열심히 일하고자 하는 동기 또한 높아지게 된다는 점에서 조직의 측면에서도 중요한 의미를 갖는다고 할 수 있다. 그러나 조직은 근본적으로 이익을 추구하는 곳이므로, 조직 내의 어떠한 개입노력이 조직의 성과와 연결될 때 보다 적극적으로 시간, 인력, 비용을 투자하려 할 것이다. 따라서 보다 근본적으로 일가치감이 개인과 조직의 업무성과와 같은 조직효과성 변인들과의 관련성에 대한 연구는 보다 많은 사람들이 자신의 일과 자신에 대해 가치를 느낄 수 있도록 하는 데 기여하게 될 것이다.

[참고문헌]

김명언(1995). 자율적 변화극. 1995년도 한국 산업 및 조직심리학회 춘계학술발표 논문집. 한국 산업 및 조직심리학회.

서용원·임대열(1997). 목표-수행차이와 성취귀인이 과제수행에 미치는 상호작용 효과. 한국심리학회지: 산업 및 조직, 11(2), 53-70.

서용원(1997). 자율과 존중의 리더십. 박영석·김명언(편). 한국기업문화의 이해. 서울: 오롬 출판사.

안신호(1997). 직장인이 추구하는 삶의 의미. 박영석·김명언(편). 한국기업문화의 이해. 서울: 오롬 출판사.

오인수·서용원(2000). 피그말리온 리더십 행동의 규명 및 측정. 한국심리학회지: 산업 및 조직, 14(2), 43-72.

이순묵(1990). 공변량구조분석. 서울: 성원사.

이영석·오동근(2003). 업무가치증진활동 매뉴얼(6판). 서울: ORP연구소.

이영석·오인수(2002). 핵심역량과 학습조직. 서울: 시그마프레스.

이영석(2000). 업무가치 창조활동이 직무특성과 집단효율성에 미치는 영향. 2000년도 인재개발 종합대회 발표논문집. LG 인화원.

이지우(1994). 근로가치관에 대한 탐험적 연구. 인사관리연구, 18, 413-438.

임창희(2000). 부정적 감정성향이 임파워먼트 효과에 미치는 영향. 인적자원개발연구, 2(2), 71-99.

장형석(2000). 일의 의미 척도의 구성 및 직무만족과의 관계. 심리과학연구, 1(1), 부산대학교 심리과학연구소.

차재호(1987). 한국 사회에서의 가치관의 변화와 적응 문제. 현대사회, 7, 126-142.

탁진국(2002). 경력개발 및 관리. 서울: 시그마프레스.

한덕웅(1983). 조직행동의 동기이론. 서울: 법문사.

한덕웅(2004a). 한국인의 인생관으로 본 가치관 변화: 30년간 비교. 한국심리학

회지: 사회 및 성격, 17(1), 49-67.

한덕웅(2004b). 인간의 동기심리. 서울: 박영사.

Adkins, C. L., Russel, C. J., & Werbel, J. D. (1994). Judgements of fit in the selection process: The role of work values congruence. *Personnel Psychology, 47,* 605-623.

Aldag, R. J., & Brief, A. P. (1975). Some correlates of work values. *Journal of Applied Psychology, 60,* 757-760.

Aldag, R. J., & Brief, A. P. (1977). Age, work values and employee reactions. *Industrial Gerontology, 4,* 192-197.

Alderfer, C. P. (1972). *Existence, relatedness, and growth: Human in organizational settings.* New York: The Free Press.

Allport, G. W. (1961). *Pattern and growth in personality.* New York: Holt, Rinehart & Winston.

Allport, G. W., Vernon, P. E., & Lindsey, G. (1951). *Study of values: Manual of directions.* Houghton Mifflin, Boston.

Amabile, T. M., Hill, K. G., Hennessey, B. A., & Tighe, E. M. (1994). The work preference inventory: Assessing intrinsic and extrinsic motivational orientation. *Journal of Personality and Social Psychology, 66,* 950-967.

Arnolds, C. A., & Christo, B. (2002). Compensation, esteem valence and job performance: an empirical assessment of Alderfer's ERG theory. *International Journal of Human Resource Management, 13*(4), 697-719.

Arvey, R. D., Bouchard, T. J., Jr., Segal, N. L., & Abraham, L. M. (1989). Job satisfaction: Genetic and environmental components. *Journal of Applied Psychology, 74,* 187-192.

Bandura, A. (1977). Self-efficacy: Toward a unifying theory of behavioral change. *Psychological Review, 84*(2), 191-215.

Baron, R. M., & Kenny, D. A. (1986). The moderator-mediator variable distinction in social psychological research: Conceptual, strategic, and statistical considerations. *Journal of Personality and Social Psychology, 51*(6), 1173-1182.

Baumeister, R. F., & Wilson, B. (1996). Life stories and the four needs for meaning. *Psychological Inquiry, 7*(4), 322-377.

Becker, G. M., & McKlintock, G. G. (1967). Value: Behavioral decision theory. *Annual Review of Psychology, 18,* 239-286.

Bentler, P. M., & Bonnett, D. G. (1980). Significance tests and goodness-of-fit in the analysis of covariances structures. *Psychological Bulletin, 88,* 588-606.

Betz, E. L. (1969). Need-reinforcer correspondence as a predictor of job satisfaction. *Personnel and Guidance Journal, 47,* 878-883.

Blickle, G. (2000). Do work values predict the use of intraorganizational influence tactics. *Journal of Applied Social Psychology, 30*(1), 196-205.

Blood, M. R. (1969). Work values and job satisfaction. *Journal of Applied Psychology, 53,* 456-459.

Blood, M. R. (1971). The validity of importance. *Journal of Applied Psychology, 55,* 487-488.

Borg, I. (1990). Multiple facetisations or work values. *Applied Psychology: An International Review, 39,* 410-412.

Bowen, D. E., Ledford, G. E., & Nathan, B. E. (1991). Hiring for the organization, not the job. *Academy of Management Executive, 5*(4), 35-51.

Bower, G. H., & Cohen, P. R. (1982). Emotional influences in memory and thinging: Data and theory. In M. S. Clard & S. T. Fiske(Eds.). *Affect and cognition*(pp.291-331). Hillsdale, N.J.: Erlbaum

Brief, A. P., & Aldag, R. J. (1975). Employee reactions to job characteristics: A constructive replication. *Journal of Applied Psychology, 60,* 182-186.

Brief, A. P., & Aldag, R. J. (1994). The study of work values: A call for a more balanced perspective. In I. Borg & P. P. Mohler (Eds.), *Trends and perspectives in empirical social research* (pp.99-124). New York: de Gruyter.

Brief, A. P., Butcher, A. H., & Roberson, L. (1995). Cookies, disposition and job attitudes: The effects of positive mood-inducing events and negative affectivity on job satisfaction in a field experiment. *Organization Behavior and Human Decision Processes, 62*(1), 55-62.

Browne, M. W., & Cudeck, R. (1983). Alternative ways of assessing model fit. In K. A. Bollen & J. S. Long(Eds.), *Testing structural equation models*(pp.136-162). Newbury. Newbury Park, C. A: Sage

Butler, J. K., Jr. (1983). Value importance as a moderator of the value fulfillment-job satisfaction relationship: Group differences. *Journal of Applied Psychology, 68*, 420-428.

Caldwell, D. F., O'Reilly, C. A., & Morris, J. H. (1983). Responses to an organizational reward: A field test of the sufficiency of justification hypothesis, *Journal of Personality and Social Psychology, 44*, 506-514.

Chusmir. L. H. (1982). Job commitment and the organizational woman, *Academy of Management Review, 7*(4), 595-602.

Clare, D. A., & Sanford, D. G. (1979). Mapping personal value space: A study of managers in four organizations. *Human Relations, 32*, 659-666.

Cole, C. W., & Miler, C. D. (1967). Impact of interest inventories on career choice. In E. E. Diamond(Ed.), *Issues of sex bias and sex fairness in career interest measurement.* Washington, DC: National Institute of Education.

Cook, J. D., Hepworth, S. J., Wall, T. D., & Warr, P. B. (1981). *The experience of work.* London: Academic Press.

Dawis. R. V. (1991). Vocational interests, values, and preferences.

In M. D. Dunnette, & L. M. Hough (2eds.), *Handbook of industrial and organizational psychology*, vol.2, pp.833-871. California: Consulting Psychologist Press.

Dawis, R. V., Lofquist, L. H., & Weiss, D. J. (1968). Minnesota studies in vocational rehabilitation: Vol.XXⅢ. *A theory of work adjustment*(revised). Minneapolis: University of Minnesota, Industrial Relations Center.

Deci, E. L. (1971). Effects of externally mediated rewards on intrinsic motivation. *Journal of Personality and Social Psychology, 18,* 105-115.

Deci, E. L. (1972). The effects of contingent and noncontingent rewards and control on intrinsic motivation. *Organizational Behavior and Human Performance, 8,* 217-229.

Deci, E. L. (1975) *Intrinsic motivation.* New York: Plenum Press.

Deci, E. L. (1980). *The psychology of self-determination.* Lexington, MA: Heath(Lexington Books).

Deci, E. L., & Ryan, R. M. (1985). *Intrinsic motivation and self-determination in human behavior.* NY, London: Plenum Press.

Deci, E. L., & Ryan, R. M. (1991). A motivational approach to self: Integration in personality. In R. Dienstbier(Ed.), *Nebraska symposium on motivation,* Vol.38. Perspectives on motivation (pp.237-288). Lincoln: University of Nebraska Press.

Deci, E. L., Ryan, R. M., Gagne, M., Leone, D. R., Usunov, J., & Kornazheva, B. P. (2001). Need-satisfaction, motivation, and well-being in the work organizations of former eastern bloc country: A cross-cultural study of self-determination. *Personality and Social Psychological Bulletin, 27*(8), 930-942.

Dluglos, C., & Weirmair, K. (1981). *Management under differing values system.* New York: de Gruyter.

Dose, J. J. (1997). Work values: An integrative framework and illustrative application to organizational socialization, *Journal* of Occupational and Organizational Psychology, 70, 219-240.

Drenth, P. (1991). Work meanings: A conceptual, semantic and development approach. The European Work and Organizational Psychologist. 1(2), pp.125-133.

Dubin, R., Hedley, R. A., & Taveggia, T. C. (1976). Attachment to work, In R. Dubin(Ed.), Handbook of work organizations.

Eagly, A. H., & Chaiken, S. (1992). The psychology of attitude. Fort Worth, TX Harcourt Brace Jovanovich.

Elizur, D. (1984). Facets of work values: A structural analysis of work outcomes. Journal of Applied Psychology, 69, 379-389.

Elizur, D. (1994). Gender and work values: A comparative analysis. The Journal of Social Psychology, 134, 201-212.

Elizur, D. (1996). Work values and commitment. International Journal of Manpower, 17(3), 25-30.

Elizur, D., & Tziner, A. (1977). Vocational needs, job rewards, and job satisfaction: A canonical analysis. Journal of Vocational Behavior, 10, 205-211.

Elizur, D., Borg, I., Hunt, R., & Beck, I. M. (1991). The structure of work values: A cross-cultural comparison, Journal of Organizational Behavior, 12, 21-38.

England, G. W. (1967). Personal value systems of american managers. Academy of Management Journal, 10, 53-68.

England, G. W., & Lee, R. (1974). The relationship between managerial values and managerial success in the United States, Japan, India, and Australia, Journal of Applied Psychology, 59, 411-419.

Erez, M. (1977). Feedback: A necessary condition for the goal setting-performance relationship. Journal of Applied Psychology, 62, 624-627.

Evans, M. G. (1969). Conceptual and operational problems in the measurement of various aspects of job satisfaction, Journal of

Applied Psychology, 53(2), 93-101.

Feather, N. T. (1982). *Expectations and actions: Expectancy-value models in psychology*, Erlbaum, Hillsdale, NJ.

Feather, N. T. (1995). Values, valences, and choice: The influences of values on the perceived attractiveness and choice of alternatives. *Journal of Personality and Social Psychology, 68*(6), 1135-1151.

Fishbein, M., & Ajzen, A. (1975). *Belief, attitude, intention and behavior. Reading,* MA: Addison-Wesley.

Fisher, C. D. (2000). Mood and emotions while working: Missing pieces of job satisfaction? *Journal of Organizational Behavior, 21,* 185-202.

Forest, D., Clark, M. S., Mills, J., & Isen, A. M. (1979). Helping as a function of feeling state and nature of the helping behavior. *Motivation and Emotion, 3,* 161-169.

Forgas, J. P., & Bower, G. H. (1987). Mood effects on person perception judgements. *Journal of Personality and Social Psychology, 53,* 53-60.

French, J. R. P., & Kahn, R. (1962). A programmatic approach to studying the industrial environment and mental health, *Journal of Social Issues, 18,* 1-47.

French, J. R. P., Jr. & Kahn, R. L. (1978). A programmatic approcah to studying the industrial environment and mental health, *Journal of Social Issues, 18,* 1-47.

Furnham, A. (1984). Work values and beliefs in Britain, *Journal of Occupational Behavior, 5,* 281-291.

George, J. M., & Brief, A. P. (1996). Motivational agendas in the workplace: The effects of feelings on fucus of attention and work motivation. *Research in Organization, 18,* 75-109.

Glynn, M. (1998). Situational and dispositional determinants of managers' satisfaction. *Journal of Business and Psychology, 13,* 193-209.

Griffitt, W. (1976). Enviornment effects on interpersonal behavior: Ambient effective temperature and attraction. *Journal of Personality and Social Psychology, 15*, 240-244.

Hackett, R. D., Lapierre, L. M., & Hausdorf, P. A. (2001). Understanding the links between work commitment constructs. *Journal of Vocational Behavior, 58*, 392-413.

Hackman, J. R. (1976). Work design. In J. R. Hackman & J. L. Suttle(Ed.), *Improving life at work*. Santa Monica, Calif.: Goodyear Publishing Company.

Hackman, J. R., & Lawler, E. E. (1971). Employee reaction to job characteristics. *Journal of Applied Psychology, 55*, 259-286.

Hackman, J. R., & Oldham, G. R. (1974). *Motivation through the design of work: Test of a theory. Technical report*, No 6. Department of Administrative Science, Yale University.

Hackman, J. R., & Oldham, G. R. (1975). Development of job diagnostic survey, *Journal of Applied Psychology, 60*, 159-170.

Hackman, J.R., Oldham, G.R., Janson, R., & Purdy, K.(1975). *A new strategy for job enrichment*. California Management Review, Summer.

Hall, T., & Schneider, B. (1972). Correlates of organizational identification as a function of career pattern and organizational type. *Administrative Science Quarterly, 47*, 340-350.

Harding, S. D., & Hikspoors, F. J. (1995). New work values: In theory and in practice, *International Social Science Journal, 47*(3), 441-455.

Herzberg, F. (1966). *Work and the nature of man*. New York: The Mentor Executive Library.

Herzberg, F., Mausner, B., & Synderman, B. (1959). *The motivation to work*(2nd.). New York: Wiley.

Herzberg, F., Mausner, B., Peterson, R. O., & Capwell, D. F. (1957). *Job attitude: Review of research and opinion*. Pittsburgh:

Psychological Service of Pittsburgh.

Hofstede, G. (1980). *Culture's consequences: International differences in work related values.* London: Sage Publications.

Holland, J. L. (1973). *The psychology of vocational choice,* Waltham, MA: Blaisdell.

Hollenbeck, J. R., & Brief, A. P. (1987). The effects of individual difference and goal orgins on goal setting and performance. *Organizational Behavior and Human Decision Processes, 40,* 392-414.

Hui, C., & Lee, C. (2000). Moderating effects of organization based self-esteem on organizational uncertainty: Employee response relationships. *Journal of Management, 26,* 215-232.

Hulin, C. L., & Blood, M. R. (1968). Job enlargement, individual differences, and worker responses. *Psychological Bulletin, 69,* 41-55.

Isen, A. M., Daubman, K. A., & Nowicki, G. P. (1987). Positive affect facilitates creative problem solving: When we are glad, we feel as if the light has increased. *Journal of Personality and Social Psychology, 51,* 1122-1131.

Isen, A. M., Shalker, T. E., Clark, M., & Karp, L. (1978). Affect, accessibility of good mood on helping: "Footprints on the sands of time. *Journal of Personality and Social Psychology,"* *34,* 385-393.

Jacobs, F. (1976). Reflexes over arbeid. Alphen aan de Rijn: Samsom.

Jahoda, M. (1982). *Employment and unemployment: A social-psychological analysis.* Cambridge: Cambridge University Press.

Jiambalvo, J. (1979). Performance evaluation and directed job effort: Model development and analysis in a CPA firm setting, *Journal of Accounting Research, 17*(2), 436-455.

Judge, T. A., & Bretz, R. D. Jr. (1992). Effects of work values on job choice decision, *Journal of Applied Psychology, 77,* 261-271.

Kanungo, R. (1982). *Work alienation: An integrative approach.* New York, NY: Praeger.

Kasser, T., & Ryan, R. M. (1993). A dark side of the American dream: Correlates of financial success as a central life aspiration. *Journal of Personality and Social Psychology, 65,* 410-422.

Kasser, T., & Ryan, R. M. (1996). Further examining the American dream: Differential correlates of intrinsic and extrinsic goals. *Personality and Social Psychology Bulletin, 22,* 80-87.

Kasser, T., & Ryan, R. M. (2001). Be careful what you wish for: Optimal functioning and the relative attainment of intrinsic and extrinsic goals. In P. Schmuck & K. Sheldon (Eds.) *Life goals and well-being: Towards a positive psychology of human striving* (pp.116-131). Gottingen, Germany: Hogrefe & Huber.

Katzell, R. A. (1964). Personal values, job satisfaction, and job behavior. In H. Borow (Ed.), *Man in a world at work.* Boston: Houghton Mifflin.

Kaufman, D., & Fetters, M. J. (1980). Work motivation and job values among professional men and woman: A new accounting. *Journal of Vocational Behavior, 17,* 251-262.

Kavanagh, R., & Bower, G. H. (1985). Mood and self-efficacy: Impact of joy and sadness on perceived capabilities. *Cognitive Therapy and Research, 9,* 507-525.

Kazanas, H. C. (1978). Relationship of job satisfaction and produ-ctivity to work values of vocational education graduates. *Journal of Vocational Behavior, 12,* 155-164.

Keller, L. M., Bouchard, T. J. Jr., Arvey, R. D., Segal, N. L., & Dawis, R. V. (1992). Work values genetic and environmental influences, *Journal of Applied Psychology, 77,* 79-88.

Kidron, A. (1978). Work values and organizational commitment, *Academy of Management Journal, 21,* 119-128.

Kilmann, R. H. (1981). Toward a unique/useful concept of values for interpersonal behavior: A critical review of the literature on value, *Psychological Report, 48*, 939-959.

Kim, U., Triandis, H. C., Kagitcibasi, C., Choi, S. C., & Yoon, G. (1994). *Individualism and collectivism: Theory, method, and application*, Sage, Thousand Oaks, CA.

Kluckhohn, C. (1951). Values and value orientation in the theory of action: An exploration in definition and classification. In T. Parsons, & E. A. Shils (Eds.), *Toward a general theory of action*. Cambridge, MA: Harvard University Press.

Knee, C. R., & Zuckerman, M. (1996). Casuality orientations and disappearance of the self-serving bias. *Journal of Research in Personality, 30*(1), 76-87.

Knoop, R. (1991). Achievement of work values and participative decision making. *Psychological Reports, 68*, 775-781.

Knoop, R. (1993). Work values and job satisfaction. *The Journal of Psychology, 128*(6), 683-690.

Korman, A. K. (1971). *Industrial and organizational psychology*. Englewood Cliffs, NJ: Prentice-Hall.

Koslowsky, M., & Elizur, D. (1990). Work values and commitment. *Paper presented at the 2nd international conference on work values*. Prague, Czechoslovakia.

Kraiger, K., Billings, R. S., & Isen, A. M. (1989). The influence of positive affective states on task perceptions and satisfaction. *Organizational Behavior and Human Decision Processes, 44*, 12-25.

Kruglanski, A. W., Riter, A., Amitai, A., Margolin, B., Shabtai, L., & Zaksh, D. (1975). Can money enhance intrinsic motivation? A test of the content-consequence hypothesis. *Journal of Personality and Social Psychology, 31*, 744-750.

Lawler, E. E., & Hall, D. T. (1970). Relationship of job characteristics to job involvement, satisfaction, and intrinsic motivation.

Journal of Applied Psychology, 54, 305-312.

Lee, T. W., Locke, E. A., & Latham, G. P. (1989). Goal setting theory and job performance. In L. A. Pervin(Ed.), *Goal concepts in personality and social psychology*(pp.291-326). New Jersey: Lawrence Erlbaum.

Levering, R. (2000). *A great place to work: What makes some employers so good(and most so bad)*. San Francisco: A great place to work institute.

Lichter, D. J. (1980). The prediction of job satisfaction as an outcome of career counseling. *Unpublished doctoral dissertation, University of Minnesota.*

Livingston, J. S. (2003). Pygmalion in management. *Harvard Business Review, 81*(1), 97-106.

Locke, E. A. (1976). The nature and cause of job satisfaction. In M.D. Dunnette(Ed.), *Handbook of industrial and organizational psychology*. Chicago: Rand McNally.

Lodahl, T. M., & Kejner, M. (1965). The definition and measurement of job involvement. *Journal of Applied Psychology, 49*, 24-33.

Lynn, R. (1993). Sex differences in competitiveness and the valuation of money in twenty countries, *Journal of Social Psychology, 133*, 507-511.

Malka, A., & Chatman, J. A.(2003). Intrinsic and extrinsic work orientations as moderators of the effect of annual income on subjective well-being: A longitudinal study. *Personality and Social Psychology Bulletin, 29*, 737-746.

Markus, H. R., & Ruvolo, A. (1989). Possible selves: Personalized representations of goals. In L. A. Pervin(Ed.). *Goal concepts in personality and social psychology*(pp.211-241). New Jersey: Lawrence Erlbaum.

Marshall, H. (1989). The development of self-concept. *Young Children, 3*, 44-51.

Maslow, A. H. (1943). A theory of human motivation. *Psychological Review, 50,* 370-396.

Maslow, A. H. (1954). *Motivation and personality.* New York: Harper & Row.

Maslow, A. H. (1971). *The further research of human nature.* New York: Penguin.

Masters, J. C., & Furman, W. (1975). Effects of affect induction in expectancies for serendipitous positive events, success on task performance and beliefs in internal or external control of reinforcement. *Developmental Psychology, 12,* 481-482.

Mathieu, J. E., & Zajac, D. M. (1990). A review and meta-analysis of the antecedents, correlates, and consequences of organizational commitment. *Psychological Bulletin, 108,* 171-194.

McClelland, D. C. (1965). Achievement motivation can be developed. *Harvard Business Review, November-December: 20.*

McGregor, D. (1960). *The human side of enterprise.* NY: McGraw-Hill.

Meglino, B. B., Ravlin, E. C., & Adkins, C. L. (1989). A work values approach to corporate culture: A field test of the value congruence process and its relationship to individual outcomes, *Journal of Applied Psychology, 74,* 424-432.

Meyer, J. P., Irving, P. G., & Allen, N. J. (1998). Examination of the combined effects of work values and early work experience on organizational commitment, *Journal of Organizational Behavior, 19,* 29-52.

Mikes, P. S., & Hulin, C. L. (1968). Use of importance as a weighting component of job satisfaction. *Journal of Applied Psychology, 52,* 394-398.

Mobley, W. H., & Locke, E. A. (1970). The relationship of value importance to satisfaction. *Organizational Behavior and Human Performance, 5,* 463-483.

Morrow, P. (1983). Concept redundancy in organizational research:

The case of work commitment. *Academy of Management Review,* *8,* 486-500.

MOW International Research Team(1987). *The meaning of working.* London: Academic Press.

Muchinsky, P. M. (1977). Organizational communication: Relationships to organizational climate and job satisfaction. *Academy of Management Journal, 20*(4), 592-607.

Munson, J. M., & Posner, B. Z. (1980). Concurrent validation of two value inventories in predicting job classification and success for organizational personnel. *Journal of Applied Psychology, 65,* 536-542.

Naylor, J. C., Prichard, R. D., & Ilgen, D. R. (1980). *A theory of behavior in organizations.* New York: Academic Press.

Nord, W. R., Brief, A. P., Atieh, J. M., & Doherty, E. M. (1988). Work values and the conduct of organizational behavior, In B. M. Staw, and L. L. Cummings (Eds.), *Research in organizational behavior,* v10, pp.1-42.

Payne, S. L. (1980). Organizational ethics and antecedents to social control processes, *Academy of Management Review, 5,* 409-414.

Pearce, J. L. (1987). Making sense of volunteer motivation: The sufficiency of justification hypotheses. In R. M. Steers, & L. W. Porter (eds.), *Motivation and work behavior*(4th ed), (pp.545-553). New York: McGraw-Hill.

Peirson, C. G., Simnett, R., & Pratt, J. H. (1989). Relationships among work values and the self-perceived performance and effort of chartered accountants in australia: An exploratory study. *Australian Journal of Management, 14*(1), 61-74.

Perrone, P. A. (1965). Values and occupational preferences of junior high school girls. *Personnel Guidance Journal, 44,* 253-257.

Perry, R. B. (1954). *Realms of value: A critique of human civilization.* Cambridge, MA: Harvard University Press.

Philips, J. S., & Freedman, S. M. (1985). Contingent pay and intrinsic task interest: Moderating effects of work values. *Journal of Applied Psychology, 70*, 306-313.

Pierce, J. L., Garder, D. G., Cummings, L. L., & Dunham, R. B. (1989). Organizational-based self-esteem: Construct definition, measurement, and validation. *Academy of Management Journal, 1989, 32*(3), 622-648.

Pinder, C. C. (1984). *Work motivation: Theory, issues, and applications.* Glenview, IL: Scott Foresman and Company.

Pope, A., McHale, S. R., & Craighead, W. B. (1988). *Self-esteem enhancement with children and adolescent.* Elmsford, NY: Pergamom Press.

Posner, B. Z., & Schmidt, W. H. (1992). Demographic characteristics and shared values, *International Journal of Value-Based Management, 5*(1), 77-87.

Pritchard, R. D., Dunnette, M. D., & Jorgenson, D. O. (1972). Effects of perceptions of equity and inequity on worker performance and satisfaction. *Journal of Applied Psychology Monograph, 56*(1), 75-94.

Pryor, R. (1982). Values, preferences, needs, work ethics, and orientations to work: Toward a conceptual and empirical integration. *Journal of Vocational Behavior, 20*, 40-52.

Putti, J. M., Aryee, S., & Liang, T. K. (1989). Work values and organizational commitment: A study in Asian context, *Human Relations, 42*(3), 275-288.

Rabinovitz, S., & Hall, D. T. (1977). Organizational research on job involvement. *Psychological Bulletin, 84*, 265-288.

Rabinowitz, S., & Hall, D. T. (1981). Changing correlates of job involvement in three career stages. *Journal of Vocational Behavior, 18*, 138-144.

Roberson, L. (1990). Functions of work meanings in organizations:

Work meanings and work motivation. In A. Brief, & W. Nord (Eds.), *Meanings of occupational work* (pp.107-134). Lexington, MA / New York: Free Press.

Rogers, C. (1959). A theory of therapy, personality, and interpersonal relationships as developed in the client-centered framework, in S. Koch(ed.), *Psychology: A study of science*, Vol.3. New York: McGraw-Hill.

Rogers, C. R. (1961). *On becoming a person: A therapist's view of psychotherapy.* Boston: Houghton Mifflin.

Rokeach, M. (1968). *Beliefs, attitudes, and values: A theory of organization and change.* San Francisco: Jossey-Bass.

Rokeach, M. (1972). *Beliefs, attitudes, and values: A theory of organization and change.* San Francisco: Jossey-Bass.

Rokeach, M. (1973). *The nature of human values.* New York: Macmillan.

Rose, M. (1985). *Re-working the ethic: Economic values and social cultural politics.* New York: Schocken Books.

Rosenthal, R., & Jacobson, L. (1968). *Pygmalion in the classroom: Teacher expectation and pupils' intellectual development.* New York: Holt, Rinehart & Winston.

Rounds, J. B. (1981). The comparative and combined utility of need and interest data in the prediction of job satisfaction. *Unpublished doctoral dissertation, University of Minnesota.*

Rounds, J. B., Dawis, R. V., & Lofquist, L. H. (1987). Measurement of person-environment fit and prediction of job satisfaction in the theory of work adjustment. *Journal of Vocation Behavior, 31,* 297-318.

Rousseau, D. (1995). *Psychological contracts in organization,* Sage, Newbury Park, CA.

Ryan, R. M., Kuhl, J., & Deci, E. L. (1997). Nature and autonomy: An organizational view of social and neurobiological aspects of self-regulation in behavior and development. *Development and*

Psychopathology, 9, 701-728.

Ryan, R. M., Sheldon, K. M., Kasser, T., & Deci, E. L. (1996). All goals are not created equal: An organismic perspective on the nature of goals and their regulation. In P. M. Gollwitzer, & J. A. Bargh(Eds.), *The psychology of action: Linking cognition and motivation to behavior* (pp.7-26). New York: Guilford.

Ryan, T. A. (1980). *Intentional behavior: An approach to human motivation.* New York: Ronald Press.

Saal, F. E. (1978). Job involvement: A multivariate approach. *Journal of Applied Psychology, 63,* 53-61.

Safilios-Rothschild, C. (1970). The influence of the wife's degree of work commitment upon some aspects of family organization and dynamics. *Journal of Marriage and the Family, 4,* 681-691.

Sagie, A., Elizur, D., & Koslowsky, M. (1996). Work values: A theoretical overview and a model of their effects, *Journal of Organizational Behavior, 17,* 503-514.

Sagie, A., Elizur, D., & Yamauchi, H. (1996). The structure and strength of achievement motivation: A cross cultural comparison, *Journal of Organizational Behavior. 17.* 431-444.

Salazar, R. C. (1981). The prediction of satisfaction and satisfactoriness for counselor training graduates. *Unpublished doctoral dissertation, University of Minnesota.*

Saleh, S. D., & Grygier, T. (1969). The psychodynamics of intrinsic and extrinsic job orientation. *Journal of Applied Psychology, 53,* 446-471.

Schnake, M. (1991). Organizational citizenship: A review, proposed model, and researh agenda. *Human Relations, 44,* 735-759.

Schneider, B. (1987). The people make the place. *Personnel Psychology, 40*(3), 437-457.

Schultz, D. (1990). *Carl Rogers. Theories of personality*(pp.347-358). California: Brooks / Cole.

Schwartz, S. H., & Bilsky, W. (1987). Toward a universal psychological structure of human values, *Journal of Personality and Social Psychology, 53*, 550-562.

Seaburg, D. J., Rounds, R. B., Jr.,Dawis, R. V., & Loquist. L. H. (1976). Values as second-order needs. *Paper presented at the 84th convention of the American Psychologist Association.* Washington, DC.

Selmer, J., & De Leon, C. (1996). Parent cultural control through organizational acculturation: HCN employees learning new work values in foreign business subsidiaries, *Journal of Organizational Behavior, 17*, 557-572.

Shapira, Z., & Griffith, T. L. (1990). Comparing the work values of engineers with managers, production, and clerical workers: A multivariate analysis, *Journal of Organizational Behavior, 11*, 282-292.

Sheldon, K. M., & Kasser, T. (1995). Coherence and congruence: Two aspects of personality integration. *Journal of Personality and Social Psychology, 68*, 531-543.

Sheldon, K. M., & Kasser, T. (1998). Pursuing personal goals: Skills enable progress, but not all progress is beneficial. *Personality and Social Psychology Bulletin, 24*, 1319-1331.

Skinner, B. F. (1969). *Contingencies of reinforcement.* N.Y.: Appleton-Century-Crofts.

Spreitzer, G. M. (1997). Toward a common ground in defining empowerment, In W. A. Pasmore & R. W. Woodman (Eds.), *Research in organizational change and development,* Vol.10, pp.31-62. Greenwich, CT: JAI Press.

Steers, R. M., & Porter, L. W. (1974). *Motivation and work behavior*(4th.). New York: McGraw Hill.

Steers, R.M., & Porter, L.W.(1991). *Motivation and work behavior* (5th.). New York: McGraw- Hill.

Steiger, J. H. (1990). Structural model evaluation and modification: an interval estimation approach, *Multivariate Behavioral Research, 25,* 173-180.

Super, D. E. (1962). The structure of work values in relation to status, achievement, interests, and adjustment. *Journal of Applied Psychology, 46,* 231-239.

Super, D. E. (1970). *Work values inventory.* Boston, M.A. Houghton-Mifflin.

Super, D. E. (1973). The work values inventory, In D. G. Zytowski (Ed.), *Contemporary approaches to interest measurement,* Minneapolis: University of Minnesota Press.

Terkel, S.(1972). Working: *People talk about what they do all day and how they feel about what they do.* New York: Pantheon.

Van de ven, A. H., & Ferry, D. L. (1980). *Measuring and assessing organizations.* New York: Wiley.

Vroom, V.H.(1964). *Work and motivation.* New York: Wiley.

Wanous, J. P., & Lawler, E. E. (1972). Measurement and meaning of job satisfaction. *Journal of Applied Psychology, 56,* 95-105.

Warr, P. (1987). *Work, unemployment and mental health.* Oxford: Clarendon Press.

Watson, J., & Williams, J. (1977). Relationship between managerial values and managerial success of black and white managers. *Journal of Applied Psychology, 62,* 203-207.

Weber, M. (1958). *The protestant ethic and the spirit of capitalism.* New York: Scribner.

Weiss, H. M. & Cropanzano, R. (1996). Affective events theory: a theoretical discussion of the structure, causes and consequences of affective experiences at work. *Research in Organizational Behavior, 8,* 1-74.

Weiss, H. M. (1978). The social learning of work values in organizations. *Journal of Applied Psychology, 63,* 711-718.

Weiss, H. M. (2002). Deconstructing job satisfaction: Separating evaluations, beliefs, and affective experiences. *Human Resource Management Review, 12*(2), 173-194.

Weiss, H. M., & Cropanzano, R. (1996). Affective events theory: A theoretical discussion fo the structure, causes and consequences of affective experiences at work. In B. B. Staw, & L. L. Cummings(Ed.), *Research in organization behavior: An annual series of analytical essays and critical reviews,* Vol.18(pp.1-74). Greenwich, C. T.: JAI.

Wiener, Y. (1988). Forms of values systems: A focus on organizational effectiveness and cultural change and maintenance, *Academy of Management Review, 13,* 534-545.

Wollack, S., Goodale, J. G., Wijting, J. P., & Smith, P. C. (1971). Development of the survey of work values. *Journal of Applied Psychology, 55,* 331-338.

Wood, D. A. (1971). Background characteristics of work values distinguishing satisfaction levels among engineers. *Journal of Applied Psychology, 55,* 537-542.

Work in America. (1973). *Report of a special task force to the secretary of health, education and welfare.* Cambridge, Mass: MIT Press.

Yankelovich, D. (1974). *The new morality.* New York: McGraw-Hill.

Zytowski, D. G. (1970). The concepts of work values. *Vocational Guidance Quarterly, 18,* 176-186.

부 록 1~5

〈부록 1〉

설문지

직장인의 일에 대한 태도 조사 설문지

이 조사는 직장인의 일에 대한 태도를 조사하기 위한 설문입니다.

이 설문지는 첫째, 업무특성의 중요성과 현재상태(즉, 업무에서 보람과 가치를 느끼는 데 있어서 여러 가지 업무특성들의 중요성에 대한 생각과, 그러한 업무특성들이 현재 자신의 업무에서 충족되고 있는 정도)를 묻는 질문들, 둘째, 일에 대한 본인의 태도 및 만족도를 묻는 질문들, 그리고 셋째, 직장생활 전반에 대한 가치관을 묻는 질문들로 이루어져 있습니다.

이 질문들에는 정해진 답이 없습니다. 모든 질문에 하나도 빠짐없이 본인의 솔직한 생각을 답해 주시기 바랍니다. 다시 한번 여러분들의 솔직한 답변을 부탁드립니다.

1. 직급:　　① 사원　　② 대리　　③ 과장　　④ 차장　　⑤ 부장　⑥ 임원
2. 직군:　　① 지원(관리)　② 영업　　③ 제도　　④ 기술　　⑤ 연구　⑥ 기타
3. 직종:　　① 금융업　　② 제조업　③ 유통업　④ 서비스업　⑤ 기타(　　　)
4. 성별:　　① 남　　　　② 여
5. 학력:　　① 고졸　　　② 전문대졸　③ 대졸　　　　　④ 대학원졸
6. 근무지:　① 서울　　　② 광역시　　③ 지방도시　　④ 기타
7. 회사규모: ① 300명 미만 ② 500명 미만 ③ 1000명 미만 ④ 1000명 이상
8. 결혼:　　① 결혼　　　② 미혼　　　③ 기타
9. 자녀수:　① 없음　　　② 1명　　　③ 2명　　　　④ 3명 이상
10. 연령: _____세
11. 재직기간: _____년 _____개월

성균관대학교 응용심리연구소

성균관대학교 응용심리연구소

1. 다음은 자신의 업무에 대해 **보람과 가치를 느끼는 데 있어서 아래의 특징들이 얼마나 중요**하다고 생각하는지 알아보기 위한 질문입니다.

내가 하는 일에 대해 보람과 가치를 느끼는 데 있어서 ……	전혀 그렇 지 않다	보통 이다	매우 그렇다
1. 나는 전문적 역량(능력, 지식, 기술, 경험)이 요구되는 일을 하는 것이 중요하다고 생각한다.	①···②···③···④···⑤···⑥···⑦		
2. 나는 정체성이 있는(처음부터 끝까지 진행되는, 전체적이고 완전한) 일을 하는 것이 중요하다고 생각한다.	①···②···③···④···⑤···⑥···⑦		
3. 나는 팀 내에서 주변업무(sidejob)가 아닌 주요업무(mainjob)의 일을 하는 것이 중요하다고 생각한다.	①···②···③···④···⑤···⑥···⑦		
4. 나는 성과가 명확히 드러나는 일을 하는 것이 중요하다고 생각한다.	①···②···③···④···⑤···⑥···⑦		
5. 나는 반복적이거나 일상적이지 않은, 창의성이 요구되는 일을 하는 것이 중요하다고 생각한다.	①···②···③···④···⑤···⑥···⑦		
6. 나는 난이도가 높은 일을 하는 것이 중요하다고 생각한다.	①···②···③···④···⑤···⑥···⑦		
7. 나는 일에 대한 권한과 책임이 주어지는 것이 중요하다고 생각한다.	①···②···③···④···⑤···⑥···⑦		
8. 나는 일을 수행하는 과정에서 원활한 피드백이 이루어지는 것이 중요하다고 생각한다.	①···②···③···④···⑤···⑥···⑦		
9. 나는 불필요한 과정 없이 효율적으로 일이 진행되는 것이 중요하다고 생각한다.	①···②···③···④···⑤···⑥···⑦		
10. 나는 일하는 과정에서 원칙과 기준이 지켜지는 것이 중요하다고 생각한다.	①···②···③···④···⑤···⑥···⑦		
11. 나는 많은 사람들에게 영향을 많이 미치는 일을 하는 것이 중요하다고 생각한다.	①···②···③···④···⑤···⑥···⑦		
12. 나는 실패 시 파급효과가 큰 일을 하는 것이 중요하다고 생각한다.	①···②···③···④···⑤···⑥···⑦		
13. 나는 조직에 기여하는 바가 큰 일(조직의 성과와 연결된 일)을 하는 것이 중요하다고 생각한다.	①···②···③···④···⑤···⑥···⑦		
14. 나는 결과의 활용도가 큰 일을 하는 것이 중요하다고 생각한다.	①···②···③···④···⑤···⑥···⑦		
15. 나는 사회적으로 기여하는 일을 하는 것이 중요하다고 생각한다.	①···②···③···④···⑤···⑥···⑦		
16. 나는 전문가로서 성장하는 데 도움이 되는 일을 하는 것이 중요하다고 생각한다.	①···②···③···④···⑤···⑥···⑦		

내가 하는 일에 대해 보람과 가치를 느끼는 데 있어서 ……	전혀 그렇 지 않다	보통 이다	매우 그렇다
17. 나는 개인적 역량(지식 / 기술 / 경험 등)이 증진되는 일을 하는 것이 중요하다고 생각한다.	①…②…③…④…⑤…⑥…⑦		
18. 나는 조직에서 성장(승진)하는 데 도움이 되는 일을 하는 것이 중요하다고 생각한다.	①…②…③…④…⑤…⑥…⑦		
19. 나는 개인의 장기적인 계획 / 목표달성에 도움이 되는 일을 하는 것이 중요하다고 생각한다.	①…②…③…④…⑤…⑥…⑦		
20. 나는 경제적 안정(풍요로운 생활)을 이루는 데 도움이 되는 일을 하는 것이 중요하다고 생각한다.	①…②…③…④…⑤…⑥…⑦		
21. 나는 일을 잘했을 때, 회사로부터 인정을 받는 것이 중요하다고 생각한다.	①…②…③…④…⑤…⑥…⑦		
22. 나는 상사로부터 업무와 관련하여 칭찬과 인정을 받는 것이 중요하다고 생각한다.	①…②…③…④…⑤…⑥…⑦		
23. 나는 동료들로부터 업무와 관련하여 칭찬과 인정을 받는 것이 중요하다고 생각한다.	①…②…③…④…⑤…⑥…⑦		
24. 나는 가족 또는 주변 사람들로부터 내 일과 관련하여 칭찬과 인정을 받는 것이 중요하다고 생각한다.	①…②…③…④…⑤…⑥…⑦		
25. 나는 사회적 지위를 인정받을 수 있는 일을 하는 것이 중요하다고 생각한다.	①…②…③…④…⑤…⑥…⑦		

2. 다음은 아래의 특징들이 **현재 자신의 업무를 수행하면서 얼마나 충족**되고 있다고 생각하시는지 알아보기 위한 질문입니다.

문 항	전혀 그렇 지 않다	보통 이다	매우 그렇다
1. 내가 하는 일들은 전문적 역량(능력, 지식, 기술, 경험)이 요구되는 업무들이다.	①…②…③…④…⑤…⑥…⑦		
2. 내가 하는 일들은 정체성이 있는(처음부터 끝까지 진행되는, 전체적이고 완전한) 업무들이다.	①…②…③…④…⑤…⑥…⑦		
3. 내가 하는 일들은 팀의 주변업무(sidejob)들이 아닌 주요 업무(mainjob)들이다.	①…②…③…④…⑤…⑥…⑦		
4. 내가 하는 일들은 성과가 명확히 드러나는 업무들이다.	①…②…③…④…⑤…⑥…⑦		
5. 내가 하는 일들은 반복적이거나 일상적이지 않은, 창의성이 요구되는 업무들이다.	①…②…③…④…⑤…⑥…⑦		

6. 내가 하는 일들은 난이도가 높은 업무들이다.	①…②…③…④…⑤…⑥…⑦
7. 내가 하는 일들에 대하여 권한과 책임이 주어지고 있다.	①…②…③…④…⑤…⑥…⑦
8. 일을 수행하는 과정에서 내게 원활한 피드백이 이루어지고 있다.	①…②…③…④…⑤…⑥…⑦
9. 일하는 과정에서 불필요한 과정 없이 효율적으로 일이 진행된다(불필요한 일이 없다).	①…②…③…④…⑤…⑥…⑦
10. 일하는 과정에서 원칙과 기준이 지켜지고 있다.	①…②…③…④…⑤…⑥…⑦
11. 나는 많은 사람들에게 영향을 미치는 일들을 하고 있다.	①…②…③…④…⑤…⑥…⑦
12. 나는 실패 시 파급효과가 큰일들을 하고 있다.	①…②…③…④…⑤…⑥…⑦
13. 나는 조직에 기여하는 바가 큰(조직의 성과와 연결된 일) 일들을 하고 있다.	①…②…③…④…⑤…⑥…⑦
14. 나는 결과의 활용도가 큰일들을 하고 있다.	①…②…③…④…⑤…⑥…⑦
15. 나는 사회적으로 기여하는 일들을 하고 있다.	①…②…③…④…⑤…⑥…⑦
16. 내가 하는 일들은 내가 전문가로서 성장하는 데 도움이 되는 일들이다.	①…②…③…④…⑤…⑥…⑦
17. 내가 하는 일들은 나의 개인적 역량(지식／기술／경험 등)이 증진되는 일들이다.	①…②…③…④…⑤…⑥…⑦
18. 내가 하는 일들은 조직에서 성장(승진)하는 데 도움이 되는 일들이다.	①…②…③…④…⑤…⑥…⑦
19. 내가 하는 일들은 나의 장기적인 계획／목표달성에 도움이 되는 일들이다.	①…②…③…④…⑤…⑥…⑦
20. 내가 하는 일들은 내가 경제적 안정(풍요로운 생활)을 이루는 데 도움이 되는 일들이다.	①…②…③…④…⑤…⑥…⑦
21. 우리 회사에서는 일을 잘했을 때, 회사로부터 인정을 받는다.	①…②…③…④…⑤…⑥…⑦
22. 나는 상사로부터 업무와 관련하여 칭찬과 인정을 받고 있다.	①…②…③…④…⑤…⑥…⑦
23. 나는 동료들로부터 업무와 관련하여 칭찬과 인정을 받고 있다.	①…②…③…④…⑤…⑥…⑦
24. 나는 가족 또는 주변 사람들로부터 내 일과 관련하여 칭찬과 인정을 받고 있다.	①…②…③…④…⑤…⑥…⑦
25. 내가 하고 있는 일은 사회적 지위를 인정받는 일들이다.	①…②…③…④…⑤…⑥…⑦

3. 다음은 귀하께서 업무를 수행하면서, **본인 스스로를 어떻게 생각**하고 계시는지 알아보기 위한 질문들입니다.

문 항	전혀 그렇지 않다 보통이다 매우 그렇다
1. 나는 업무를 하면서 나 자신이 성장하고 있다는 느낌을 갖는다.	①…②…③…④…⑤…⑥…⑦
2. 내가 회사를 그만두려 해도 회사는 나를 놓치려 하지 않을 것이다.	①…②…③…④…⑤…⑥…⑦
3. 나는 내 업무를 수행하면서 즐겁다는 느낌을 경험한다.	①…②…③…④…⑤…⑥…⑦
4. 나는 현재 하고 있는 업무들을 통해 삶의 의미를 느낀다.	①…②…③…④…⑤…⑥…⑦
5. 나는 현재 내가 하고 있는 업부늘이 가치 있다고 생각한다.	①…②…③…④…⑤…⑥…⑦
6. 나는 현재 내가 맡은 업무들을 할 때 삶의 행복감을 느낀다.	①…②…③…④…⑤…⑥…⑦
7. 나는 지금의 업무들을 수행하면서 더 잘해야겠다는 도전감을 느낀다.	①…②…③…④…⑤…⑥…⑦
8. 나는 현재 하고 있는 업무들을 통해 내 삶이 가치 있다는 것을 느낀다.	①…②…③…④…⑤…⑥…⑦
9. 나는 현재 내가 하는 업무들을 통해서 보람을 느낀다.	①…②…③…④…⑤…⑥…⑦
10. 나는 지금 내가 하고 있는 업무들에 대해 자부심을 느낀다.	①…②…③…④…⑤…⑥…⑦
11. 나는 퇴근할 때 뭔가 가치 있는 일을 했다는 느낌을 갖는다.	①…②…③…④…⑤…⑥…⑦
12. 나는 업무를 하면서 내가 가치 있는 존재라는 느낌을 갖는다.	①…②…③…④…⑤…⑥…⑦
13. 나는 우리 회사에 있으나 마나한 존재라는 느낌이 든다.	①…②…③…④…⑤…⑥…⑦
14. 내가 회사를 그만두게 된다면, 회사 전체에 피해가 있게 될 것이다.	①…②…③…④…⑤…⑥…⑦
15. 내가 하고 있는 업무는 우리 회사에 없어서는 안 될 일이다.	①…②…③…④…⑤…⑥…⑦
16. 나는 현재 내가 하는 업무들을 통해서 성취감을 느낀다.	①…②…③…④…⑤…⑥…⑦
17. 나는 현재 내가 맡은 업무들을 통해 내가 살아있다는 것을 느낀다.	①…②…③…④…⑤…⑥…⑦
18. 나는 우리 회사에서 꼭 필요한 존재이다.	①…②…③…④…⑤…⑥…⑦
19. 나는 현재 내가 하고 있는 업무들이 중요한 일이라고 생각한다.	①…②…③…④…⑤…⑥…⑦
20. 나는 업무를 수행하면서, 스스로에 대한 유능감을 경험한다.	①…②…③…④…⑤…⑥…⑦

4. 다음은 귀하께서 **현재 직장생활에 대해 얼마나 만족**하고 계신지를 알아보기 위한 질문들입니다.

문 항	전혀 그렇 보통 매우 지 않다 이다 그렇다
1. 전반적으로 나는 내 직무에 대해 매우 만족한다.	①…②…③…④…⑤…⑥…⑦
2. 전반적으로 나는 같은 회사 내 동료들에 비해서 직무에 대해 더 만족하고 있다.	①…②…③…④…⑤…⑥…⑦
3. 전반적으로 나는 다른 회사 직원들에 비해서 직무에 대해 더 만족하고 있다.	①…②…③…④…⑤…⑥…⑦
4. 전반적으로 나는 내가 하는 일들에 대해 매우 만족한다.	①…②…③…④…⑤…⑥…⑦
5. 나와 같은 직무를 수행하는 사람들의 대부분은 이 직무에 대해 매우 만족한다.	①…②…③…④…⑤…⑥…⑦
6. 나는 현재 맡고 있는 직무의 안정성에 대해 매우 만족한다.	①…②…③…④…⑤…⑥…⑦
7. 나는 나의 미래를 이 회사의 미래와 함께 상상한다.	①…②…③…④…⑤…⑥…⑦
8. 내가 받고 있는 임금과 상여금은 매우 만족할 만하다.	①…②…③…④…⑤…⑥…⑦
9. 나는 이 회사에 기여하고 있는 만큼 충분히 보상받고 있다.	①…②…③…④…⑤…⑥…⑦
10. 나는 직장에서 함께 근무하고 있는 사람들에 대해 매우 만족한다.	①…②…③…④…⑤…⑥…⑦
11. 나는 업무를 수행하며, 다른 사람들을 많이 알 수 있는 기회가 있다는 것이 매우 만족스럽다.	①…②…③…④…⑤…⑥…⑦
12. 나는 업무를 수행하며, 다른 사람들을 도울 수 있는 기회가 있다는 것이 매우 만족스럽다.	①…②…③…④…⑤…⑥…⑦
13. 상사는 나를 존중해 주며 공정하게 대해준다.	①…②…③…④…⑤…⑥…⑦
14. 상사는 나를 많이 지지해 주고, 잘 인도해 준다.	①…②…③…④…⑤…⑥…⑦
15. 나는 상사의 업무 관리에 대해 전반적으로 만족한다.	①…②…③…④…⑤…⑥…⑦
16. 나는 나의 일에 있어서만큼은 철저하게 수행하려 한다.	①…②…③…④…⑤…⑥…⑦
17. 나는 내가 달성한 업무 실적에 대해 인정을 받을 수 있다.	①…②…③…④…⑤…⑥…⑦
18. 우리 회사의 성공을 위해서라면, 나는 나에게 일반적으로 기대되는 것 이상의 노력을 기꺼이 투여할 것이다.	①…②…③…④…⑤…⑥…⑦
19. 내 생활에서 일어나는 가장 중요한 일들은 현재 나의 일과 연관되어 있다.	①…②…③…④…⑤…⑥…⑦
20. 나는 나의 직무에 상당히 몰두해 있다.	①…②…③…④…⑤…⑥…⑦

문 항	전혀 그렇 보통 매우 지 않다　이다　그렇다
21. 나는 나의 직무가 나의 생활에서 가장 중요한 것이라고 생각한다.	①…②…③…④…⑤…⑥…⑦
22. 나는 내 시간의 대부분을 현재의 직무에 몰두하고 있다.	①…②…③…④…⑤…⑥…⑦
23. 나는 현재 내가 맡고 있는 직무에 많은 노력을 기울이고 있다.	①…②…③…④…⑤…⑥…⑦
24. 나는 최근 나의 직무성과를 높이기 위해 많은 노력을 기 울이고 있다.	①…②…③…④…⑤…⑥…⑦
25. 나는 현재 맡고 있는 직무를 잘못 수행했을 때, 기분이 나쁘고 언짢다.	①…②…③…④…⑤…⑥…⑦
26. 나는 현재 맡고 있는 직무를 잘하고 못하고에 의해 기분 이나 행복감에 영향을 받지 않는다.	①…②…③…④…⑤…⑥…⑦
27. 나는 같은 회사 내 다른 동료에 비해서 더 열심히 일하고 있다.	①…②…③…④…⑤…⑥…⑦
28. 나는 다른 회사의 직원들과 비교할 때 더 열심히 일하고 있다.	①…②…③…④…⑤…⑥…⑦

---

5. 다음은 귀하께서 가지고 계신 직장생활 전반에 대한 가치관을 알아보기 위한 질문입니다. 질문을 읽으시고, **위의 글이 맞는다고 생각하시면 'A'**에, **아래의 글이 맞는다고 생각하시면 'B'**에 체크(✓)표시하여 주시기 바랍니다.

번호　　　　　　　　　**문 항**

1. ＿＿A. 나는 일을 할 때, 잘하는 것보다는 최선을 다하는 것이 중요하다고 생각한다.
   ＿＿B. 나는 일을 할 때, 최선을 다하는 것보다는 잘하는 것이 중요하다고 생각한다.

2. ＿＿A. 대부분의 사람들은 시시하고 의미 없는 일이라 하더라도 돈을 많이 주는 일을 하고 싶어 한다.
   ＿＿B. 대부분의 사람들은 돈은 적게 주더라도, 의미 있고 보람 있는 일을 하고 싶어 한다.

3. ＿＿A. 업무 중심적인 리더가 인간관계 중심적인 리더보다 바람직하다고 생각한다.
   ＿＿B. 인간관계 중심적인 리더가 업무중심적인 리더보다 바람직하다고 생각한다.

4. ＿＿A. 회사로부터 받은 것 이상으로 일할 수도 있다고 생각한다.
   ＿＿B. 회사로부터 받은 것 이상으로 일할 필요는 없다고 생각한다.

5. ＿＿A. 나는 가끔 동료들에게 불만을 느끼곤 한다.
   ＿＿B. 나는 한 번도 동료들에게 불만을 느껴본 적이 없다.

6. ＿＿A. 업무성과에 대해 봉급 이외에 추가적으로 물질적 보상이 주어지지 않는다면 사람들은 더 열심히 일하려 하지 않을 것이다.
   ＿＿B. 업무성과에 대해 봉급 이외에 추가적으로 물질적 보상이 주어지지 않더라도 사람들은 계속해서 열심히 일하려 할 것이다.

번호	문 항

7.
____A. 나는 집단으로 함께 일하는 것보다는 혼자서 일하는 것이 더 좋다.
____B. 나는 혼자서 일하는 것보다는 집단으로 함께 일하는 것이 더 좋다.

8.
____A. 사람들이 직장을 옮기는 가장 큰 이유는 자신이 맡고 있는 일에 대한 불만 때문이다.
____B. 사람들이 직장을 옮기는 가장 큰 이유는 급여에 대한 불만 때문이다.

9.
____A. 추가근무 수당이 주어지지 않더라도 사정상 팀장이 요구하면 야근할 수 있다고 생각한다.
____B. 추가근무 수당도 없는데 팀장이 야근을 요구하는 것은 부당한 일이라고 생각한다.

10.
____A. 나는 늦게 끝내더라도 완벽하게 처리하는 것이 중요하다고 생각한다.
____B. 나는 완벽하게 처리하지 못하더라도 제시간에 끝내는 것이 중요하다고 생각한다.

11.
____A. 나는 얼마나 받는가보다는 어떤 일을 하는가가 더 중요하다고 생각한다.
____B. 나는 어떤 일을 하는가보다는 얼마나 받는가가 더 중요하다고 생각한다.

12.
____A. 나는 한 번도 상사에게 거짓말을 한 적이 없다.
____B. 나는 상사에게 거짓말을 한 적이 있다.

13.
____A. 직장에서 나의 주 관심사는 보다 많은 인센티브를 받는 것이다.
____B. 직장에서 나의 주 관심사는 상사와 동료들로부터 인정받는 것이다.

14.
____A. 사람들이 직업을 선택할 때의 첫 번째 기준은 능력발휘의 기회이다.
____B. 사람들이 직업을 선택할 때의 첫 번째 기준은 급여 수준이다.

15.
____A. 가정에 충실한 것이 직장생활을 잘하는 것보다 중요하다고 생각한다.
____B. 직장생활을 잘하는 것이 가정에 충실한 것보다 중요하다고 생각한다.

16.
____A. 인간관계가 좋지 않더라도 능력이 있다면 승진할 수 있다고 생각한다.
____B. 능력이 있더라도 인간관계가 좋지 못하면 승진할 수 없다고 생각한다.

17.
____A. 나는 다른 사람들이 받는 급여와 내 급여를 자주 비교하곤 한다.
____B. 나는 다른 사람들이 받는 급여에 대해서는 별로 관심이 없다.

18.
____A. 팀 전체를 위해서라면 개인을 희생할 수 있다고 생각한다.
____B. 팀 전체를 위한 일이라 할지라도 개인을 희생해서는 안 된다고 생각한다.

19.
____A. 사원들의 직무만족을 높이는 가장 좋은 방법은 하고 싶은 일을 할 수 있도록 해 주는 것이다.
____B. 사원들의 직무만족을 높이는 가장 좋은 방법은 임금을 인상하는 것이다.

번호	문 항
20.	____A. 나는 팀 내 동료들이 일을 열심히 하지 않는 것을 보면 화가 난다. ____B. 나는 팀 내 동료들이 일을 열심히 하지 않는 것을 봐도 아무렇지 않다.
21.	____A. 내 직장생활 최대의 목표는 내 분야의 전문가가 되는 것이다. ____B. 내 직장생활 최대의 목표는 고액 연봉자가 되는 것이다.
22.	____A. 나는 현재의 직업 외에 다른 직업을 갖는 것에 대해 생각해 본 적이 한 번도 없다. ____B. 나는 현재의 직업 외에 다른 직업을 갖는 것에 대해 생각해 본 적이 있다.
23.	____A. 재산이 많다면 나는 더이상 일을 많이 하지 않을 것이다. ____B. 재산이 아무리 많더라도 나는 계속해서 일을 할 것이다.
24.	____A. 나는 직장 동료들로부터 일을 잘하는 사람으로 평가받고 싶다. ____B. 나는 직장 동료들로부터 인간성이 좋은 사람으로 평가받고 싶다.

－여러분들의 협조에 진심으로 감사드립니다－

〈부록 2〉
일가치감 및 직무만족에 대한 공분산 행렬

vwor1	vwor3	vwor4	vsel1	vsel2	vsel3		
vaff1	vaff2	vaff3	vaff4	vaff5	vaff6	vaff7	vaff8
sata1	sata2	sata3	sata4	sata5			
satb1	satb2	satc1	satc2	satd1	satd2	satd3	
sate1	sate2	sate3					

```
1.635
1.001  1.531
0.668  1.078  2.254
0.874  1.008  0.904  1.789
0.699  0.640  0.616  1.175  1.998
0.473  0.594  0.782  1.067  1.070  1.937
0.972  0.945  0.735  1.118  0.854  0.673  1.468
0.935  0.799  0.625  0.868  0.710  0.593  0.925  1.527
1.024  0.769  0.591  0.894  0.798  0.442  0.930  0.837  1.633
1.233  1.033  0.767  0.993  0.691  0.483  1.186  1.117  1.082  1.819
0.849  0.899  0.777  1.056  0.834  0.706  0.946  0.748  0.779  0.971  1.573
1.078  0.809  0.589  0.933  0.663  0.525  1.033  0.850  0.995  1.310  0.884  1.542
1.012  0.912  0.822  0.967  0.697  0.560  1.053  0.902  1.025  1.192  0.916  1.107  1.513
1.080  0.955  0.784  0.788  0.561  0.454  0.964  0.909  0.929  1.293  0.808  1.100  1.050
1.894
0.933  0.802  0.535  0.749  0.448  0.449  0.885  0.838  0.894  1.047  0.799  0.921  1.000
0.905  1.463
0.855  0.749  0.500  0.727  0.470  0.465  0.808  0.732  0.725  0.929  0.776  0.836  0.908
0.789  1.083  1.481
0.842  0.808  0.477  0.779  0.401  0.439  0.813  0.772  0.602  0.989  0.747  0.849  0.872
0.820  0.989  1.062  1.452
1.051  0.839  0.507  0.862  0.471  0.424  0.903  0.844  0.928  1.182  0.874  1.055  1.060
0.924  1.155  1.120  1.169  1.624
0.790  0.624  0.463  0.687  0.534  0.477  0.660  0.623  0.656  0.828  0.690  0.791  0.806
0.656  0.826  0.717  0.793  0.969  1.394
0.690  0.509  0.322  0.619  0.414  0.348  0.595  0.518  0.632  0.771  0.638  0.755  0.704
0.513  0.774  0.668  0.746  0.959  0.973  1.826
1.003  0.793  0.639  0.855  0.734  0.585  0.875  0.813  0.871  1.115  0.991  1.010  0.970
0.996  0.957  0.923  0.941  1.103  0.869  1.123  2.207
```

0.614 0.540 0.394 0.562 0.380 0.333 0.514 0.517 0.511 0.681 0.609 0.575 0.641
0.415 0.677 0.565 0.771 0.781 0.733 0.865 0.923 2.106
0.516 0.467 0.281 0.425 0.267 0.208 0.409 0.412 0.462 0.580 0.437 0.483 0.489
0.381 0.641 0.500 0.695 0.678 0.572 0.785 0.800 1.642 1.768
0.567 0.509 0.311 0.514 0.147 0.181 0.555 0.471 0.467 0.608 0.460 0.549 0.521
0.462 0.554 0.463 0.603 0.617 0.467 0.560 0.579 0.716 0.650 1.796
0.630 0.737 0.571 0.627 0.399 0.303 0.657 0.624 0.639 0.764 0.649 0.627 0.657
0.773 0.625 0.512 0.509 0.671 0.484 0.438 0.696 0.390 0.351 0.685 1.752
0.673 0.649 0.498 0.591 0.368 0.305 0.732 0.607 0.657 0.811 0.653 0.741 0.747
0.815 0.702 0.633 0.562 0.690 0.404 0.443 0.696 0.316 0.274 0.703 1.252 1.562
0.621 0.569 0.391 0.514 0.361 0.235 0.649 0.573 0.566 0.663 0.544 0.602 0.639
0.606 0.730 0.568 0.578 0.617 0.550 0.542 0.558 0.457 0.419 0.639 0.472 0.644
1.385
0.644 0.610 0.462 0.555 0.372 0.211 0.654 0.600 0.572 0.688 0.510 0.595 0.596
0.678 0.662 0.583 0.600 0.651 0.501 0.558 0.589 0.458 0.428 0.755 0.502 0.631
1.201 1.473
0.496 0.437 0.217 0.458 0.277 0.145 0.519 0.566 0.538 0.605 0.428 0.578 0.564
0.575 0.630 0.552 0.589 0.695 0.513 0.603 0.670 0.563 0.520 0.750 0.418 0.516
0.982 1.101 1.409

〈부록 3〉

일가치감 결정요인, 일가치감, 및 조직 효과성 변인들에 대한 공분산 행렬 및 확인적 요인분석 프로그램

```
data      no=975  ni=64   ma=cm
label
pspe1    pspe2    pspe3    pspe4    pspe5    pspe6    paut1    paut2    paut3
paut4    puti1    puti2    puti3    puti4    puti5    pgro1    pgro2    pgro3    pgro4
peva2    peva3    peva5    ispe1    ispe2    ispe3    ispe4    ispe5    ispe6    iaut1
iaut2    iaut3    iaut4    iuti1    iuti2    iuti3    iuti4    iuti5    igro1    igro2
igro3    igro4    ieva2    ieva3    ieva5    v_wor    v_sel    v_aff    sata    satb
satc     satd     sate     dev16    dev17    dev18    dev19    dev20    dev21    dev22
jmot1    jmot2    jmot3    jmot4    jmot5
cm sy

1.616
1.023  1.742
0.879  0.898  1.669
0.750  0.727  0.910  2.064
0.974  0.810  0.779  0.756  2.057
0.982  0.817  0.789  0.862  1.088  1.638
0.551  0.650  0.612  0.726  0.453  0.679  1.475
0.444  0.460  0.504  0.608  0.503  0.554  0.679  1.311
0.447  0.540  0.547  0.599  0.574  0.489  0.569  0.758  1.696
0.337  0.508  0.405  0.494  0.359  0.405  0.622  0.618  0.965  1.572
0.799  0.687  0.686  0.634  0.632  0.769  0.623  0.507  0.561  0.652  1.599
0.677  0.584  0.609  0.652  0.534  0.689  0.528  0.525  0.363  0.392  0.892  1.836
0.748  0.648  0.778  0.824  0.771  0.797  0.579  0.633  0.452  0.431  0.810  0.854  1.481
0.714  0.615  0.679  0.787  0.795  0.780  0.552  0.576  0.489  0.480  0.816  0.776  1.016
1.419
0.780  0.724  0.656  0.734  0.765  0.719  0.564  0.622  0.727  0.711  0.840  0.669  0.847
0.848  1.880
1.109  0.869  0.825  0.782  1.125  1.111  0.632  0.624  0.579  0.477  0.855  0.708  0.905
0.868  1.023  2.008
1.012  0.818  0.770  0.797  1.022  1.076  0.629  0.635  0.571  0.522  0.812  0.657  0.876
0.858  0.870  1.555  1.818
```

0.755 0.664 0.690 0.848 0.816 0.952 0.543 0.632 0.562 0.527 0.657 0.639 0.814
0.807 0.782 1.133 1.125 1.665
0.875 0.737 0.743 0.810 1.015 0.988 0.593 0.626 0.683 0.568 0.716 0.569 0.802
0.745 0.862 1.351 1.327 1.164 1.866
0.406 0.401 0.440 0.525 0.389 0.440 0.449 0.477 0.402 0.367 0.474 0.414 0.490
0.465 0.426 0.533 0.538 0.538 0.553 1.089
0.396 0.356 0.468 0.471 0.418 0.431
0.417 0.469 0.417 0.344 0.490 0.447 0.535 0.490 0.502 0.529 0.475 0.529 0.554
0.813 1.057
0.669 0.627 0.644 0.650 0.817 0.742 0.461 0.600 0.671 0.579 0.658 0.553 0.652
0.647 0.925 0.914 0.827 0.914 0.955 0.614 0.648 1.582
0.489 0.349 0.282 0.218 0.341 0.237 0.175 0.106 0.117 0.131 0.300 0.203 0.269
0.275 0.200 0.327 0.332 0.184 0.253 0.121 0.112 0.159 1.193
0.359 0.469 0.279 0.190 0.250 0.235 0.188 0.082 0.096 0.070 0.252 0.174 0.220
0.181 0.179 0.254 0.245 0.163 0.203 0.136 0.065 0.073 0.588 1.344
0.309 0.302 0.366 0.250 0.290 0.291 0.175 0.078 0.105 0.069 0.179 0.255 0.245
0.309 0.173 0.253 0.223 0.267 0.151 0.112 0.107 0.224 0.451 0.512 1.565
0.284 0.212 0.279 0.383 0.316 0.219 0.090 0.104 0.136 0.081 0.190 0.216 0.235
0.317 0.177 0.283 0.211 0.337 0.220 0.181 0.122 0.259 0.365 0.435 0.771 1.593
0.317 0.114 0.278 0.208 0.436 0.251 0.061 0.061 0.035 −0.067 0.131 0.213 0.149
0.168 0.108 0.238 0.177 0.213 0.169 0.164 0.145 0.116 0.462 0.385 0.550 0.549
1.472
0.245 0.194 0.240 0.297 0.439 0.429 0.106 0.126 0.181 0.099 0.187 0.182 0.285
0.295 0.242 0.297 0.254 0.283 0.282 0.084 0.096 0.219 0.421 0.327 0.633 0.581
0.708 1.533
0.329 0.296 0.306 0.254 0.223 0.219 0.259 0.118 0.151 0.154 0.231 0.224 0.263
0.240 0.216 0.257 0.256 0.228 0.243 0.138 0.153 0.147 0.425 0.422 0.461 0.417
0.403 0.397 1.073
0.276 0.240 0.264 0.256 0.177 0.199 0.158 0.170 0.073 0.075 0.160 0.190 0.191
0.170 0.118 0.230 0.234 0.181 0.156 0.119 0.085 0.120 0.376 0.384 0.361 0.354
0.356 0.310 0.565 0.936
0.220 0.150 0.209 0.138 0.133 0.169 0.102 0.058 0.148 0.073 0.015 0.107 0.088
0.066 0.124 0.139 0.112 0.095 0.113 0.085 0.051 0.066 0.340 0.326 0.364 0.383
0.358 0.338 0.342 0.511 1.369
0.208 0.181 0.217 0.235 0.153 0.119 0.122 0.114 0.139 0.296 0.192 0.132 0.174
0.124 0.216 0.097 0.074 0.134 0.084 0.099 0.053 0.171 0.336 0.318 0.340 0.336
0.279 0.333 0.385 0.397 0.455 1.478

0.349 0.347 0.404 0.322 0.377 0.378 0.152 0.177 0.269 0.193 0.434 0.308 0.349
0.349 0.337 0.345 0.321 0.343 0.379 0.260 0.235 0.346 0.316 0.356 0.442 0.546
0.487 0.643 0.299 0.293 0.273 0.409 1.576
0.210 0.301 0.252 0.199 0.490 0.460
0.072 0.151 0.310 0.170 0.340 0.453 0.331 0.343 0.271 0.350 0.279 0.417 0.361
0.197 0.186 0.420 0.242 0.171 0.414 0.346 0.447 0.744 0.185 0.108 0.058 0.202
0.806 2.006
0.369 0.344 0.494 0.366 0.397 0.385 0.230 0.195 0.273 0.220 0.381 0.349 0.452
0.362 0.350 0.393 0.354 0.435 0.337 0.245 0.226 0.393 0.379 0.382 0.536 0.634
0.460 0.595 0.464 0.319 0.315 0.350 0.787 0.665 1.531
0.287 0.287 0.310 0.246 0.347 0.330 0.168 0.115 0.166 0.157 0.291 0.288 0.383
0.416 0.203 0.259 0.263 0.311 0.236 0.151 0.164 0.202 0.304 0.324 0.449 0.556
0.415 0.583 0.369 0.343 0.367 0.284 0.655 0.537 0.927 1.404
0.300 0.336 0.344 0.299 0.380 0.299 0.201 0.175 0.267 0.253 0.336 0.243 0.362
0.322 0.587 0.364 0.312 0.289 0.266 0.159 0.175 0.366 0.306 0.322 0.268 0.279
0.374 0.489 0.328 0.328 0.294 0.374 0.625 0.476 0.687 0.684 1.403
0.378 0.287 0.327 0.383 0.310 0.294 0.195 0.103 0.078 0.096 0.224 0.228 0.276
0.256 0.183 0.419 0.394 0.286 0.282 0.158 0.110 0.158 0.448 0.414 0.392 0.464
0.434 0.354 0.417 0.377 0.352 0.220 0.355 0.220 0.511 0.527 0.522 1.062
0.330 0.283 0.289 0.273 0.264 0.271 0.205 0.097 0.028 0.121 0.167 0.170 0.292
0.221 0.133 0.294 0.323 0.219 0.210 0.161 0.110 0.083 0.419 0.362 0.356 0.295
0.391 0.292 0.387 0.357 0.367 0.182 0.321 0.210 0.424 0.474 0.415 0.697 0.976
0.232 0.292 0.301 0.273 0.257 0.280 0.142 0.149 0.246 0.179 0.216 0.184 0.312
0.324 0.284 0.289 0.289 0.424 0.276 0.191 0.153 0.216 0.262 0.292 0.479 0.594
0.371 0.421 0.301 0.279 0.412 0.310 0.562 0.343 0.694 0.613 0.449 0.507 0.443
1.436
0.320 0.252 0.293 0.231 0.243 0.232 0.220 0.124 0.146 0.193 0.251 0.185 0.281
0.252 0.163 0.233 0.281 0.223 0.306 0.196 0.151 0.085 0.366 0.396 0.333 0.315
0.403 0.278 0.344 0.345 0.348 0.231 0.332 0.124 0.366 0.428 0.363 0.484 0.536
0.497 0.982
0.245 0.258 0.319 0.273 0.207 0.272 0.135 0.120 0.129 0.123 0.268 0.273 0.297
0.257 0.156 0.267 0.268 0.327 0.254 0.299 0.276 0.314 0.217 0.198 0.270 0.351
0.228 0.220 0.264 0.239 0.280 0.217 0.418 0.206 0.468 0.412 0.310 0.312 0.313
0.567 0.263 1.362
0.304 0.310 0.301 0.267 0.232 0.285 0.141 0.143 0.134 0.120 0.352 0.279 0.306
0.281 0.251 0.252 0.268 0.322 0.279 0.321 0.307 0.322 0.231 0.290 0.230 0.376

0.201 0.215 0.311 0.262 0.282 0.245 0.397 0.223 0.410 0.391 0.354 0.280 0.283
0.433 0.282 0.977 1.265
0.331 0.374 0.341 0.321 0.275 0.314 0.134 0.165 0.274 0.231 0.324 0.208 0.287
0.258 0.331 0.365 0.399 0.433 0.331 0.286 0.264 0.472 0.250 0.337 0.400 0.521
0.300 0.311 0.289 0.264 0.329 0.239 0.549 0.310 0.587 0.482 0.477 0.394 0.349
0.695 0.348 0.770 0.667 1.482
0.848 0.732 0.694 0.716 0.702 0.809 0.618 0.510 0.500 0.518 0.802 0.738 0.840
0.821 0.804 0.931 0.905 0.802 0.871 0.523 0.534 0.695 0.225 0.220 0.145 0.149
0.090 0.140 0.265 0.186 0.074 0.088 0.209 0.205 0.320 0.220 0.311 0.215 0.212
0.164 0.238 0.241 0.295 0.291 1.303
0.529 0.442 0.611 0.585 0.581 0.619 0.444 0.426 0.463 0.313 0.476 0.471 0.654
0.642 0.589 0.733 0.641 0.701 0.711 0.596 0.621 0.691 0.107 0.045 0.148 0.153
0.108 0.221 0.121 0.053 0.023 -0.031 0.275 0.342 0.304 0.173 0.218 0.085 0.059
0.134 0.077 0.178 0.205 0.225 0.817 1.437
0.822 0.694 0.682 0.749 0.807 0.818 0.626 0.632 0.611 0.561 0.752 0.586 0.779
0.771 0.850 1.040 1.017 0.862 1.038 0.575 0.578 0.838 0.230 0.177 0.128 0.127
0.147 0.167 0.207 0.140 0.047 0.088 0.230 0.245 0.292 0.194 0.281 0.207 0.179
0.162 0.218 0.197 0.245 0.264 0.977 0.759 1.167
0.615 0.565 0.540 0.598 0.641 0.608 0.497 0.520 0.579 0.510 0.581 0.475 0.584
0.571 0.660 0.747 0.706 0.682 0.786 0.438 0.451 0.687 0.130 0.099 0.100 0.155
0.120 0.167 0.156 0.107 0.036 0.094 0.221 0.224 0.263 0.203 0.241 0.135 0.087
0.121 0.120 0.170 0.197 0.206 0.756 0.590 0.888 1.074
0.554 0.522 0.491 0.599 0.570 0.616 0.487 0.572 0.647 0.563 0.571 0.465 0.582
0.635 0.780 0.749 0.729 0.786 0.825 0.458 0.444 0.831 0.059 0.010 0.072 0.149
0.055 0.174 0.122 0.048 -0.008 0.106 0.251 0.251 0.312 0.222 0.292 0.088 0.025
0.149 0.046 0.189 0.193 0.266 0.766 0.692 0.884 0.916 1.624
0.408 0.368 0.312 0.389 0.510 0.480 0.421 0.427 0.531 0.485 0.426 0.379 0.378
0.445 0.552 0.527 0.531 0.595 0.595 0.350 0.344 0.630 0.052 -0.011 -0.030 0.106
0.082 0.151 0.029 -0.031 -0.103 0.052 0.192 0.316 0.241 0.145 0.201 0.051 -0.013
0.065 -0.014 0.089 0.072 0.116 0.529 0.446 0.646 0.716 0.993 1.860
0.486 0.492 0.414 0.429 0.449 0.460 0.401 0.413 0.426 0.419 0.495 0.313 0.485
0.504 0.563 0.563 0.558 0.491 0.558 0.356 0.422 0.487 0.166 0.110 0.078 0.055
0.083 0.072 0.177 0.110 0.012 0.120 0.169 0.094 0.200 0.143 0.246 0.145 0.118
0.101 0.184 0.156 0.202 0.197 0.644 0.404 0.704 0.617 0.660 0.595 1.122
0.371 0.367 0.390 0.460 0.433 0.379 0.508 0.556 0.550 0.439 0.420 0.395 0.490
0.448 0.505 0.553 0.531 0.526 0.562 0.563 0.513 0.552 0.108 0.080 0.034 0.095

0.118 0.084 0.095 0.116 −0.006 0.042 0.167 0.138 0.228 0.143 0.228 0.139 0.104
0.084 0.144 0.105 0.132 0.108 0.576 0.478 0.673 0.669 0.702 0.540 0.671 1.274
0.457 0.406 0.306 0.411 0.273 0.400 0.400 0.289 0.272 0.337 0.348 0.340 0.444
0.394 0.385 0.403 0.419 0.368 0.428 0.375 0.351 0.324 0.227 0.255 0.200 0.119
0.104 0.098 0.265 0.247 0.177 0.188 0.150 0.042 0.245 0.189 0.157 0.248 0.271
0.171 0.259 0.274 0.315 0.273 0.514 0.305 0.496 0.388 0.361 0.192 0.473 0.444
1.201
0.542 0.465 0.533 0.698 0.509 0.588 0.589 0.480 0.419 0.425 0.521 0.444 0.661
0.614 0.612 0.676 0.638 0.659 0.685 0.528 0.528 0.607 0.216 0.205 0.148 0.174
0.134 0.141 0.203 0.150 0.057 0.100 0.195 0.130 0.288 0.217 0.240 0.249 0.243
0.154 0.252 0.211 0.202 0.220 0.707 0.608 0.750 0.610 0.630 0.531 0.639 0.632
0.687 1.282
0.564 0.544 0.438 0.472 0.559 0.593 0.506 0.371 0.420 0.425 0.554 0.440 0.665
0.618 0.670 0.610 0.604 0.626 0.660 0.450 0.407 0.638 0.229 0.190 0.139 0.116
0.158 0.229 0.250 0.157 0.019 0.158 0.261 0.265 0.364 0.292 0.349 0.190 0.178
0.176 0.207 0.258 0.307 0.256 0.720 0.513 0.771 0.649 0.803 0.634 0.680 0.554
0.676 0.795 1.637
0.639 0.614 0.616 0.593 0.698 0.611 0.483 0.406 0.440 0.350 0.538 0.438 0.624
0.562 0.721 0.838 0.774 0.672 0.896 0.433 0.453 0.738 0.283 0.217 0.202 0.212
0.195 0.250 0.238 0.143 0.044 0.099 0.338 0.333 0.367 0.295 0.279 0.299 0.190
0.237 0.200 0.314 0.315 0.336 0.689 0.584 0.863 0.711 0.744 0.603 0.621 0.559
0.465 0.699 0.892 1.755
0.735 0.679 0.620 0.657 0.705 0.714 0.512 0.509 0.484 0.417 0.637 0.582 0.721
0.709 0.749 0.846 0.772 0.721 0.833 0.431 0.457 0.713 0.252 0.217 0.176 0.112
0.195 0.228 0.275 0.189 0.039 0.149 0.290 0.270 0.378 0.251 0.302 0.279 0.200
0.181 0.203 0.289 0.286 0.262 0.825 0.597 0.912 0.788 0.789 0.564 0.667 0.582
0.612 0.767 0.941 1.008 1.488
0.530 0.489 0.445 0.563 0.564 0.518 0.336 0.414 0.522 0.429 0.476 0.426 0.547
0.578 0.691 0.729 0.674 0.605 0.763 0.349 0.356 0.729 0.173 0.160 0.149 0.231
0.083 0.213 0.202 0.110 0.004 0.129 0.297 0.300 0.374 0.274 0.324 0.188 0.071
0.198 0.069 0.266 0.268 0.292 0.626 0.498 0.787 0.726 0.795 0.606 0.480 0.442
0.335 0.504 0.731 1.037 0.861 1.676
0.598 0.507 0.466 0.615 0.552 0.570 0.439 0.412 0.368 0.326 0.471 0.450 0.590
0.581 0.604 0.684 0.612 0.607 0.632 0.346 0.371 0.487 0.190 0.229 0.208 0.163
0.148 0.220 0.243 0.192 0.080 0.169 0.266 0.174 0.361 0.274 0.314 0.254 0.183
0.195 0.151 0.185 0.222 0.234 0.613 0.439 0.666 0.569 0.566 0.367 0.488 0.428
0.394 0.528 0.660 0.754 0.905 0.882 1.623

0.580 0.521 0.515 0.592 0.600 0.628 0.499 0.442 0.398 0.394 0.526 0.474 0.644
0.623 0.632 0.771 0.707 0.638 0.758 0.398 0.422 0.592 0.207 0.176 0.146 0.154
0.125 0.176 0.253 0.175 0.120 0.150 0.221 0.194 0.317 0.244 0.314 0.265 0.242
0.187 0.203 0.270 0.254 0.257 0.699 0.448 0.748 0.636 0.591 0.452 0.577 0.497
0.514 0.664 0.715 0.746 0.922 0.717 0.990 1.281
0.648 0.571 0.518 0.622 0.633 0.652 0.504 0.418 0.394 0.372 0.528 0.478 0.671
0.635 0.656 0.809 0.760 0.668 0.775 0.412 0.406 0.583 0.198 0.179 0.124 0.173
0.156 0.180 0.238 0.162 0.071 0.128 0.227 0.202 0.282 0.227 0.285 0.256 0.220
0.178 0.203 0.245 0.256 0.306 0.698 0.480 0.778 0.628 0.590 0.452 0.582 0.466
0.513 0.678 0.790 0.767 0.935 0.718 0.883 1.041 1.345
0.426 0.324 0.308 0.248 0.219 0.321 0.321 0.170 0.037 0.119 0.248 0.346 0.329
0.316 0.170 0.340 0.328 0.243 0.272 0.256 0.224 0.190 0.257 0.207 0.126 0.131
0.143 0.092 0.244 0.236 0.177 0.225 0.088 0.026 0.203 0.246 0.152 0.255 0.274
0.148 0.232 0.358 0.348 0.271 0.401 0.195 0.362 0.239 0.177 0.159 0.308 0.223
0.424 0.383 0.423 0.358 0.449 0.291 0.471 0.511 0.514 1.341
0.390 0.311 0.355 0.396 0.322 0.434 0.355 0.280 0.240 0.250 0.346 0.331 0.434
0.457 0.420 0.431 0.388 0.437 0.436 0.347 0.346 0.404 0.120 0.112 0.081 0.156
0.142 0.163 0.148 0.104 0.066 0.126 0.204 0.143 0.186 0.157 0.168 0.170 0.137
0.154 0.157 0.211 0.226 0.143 0.466 0.481 0.496 0.422 0.405 0.255 0.332 0.304
0.392 0.450 0.461 0.469 0.611 0.426 0.515 0.616 0.612 0.360 1.017
0.461 0.424 0.400 0.463 0.386 0.490 0.371 0.286 0.241 0.219 0.419 0.353 0.504
0.513 0.468 0.493 0.493 0.440 0.488 0.359 0.353 0.431 0.118 0.124 0.069 0.179
0.114 0.114 0.154 0.078 0.045 0.086 0.168 0.155 0.213 0.146 0.178 0.182 0.141
0.126 0.166 0.193 0.229 0.193 0.519 0.436 0.569 0.477 0.446 0.309 0.450 0.366
0.434 0.512 0.536 0.511 0.669 0.471 0.575 0.695 0.701 0.371 0.791 1.087

select
1 2 3 4 5 6 7 8 9 10 11 12 13 14 15 16 17 18 19 20 21 22 23 24 25
26 27 28 29 30 31 32 33 34 35 36 37 38 39 40 41 42 43 44 45 46 47
48 49 50 51 52 53 54 55 56 57 58 59 60 61 62 63 64 /
model nx=64 nk=14 lx=fu,fi ph=sy,fr td=di,fr

lk
'P중요성' 'P효율성' 'P유용성' 'P실현성' 'P인정' 'I중요성' 'I효율성' 'I유용성' 'I실현성' 'I인정' '일가치감'
'직무만족' '직무몰입' '직무동기'

```
free       lx   2    1    lx   3    1    lx   4    1    lx   5    1    lx   6    1
free       lx   8    2    lx   9    2    lx   10   2
free       lx   12   3    lx   13   3    lx   14   3    lx   15   3
free       lx   17   4    lx   18   4    lx   19   4
free       lx   21   5    lx   22   5
free       lx   24   6    lx   25   6    lx   26   6    lx   27   6    lx   28   6
free       lx   30   7    lx   31   7    lx   32   7
free       lx   34   8    lx   35   8    lx   36   8    lx   37   8
free       lx   39   9    lx   40   9    lx   41   9
free       lx   43   10   lx   44   10
free       lx   46   11   lx   47   11
free       lx   49   12   lx   50   12   lx   51   12   lx   52   12
free       lx   54   13   lx   55   13   lx   56   13   lx   57   13   lx   58   13   lx   59   13
free       lx   61   14   lx   62   14   lx   63   14   lx   64   14
value 1.0 lx   1    1    lx   7    2    lx   11   3    lx   16   4    lx   20   5
value 1.0 lx   23   6    lx   29   7    lx   33   8    lx   38   9    lx   42   10
value 1.0 lx   45   11   lx   48   12   lx   53   13   lx   60   14
path diagram
out it=500 ad=off nd=3 ss sc me=ml
```

〈부록 4〉

내 / 외 보상 지향성 변인에 대한 공분산 행렬 및 확인적 요인분석 프로그램

```
data no=1121 ni=12 ma=km
label
intr6     intr8   intr4   intr1   intr7   intr11  intr2   intr5   intr3   intr12
intr9     intr10
km        sy
 1.000
 0.529    1.000
 0.449    0.436   1.000
 0.455    0.399   0.296   1.000
 0.458    0.298   0.296   0.310   1.000
 0.555    0.485   0.355   0.355   0.549   1.000
-0.339   -0.192  -0.293  -0.260  -0.356  -0.328   1.000
-0.205   -0.175  -0.226  -0.208  -0.295  -0.285   0.495   1.000
-0.169   -0.116  -0.188  -0.227  -0.183  -0.211   0.249   0.184
 1.000
-0.292   -0.160  -0.103  -0.212  -0.194  -0.316   0.261   0.194
 0.149    1.000
-0.203   -0.160  -0.267  -0.177  -0.247  -0.265  -0.039   0.159
 0.136    0.065   1.000
-0.369   -0.385  -0.411  -0.260  -0.327  -0.440   0.237   0.286
 0.268    0.202   0.269   1.000
select
1    2    3    4    5    6    7    8    9    10   11   12/
model nk=2 nx=12 lx=fu,fi td=di,fr ph=sy,fr
lk
int_ori ext_ori
free      lx  2   1   lx  3   1   lx  4   1   lx  5   1   lx  6   1
free      lx  8   2   lx  9   2   lx  10  2   lx  11  2   lx  12  2
value 1.0 lx  1   1   lx  7   2
path diagram
out it=100 nd=3 ss sc me=ml
```

〈부록 5〉

일가치감, 직무만족, 직무몰입, 및 직무동기에 대한 인구통계 집단별 평균과 표준편차

인구통계 변수	표본 크기	일가치 인식 평균	일가치 인식 SD	자기가치 인식 평균	자기가치 인식 SD	가치충족 정서 평균	가치충족 정서 SD	일가치감 평균	일가치감 SD	직무만족 평균	직무만족 SD	직무몰입 평균	직무몰입 SD	직무동기 평균	직무동기 SD
성 별															
남	734	4.98	(1.15)	4.01	(1.20)	4.80	(1.06)	4.60	(1.00)	4.42	(0.93)	4.92	(0.91)	5.12	(0.87)
여	341	4.49	(1.10)	3.77	(1.24)	4.30	(1.11)	4.19	(1.03)	4.02	(0.92)	4.42	(0.92)	4.74	(0.84)
혼인여부															
기혼	546	4.95	(1.10)	4.01	(1.21)	4.79	(1.04)	4.58	(0.98)	4.39	(0.92)	4.89	(0.89)	5.08	(0.86)
미혼	529	4.70	(1.20)	3.86	(1.21)	4.50	(1.15)	4.35	(1.06)	4.19	(0.96)	4.62	(0.97)	4.91	(0.90)
학 력															
고 졸	210	4.98	(1.19)	3.74	(1.29)	4.67	(1.14)	4.46	(1.04)	4.28	(0.98)	4.80	(0.96)	5.15	(0.88)
전문대졸	203	4.80	(1.26)	3.88	(1.14)	4.57	(1.10)	4.42	(1.02)	4.20	(0.96)	4.70	(0.94)	4.91	(0.93)
대 졸	581	4.78	(1.11)	4.02	(1.19)	4.66	(1.09)	4.49	(1.01)	4.32	(0.93)	4.77	(0.93)	4.99	(0.86)
대학원졸	81	4.85	(1.12)	3.95	(1.32)	4.66	(1.13)	4.49	(1.08)	4.32	(0.93)	4.73	(0.90)	4.88	(0.85)
연 령															
20대	451	4.76	(1.21)	3.89	(1.24)	4.56	(1.17)	4.40	(1.08)	4.23	(0.99)	4.62	(1.00)	4.91	(0.93)
30대	487	4.82	(1.10)	3.92	(1.17)	4.64	(1.03)	4.46	(0.96)	4.29	(0.92)	4.78	(0.86)	5.01	(0.83)
40대	106	5.01	(1.12)	4.07	(1.24)	4.92	(1.11)	4.67	(1.04)	4.43	(0.87)	5.11	(0.90)	5.24	(0.84)
50대	31	5.22	(1.26)	4.26	(1.36)	5.05	(1.03)	4.84	(1.02)	4.64	(0.84)	5.32	(0.80)	5.26	(0.83)
직 급															
사원	566	4.68	(1.22)	3.75	(1.22)	4.48	(1.16)	4.31	(1.06)	4.17	(0.98)	4.60	(0.97)	4.87	(0.90)
대리	252	4.95	(1.03)	3.98	(1.12)	4.71	(0.97)	4.55	(0.90)	4.29	(0.86)	4.80	(0.84)	5.06	(0.80)
과장	136	4.88	(1.13)	4.06	(1.21)	4.76	(0.99)	4.57	(0.98)	4.52	(0.88)	4.94	(0.80)	5.07	(0.83)
차장	48	5.25	(0.99)	4.15	(1.04)	5.09	(1.16)	4.83	(0.91)	4.53	(0.95)	5.18	(0.95)	5.29	(0.92)
부장	43	5.08	(1.06)	4.51	(1.18)	5.10	(1.06)	4.90	(0.97)	4.61	(1.02)	5.23	(0.95)	5.48	(0.86)
임원	30	5.34	(1.04)	5.16	(1.10)	5.19	(0.98)	5.23	(0.91)	4.65	(0.73)	5.35	(0.95)	5.47	(0.81)
직 무															
지원(관리)	478	4.74	(1.12)	3.83	(1.16)	4.48	(1.08)	4.35	(0.98)	4.25	(0.90)	4.67	(0.90)	4.92	(0.89)
영업	156	4.81	(1.18)	4.09	(1.21)	4.82	(1.13)	4.57	(1.02)	4.44	(0.99)	4.89	(1.01)	5.05	(0.94)
기술	170	4.97	(1.13)	4.12	(1.24)	4.71	(1.00)	4.60	(0.99)	4.20	(0.87)	4.85	(0.85)	5.09	(0.83)
연구	68	4.84	(1.13)	4.08	(1.06)	4.79	(1.12)	4.57	(0.97)	4.31	(1.02)	4.82	(0.95)	5.14	(0.88)
기타	203	4.93	(1.26)	3.85	(1.34)	4.79	(1.18)	4.53	(1.13)	4.35	(1.03)	4.78	(1.03)	5.00	(0.85)
All	1075	4.83	(1.16)	3.93	(1.21)	4.64	(1.10)	4.47	(1.02)	4.29	(0.94)	4.76	(0.94)	5.00	(0.88)

인구통계 변수	표본 크기	일가치 인식		자기가치 인식		가치충족 정서		일가치감		직무만족		직무몰입		직무동기	
		평균	SD	평균	SD	평균	SD	평균	SD	평균	SD	평균	SD	평균	SD
직 종															
금융업	122	4.76	(1.19)	3.82	(1.25)	4.75	(1.30)	4.44	(1.10)	4.48	(1.11)	4.89	(1.12)	5.16	(1.08)
제조업	209	4.67	(1.16)	3.83	(1.20)	4.44	(1.08)	4.31	(1.02)	4.06	(0.90)	4.62	(0.88)	4.88	(0.85)
유통업	60	4.83	(1.00)	4.23	(1.21)	4.50	(1.02)	4.52	(0.95)	4.24	(0.90)	4.62	(0.93)	5.06	(0.77)
서비스업	440	4.96	(1.20)	3.96	(1.23)	4.78	(1.09)	4.56	(1.04)	4.42	(0.95)	4.89	(0.92)	5.10	(0.88)
기 타	244	4.76	(1.07)	3.96	(1.17)	4.57	(1.02)	4.43	(0.96)	4.18	(0.85)	4.62	(0.87)	4.82	(0.77)
재직기간															
3년 미만	460	4.81	(1.18)	3.89	(1.26)	4.62	(1.14)	4.44	(1.05)	4.26	(0.98)	4.69	(0.97)	4.94	(0.91)
3~5년	138	4.79	(1.15)	4.21	(1.16)	4.59	(1.09)	4.53	(1.03)	4.30	(0.92)	4.68	(0.92)	4.94	(0.82)
6~10년	254	4.85	(1.13)	3.91	(1.11)	4.65	(1.05)	4.47	(0.96)	4.28	(0.95)	4.75	(0.93)	5.01	(0.89)
11~15년	149	4.71	(1.16)	3.74	(1.30)	4.58	(1.08)	4.34	(1.06)	4.28	(0.87)	4.84	(0.87)	5.04	(0.82)
16년 이상	74	5.20	(1.05)	4.14	(1.11)	5.00	(1.06)	4.78	(0.91)	4.54	(0.84)	5.22	(0.84)	5.33	(0.80)
회사위치															
서 울	705	4.78	(1.13)	3.94	(1.22)	4.61	(1.11)	4.44	(1.02)	4.29	(0.93)	4.72	(0.95)	4.94	(0.89)
광역시	135	4.85	(1.26)	4.08	(1.24)	4.63	(1.05)	4.52	(1.08)	4.19	(0.85)	4.72	(0.89)	5.02	(0.87)
지방도시	214	4.91	(1.17)	3.81	(1.19)	4.74	(1.11)	4.49	(1.02)	4.33	(1.03)	4.88	(0.93)	5.12	(0.85)
기 타	21	5.28	(1.22)	4.07	(1.03)	4.96	(1.02)	4.77	(0.91)	4.74	(0.98)	5.24	(0.78)	5.40	(0.67)
회사규모															
300명 미만	399	4.70	(1.11)	4.08	(1.24)	4.46	(1.08)	4.42	(1.02)	4.03	(0.82)	4.56	(0.91)	4.85	(0.85)
500명 미만	95	4.60	(1.13)	3.85	(1.13)	4.41	(0.97)	4.29	(0.97)	4.05	(0.89)	4.55	(0.90)	4.76	(0.75)
1000명 미만	63	4.57	(1.16)	3.69	(1.06)	4.41	(1.06)	4.22	(0.93)	4.29	(0.90)	4.55	(0.82)	4.83	(0.76)
1000명 이상	518	5.00	(1.18)	3.86	(1.21)	4.86	(1.11)	4.57	(1.03)	4.54	(0.98)	4.98	(0.94)	5.17	(0.90)
All	1075	4.83	(1.16)	3.93	(1.21)	4.64	(1.10)	4.47	(1.02)	4.29	(0.94)	4.76	(0.94)	5.00	(0.88)

오 동 근(ohkoh@orp.biz)

약 력

　　호서대학교 산업심리학과(경영학사)

　　성균관대학교 대학원 심리학과(문학석사: 산업 및 조직 심리학)

　　성균관대학교 대학원 심리학과(철학박사: 산업 및 조직 심리학)

　　호서대학교 겸임교수 역임

　　ORP연구소 역량개발 및 평가센터장(현재)

주요 논문

　　발언의 도구성, 배려성 및 주체와 공정성 지각(1997, 공저). 한국심리학회지:
　　　　산업 및 조직, 11(1)

　　전자상거래(EC) 수용성 모형에서의 성차 연구(2000, 공저). 한국심리학회지:
　　　　여성, 5(2)

　　일가치감 및 그 결정요인의 척도개발 및 타당화(2004, 공저). 한국심리학회지:
　　　　산업 및 조직, 17(2)

　　회사신뢰 및 상사신뢰의 결정요인(2004, 공저). 한국심리학회지: 산업 및
　　　　조직, 17(2)

　　일가치감이 직무효과성에 미치는 영향(2004). 한국심리학회지: 산업 및 조
　　　　직, 17(3)

　　일가치감에 미치는 일가치감 결정요인의 효과: TVC 프로그램을 이용한 현장
　　　　실험(2004, 공저). 한국심리학회지: 산업 및 조직, 17(3)

　　심리검사(2004, 공저). 시그마프레스

　　퍼실리테이션 쉽게 하기(2004, 공저). ORP연구소

업무 가치! 어떻게 높일 것인가?

• 초판 인쇄	2007년 3월 2일
• 초판 발행	2007년 3월 2일
• 지 은 이	오동근
• 펴 낸 이	채종준
• 펴 낸 곳	한국학술정보㈜
	경기도 파주시 교하읍 문발리 526-2
	파주출판문화정보산업단지
	전화 031) 908-3181(대표) · 팩스 031) 908-3189
	홈페이지 http://www.kstudy.com
	e-mail(출판사업팀사업부) publish@kstudy.com
• 등 록	제일산-115호(2000. 6. 19)
• 가 격	27,000원

ISBN   978-89-534-6509-1 93180 (Paper Book)
           978-89-534-6510-7 98180 (e-Book)